U0575406

中学历史教学技能训练教程

主编　肖云岭　黄志强　张永建

江西高校出版社
JIANGXI UNIVERSITIES AND COLLEGES PRESS

图书在版编目(CIP)数据

中学历史教学技能训练教程/肖云岭,黄志强,张永建主编.--南昌:江西高校出版社,2022.3(2024.9重印)

(井冈山大学人文学院汉语言文学省一流专业建设丛书/刘晓鑫,龚奎林主编)

ISBN 978-7-5762-2142-8

Ⅰ.①中… Ⅱ.①肖… ②黄… ③张… Ⅲ.①中学历史课—教学研究—高等学校—教材 Ⅳ.①G633.512

中国版本图书馆 CIP 数据核字(2022)第 013719 号

出 版 发 行	江西高校出版社
社 址	江西省南昌市洪都北大道96号
总编室电话	(0791)88504319
销 售 电 话	(0791)88522516
网 址	www.juacp.com
印 刷	固安兰星球彩色印刷有限公司
经 销	全国新华书店
开 本	700 mm×1000 mm 1/16
印 张	18
字 数	276 千字
版 次	2022 年 3 月第 1 版 2024 年 9 月第 3 次印刷
书 号	ISBN 978-7-5762-2142-8
定 价	58.00 元

赣版权登字 -07-2022-87

版权所有 侵权必究

图书若有印装问题,请随时向本社印制部(0791-88513257)退换

《井冈山大学人文学院汉语言文学省一流专业建设丛书》编委会名单

主编： 刘晓鑫　龚奎林

委员： 邓声国　邱　斌　丁功谊　陈冬根

朱中方　吴翔明　曾纪虎　田祥胜

汪剑豪　刘梅珍　赵庆超　赵永君

刘云兰　刘禀诚

《中学历史教学技能训练教程》编委会名单

主编： 肖云岭　黄志强　张永建

委员（按姓氏笔画）：

毛若楠　刘　娟　李传利　胡全俊

唐庆红　谢　磊

井冈山大学人文学院是学校办学历史最为悠久和重点发展的教学院系之一,下辖中文系、历史系和新闻系三个教学系,内设井冈山大学庐陵文化研究中心、井冈山大学非物质文化遗产研究中心、井冈山大学新闻与影视制作研究中心、井冈山大学江西文学评论与创研中心、井冈山大学书法研究院五个研究机构。其中,井冈山大学庐陵文化研究中心是江西省高校人文社会科学重点研究基地。汉语言文学专业为学校传统优势专业,1958 年学校建校时就创办了中文科,1997 年开始招收本科生;2005 年被列入江西高校品牌专业;2008 年被遴选为国家级特色专业;2012 年被遴选为江西省普通本科高校专业综合改革试点建设专业;2013 年在全国高校第一批录取线招生;2019 年被列入江西省一流专业建设名单;2020 年入选江西省一流本科专业建设点名单;2021 年,汉语言专业研究成果获批教育部首批"新文科"项目。

汉语言文学专业恪守"以文化人,以德铸魂"的办学理念和以"新文科"为导向的专业定位,坚持立德树人,坚持 OBE 成果导向,立足井冈,服务地方,培养具有道德规范和教育情怀、专业基础扎实、教学创新能力强、具有综合育人和终身学习发展能力的较高素质的教师教育及应用型人才。根据省一流本科专业和新文科项目建设要求,坚守"以生为本,全面发展"的理念,整合并优化课程结构,打造六大菜单式课程模块——课程思政模块、文学模块、语言模块、中学语文教学模块、创意写作模块与实践实训模块。老师们兢兢业业,勤勉教学,刻苦钻研,积极推进"学生主体"的教学改革,打造在线开放课程,加大新形态教材的探讨力度。

重视学生创作和研究能力的培养一直是学院的传统。在老师们的辛勤指导下,学生创作取得了不俗的成绩。学院建立江西文学评论与创研中心校级平台,恢复学生社团——露珠诗社,一直开展创意写作教学。在曾纪虎、龚奎林、汪剑豪等老师的指导下,学生在《十月》《诗刊》《星火》《作品》《青春》《名作欣赏》《西湖》《中州大学学报》《当代文坛》《现代艺术》《长江丛刊》等省级以上刊物发表文学评论和文学作品多篇。

为了推动汉语言文学专业的高质量发展,感谢老师们的辛勤付出,我们将多年探索的教学成果汇编为《井冈山大学人文学院汉语言文学省一流专业建设丛书》,作为我们主持的教育部首批新文科研究与改革实践项目"地方高校新文科'中文+'人才培养模式改革与实践——以井冈山大学汉语言文学专业为例"的阶段性成果。该丛书分为5类。第一类是特色教材(9本):《文秘写作》(朱中方、刘云兰、赵永君主编)、《口语表达实训教程》(张睫、吴翔明主编)、《诗歌写作与实训》(曾纪虎、龚奎林主编)、《县域新闻精品赏析》(郭辉、梁长荣主编)、《中国古典文献学概论》(邓声国主编)、《语言调查导论》(田祥胜、龙安隆主编)、《文学评论写作与实训》(龚奎林、汪剑豪、赵庆超主编)、《庐陵文化概论》(邓声国、陈冬根主编)、《电影剧本写作实用教程》(汪剑豪主编);第二类是学生作品(2本):《那山花开——井冈山大学人文学院学生文学作品集(2015—2018年度)》(曾纪虎、龚奎林主编)、《时间的痕迹——井冈山大学人文学院学生文学作品集(2019—2021年度)》(曾纪虎、陈冬根主编);第三类是师范技能教学书籍(2本):《中学语文教学设计与案例分析教程》(刘梅珍主编)、《插上飞翔的翅膀——初中语文写作教程》(陈冬根、欧阳伟、朱宝琴主编);第四类是美育素养书籍(2本):《文学欣赏》(刘晓鑫主编)、《影视欣赏》(龚奎林、许苏、张莹主编);第五类是学术专辑《庐陵学术》(邓声国、丁功谊主编)。期待以后有更多的人才培养成果,以展示学院的精气神。

是为序。

井冈山大学人文学院院长　刘晓鑫

2021年10月

目 录
CONTENTS

第一章 绪 论

民族振兴、国家强盛、社会进步都离不开大批各级各类人才,人才培养有赖于教育事业的可持续发展,所谓"十年树木,百年树人"。正如《国家中长期教育改革和发展规划纲要(2010—2020年)》所指出的:新中国成立特别是进入21世纪以来,教育的发展极大地提高了全民族素质,推进了科技创新、文化繁荣,为经济发展、社会进步、民生改善做出了不可替代的重大贡献。

党的十一届三中全会以后,我国高等教育和基础教育回归至正常轨道,与全国各行各业一起,积极主动地迈进了改革开放的时代洪流。中学历史教育教学也不例外,经过四十余年的改革创新发展,进步巨大,成果丰硕。这是我们继续努力的基础,也是本教程编写出版的基本历史条件。随着人类社会不断向前发展,特别是跨入新时代,我们肩负着中华民族伟大复兴的历史使命。在"两个一百年"奋斗目标交汇之际,在"百年未有之大变局"的新形势下,中学历史教育教学过程中暴露的老问题、出现的新问题却依然存在着。所以,我国基础教育教学和高等师范教育教学的改革创新发展非但不能止步,反而应该更加奋发有为,主动作为,砥砺前行。这正是我们编写出版本教程的初衷,也是我们继续努力的方向。

第一节 关于中学历史教学改革

新中国的建立标志着我国教育事业进入了一个崭新的时代,改革开放基本国策的确立则标志着我国教育事业春天的到来。中学历史教学改革及其成果是在我国整体推进教育教学改革的过程中逐步展开并取得的,也是我国整个教育教学改革的重要组成部分。

一、我国基础教育发展的历程

关于我国基础教育发展的历程,我们综合学界研究成果并结合中国基础教育发展之实际,从宏观上划分为以下四个阶段。

(一)我国社会主义基础教育形成之期(1949—1979 年)

新中国成立是我国基础教育的新起点。1952 年教育部印发了《中(小)学暂行规程(草案)》,统一全国中(小)学教材教程;1963 年中共中央发布了《全日制中(小)学暂行工作条例(草案)》,提出全日制中(小)学必须根据中华人民共和国教育部统一规定的教学计划、教学大纲和教科书进行教学,对教学计划、教学大纲和教科书,地方教育行政部门和学校不得任意修改;1978 年教育部颁发了《全日制十年制中小学教学计划试行草案》,并颁行全国通用的十年制中小学教材。可以说,这一时期,为了保证新中国教育事业的社会主义办学方向,实现普及教育,提高教育事业发展水平的目标,使教育更好地适应经济和社会发展,国家统一课程和教学体系,教育管理高度集中和统一是必然选择,也具有重大的现实意义和深远影响。

(二)中国特色社会主义基础教育改革之初期(1980—2000 年)

十一届三中全会以后,我国教育改革以"三个面向"为指引,以体制的变革为先导,以政府政策为主导,以政府职能的转型为前提,以学校改革为主体,因时而变,顺势而为,以渐进的方式探索并走出了一条成功的中国特色的基础教育发展道路。在此过程中,国家是主角,是中心,因为政府承担着既要解决教育公平问题又要提升教育质量的双重任务。

1980 年中共中央、国务院颁布了《关于普及小学教育若干问题的决定》;1983 年中共中央、国务院又发布了《关于加强和改革农村学校教育若干问题的通知》,已经开始涉及我国基础教育的体制改革;1985 年《中共中央关于教育体制改革的决定》指出,我国基础教育薄弱,学校数量不足、质量不高,合格的师资和必要的设备严重缺乏,所以需要有系统地教育改革,改革管理体制,在加强宏观管理的同时,实行简政放权,扩大学校的办学自主权。1985 年以后,实行分级管理的教育管理体制,确立了"基础教育由地方负责,分级管理的原则"。1986 年我国出台了《中华人民共和国义务教育法》,1995 年出台了《中华人民共和国教育法》,以法律的形式规定了这种管理体制的原则。1993 年中共中央颁布了《中国教育改革和发展纲要》,指出了适应社会主义市场经济、政治和科技体制的教育发展蓝图;1999 年《中共中央、国务院关于深化教育改革全面推进素质教育的决定》提出,继续加强教育体制改革,强调要优化结构,加强不同类型教育之间的相互沟通与衔接,建立终身学习的体系。

(三)中国特色社会主义基础教育改革深化期(2001—2009 年)

在中国基础教育改革初期,尽管地方政府拥有了更多的教育管理权和决策权,但是各级地方政府之间的权责划分不明确,职能边界模糊。1985 年《中共中央关于教育体制改革的决定》对各级地方政府职责只做了如下规定:"省、市(地)、县、乡分级管理的职责如何划分,由省、自治区、直辖市决定。"1993 年的《中国教育改革和发展纲要》和 1995 年的《中华人民共和国教育法》没有对地方各级人民政府的教育职能划分做出具体规定。教育权力的下放自然有助于各级教育行政部门因地制宜,根据教育发展的现实状况决定教育发展的策略,然而各级地方政府之间权责划分不明确很容易导致权力的"缺位"或"越位"。事实也是如此,"缺位"或"越位"现象频出。权责不明导致的互相推诿、扯皮现象严重迟滞了教育发展的步伐,降低了教育发展的质量。

2001 年《国务院关于基础教育改革与发展的决定》对各级人民政府在义务教育中的权责做了明确规定:"国家确定义务教育的教学制度、课程设置、课程标准,审定教科书。中央和省级人民政府要通过转移支付,加大对贫困地区和少数民族地区义务教育的扶持力度。省级和地(市)级人民政府要加强教育统筹规划,搞好组织协调,在安排对下级转移支付资金时要保证农村义务教育发展的需要。县级人民政府对本地农村义务教育负有主要责任,要抓好中小学的规划、布局调整、建设和管理,统一发放教职工工资,负责中小学校长、教师的管理,指导学校教育教学工作。乡(镇)人民政府要承担相应的农村义务教育的办学责任,根据国家规定筹措教育经费,改善办学条件,提高教师待遇。"随后的《全国教育事业"十五"计划和 2015 年发展规划》以及《2003—2007 年教育振兴行动计划》都再次强调了"地方政府负责、分级管理、以县为主"的农村义务教育管理体制以及中央、省、地(市)和县级政府的教育责任。2006 年修订之后的《中华人民共和国义务教育法》更是以法律的形式确定了这一教育管理体制。至此,我国基础教育改革已经进入了"深水区"。

(四)中国特色社会主义基础教育改革迈入新时代(2010 年至今)

从 2010 年起,中国基础教育改革迈入新时代。

《国家中长期教育改革和发展规划纲要(2010—2020 年)》提出,深化教育管理体制改革要"健全统筹有力、权责明确的教育管理体制",要"以转变政府职能和简政放权为重点","明确各级政府责任","中央政府统一领导和管理国家教育事业,制定发展规划、方针政策和基本标准,优化学科专业、类型、层次结构和区域布局。整体部署教育改革试验,统筹区域协调发展。地方政府负责落实国家方针政策,开展教育改革试验,根据职责分工负责区域内教育改革、发展和稳定"。《纲要》还首次以文件的形式提出要建立现代学校制度,并在第十三章第38、39、41条做了专门阐述,其大意如下:推进政校分开、管办分离——建设依法办学、自主管理、民主监督、社会参与的现代学校制度,构建政府、学校、社会之间新型关系;明确各级各类学校办学权利和责任;探索适应不同类型教育和人才成长的学校管理体制与办学模式,避免千校一面。落实和扩大学校办学自主权——政府改进管理方式,完善监管机制,减少和规范对学校的行政审批事项,依法保障学校充分行使办学自主权和承担相应责任。完善中小学学校管理制度——完善校长负责制,实行校务会议、教职工代表大会、家长委员会等管理制度。这部分阐述突显了两大特征:一是政府与学校的关系变革为以现代学校制度建设为中心;二是学校办学自主权的保障以依法治教为依据。

新时代教育改革必将更进一步改变以往政府对学校进行直接管理的方式,由高度集中统一的"硬性"管理转向运用立法、规划、布局、转移支付、政策指导、信息服务等更宏观、高效,更现代化的管理方式。教育功能也已从"为经济社会发展服务"转变为"办好人民满意的教育"。

总结我国教育教学改革的基本经验,关键在于正确认识我国教育改革的发展动力,以及我国教育改革未来发展的趋势,找准我国未来教育改革发展的路径,即在全球坐标系中定位我国的基础教育,坚持以中国特色为主线,以政府治理为主导,以学校变革为主体,坚持社会多元参与的发展战略。教育的根本保证是坚持党的领导,根本任务是坚持立德树人,根本方向是坚持社会主义办学方向,根本道路是坚持扎根中国大地办教育,根本追求是坚持以人民为中心发展教育,根本动力是坚持深化教育改革创新,根本使命是坚持服务中华民族伟大复兴,根本依靠是坚持教师队伍建设。

二、中学历史教学改革

改革开放之前的中学历史教学和其他学科一样,执行国家统一的教程、教学大纲、教学计划。当然,这之中也有随着国家经济社会发展和国家政策变化而出现的变革,但总的来说变革不大。改革开放以后,尤其是进入中国特色社会主义建设新时代,随着我国教育体制特别是教育管理体制的改革,中学历史教学改革发展可以说是日新月异,变化巨大。

(一)中学历史教育教学理论的发展

习近平新时代中国特色社会主义思想,是我们坚定不移的办学指导思想。新时代中国特色社会主义思想从来就是不断发展的马克思主义理论,从来就不会拒绝吸收其他科学理论的营养。

按照布卢姆的教育目标分类法,记忆、理解和应用被视作"低阶思维",分析、评价和创造被视作"高阶思维"。我国教育文化传统比较重视教师的指导,重视记忆、理解和应用,因此,学生这些方面基础扎实,但是批判性思维和元认知的发展受到了较大的限制。基础教育固然需要传授各学科的基础知识,但在今天知识爆炸的信息时代,显然更需要传授寻找知识、探究问题的方法,从"授人以鱼"转变为"授人以渔"。中国教育文化传统的不足是忽视批判性思维、创新能力等"高阶思维"的培养,而这些"高阶思维"对学生胜任 21 世纪的学习、工作和生活是至关重要的,所以又被称为"21 世纪能力"。

时代是思想之母,实践是理论之源。21 世纪初,在新一轮教育教学改革过程中,教育教学界、学术研究界关于"历史教学论"已经初步探索出多种理论。譬如,从"联系实际(实践)"论转向"走向实践"论,从"面向实践的理论建构"论转向"实践者的理论建构"论,从"相互独立"论转到"双向建构"论,等等。这些历史教学理论的提出既是教育教学实践探索的结果,又对中学历史教育教学改革起着不同程度的影响。

(二)课程改革进入了一个全新的阶段

为了适应 21 世纪人才培养和国际竞争的需要,我国于世纪之交启动了新一轮基础教育改革。课改的一个重要成果就是学科课程标准的颁布实施。其中历史方面的有《全日制义务教育历史课程标准(实验稿)》(2001 年)、《全日制义务教育历史与社会课程标准(一)(实验稿)》(2001 年)、《全日制义务教育历史与社会课程标准(二)(实验稿)》(2001 年)和《普通高中历史课程标准(实验)》(2003 年)。其中初、高中历史课程标准于 2017 年修订再版,称 2017 年版。当然,这个版本此后也还在继续修订,其中高中历史课标于 2020 年再次修订。新课标的颁行带来新理念的普及,比如"教师即课程""教师是最重要的课程资源",教师要"由传统的知识传授者向学习活动的参与者、引导者、合作者转变；由传统教学支配者、控制者向学生的组织者、促进者和指导者转变；由传统的静态知识占有向动态的研究转变"；等等。

这次历史课程标准的制定，主要有以下五个方面的改变：一是在课程目标上，基本上改变了过去课程过于注重知识传授的倾向；二是在课程结构上，改变了过去强调学科本位，科目过多和缺乏整合的现状，体现了课程结构的均衡性、综合性和选择性；三是在课程内容上，改变了"难、繁、旧"和过于注重书本知识的现状；四是在课程实施上，改变了过去强调接受学习、死记硬背、机械训练的现状；五是在课程评价上，改变了过去过分强调甄别与选拔功能，发挥评价促进学生发展、教师提高和改进教学实践的功能等。①

党的十八大以后，历史教材建设进入了一个新的发展阶段。为落实习近平总书记有关教材建设的讲话精神，中共中央办公厅 2016 年发布了《关于加强和改进新形势下大中小学教材建设的意见》，对我国学校教材建设进行了顶层设计，决定对中小学道德与法治（思想政治）、语文、历史三门教材实行统一编写、统一审查、统一使用。

2021 年 7 月 12 日，中共中央、国务院印发的《关于新时代加强和改进思想政治工作的意见》（以下简称《意见》）指出，思想政治工作是一切工作的生命线，事关党的前途命运，事关国家长治久安，事关民族凝聚力和向心力。《意见》提出，要加强学校思想政治工作，加快构建学校思想政治工作体系，实施时代新人培育工程，完善青少年理想信念教育齐抓共管机制，培养德智体美劳全面发展的社会主义建设者和接班人。自然，思想政治工作也是教育教学工作的生命线。

新编统编中学历史教材特别强调和体现社会主义核心价值观，重视核心素养。历史教育教学回归至其初心使命：为党育人，为国育才。中国特色社会主义道路自信、理论自信、制度自信和文化自信是应有之义，品格塑造、素质培养是重中之重，课程思政是新时代历史教学工作的新途径。

由此，在中学历史教学实践过程中出现了一些新变化，即在教学设计中体现课程重心转移——每一个学生；在教学节奏上强调留给学生自主的时间——三分之一；在自主学习的过程中关注个性需求——强调体验。

---

① 陈会芹，《中学历史课程标准研究述评》，《济南教育学院学报》2004 年第 2 期。

上海市闸北八中从 1987 年开始的"成功教育"改革试验,可以视为我国中学历史教学改革的一个缩影。改革经历了三大阶段:"帮助成功"课堂教学模型阶段、"尝试成功"课堂教学模型阶段、"自主成功"课堂教学模型阶段。与之相对应的历史教学教法变革经历了三大阶段,即讲练结合法、讲想练结合法和学讲想练新法。

(三)中学历史教学评价体系发生了根本性的变革

首先是作业和考试方面的变化。平时作业和阶段性考试是中学历史教学评价体系的重要组成部分,我们考察中学历史作业这一领域的变化,便可窥一斑而知全豹。教育部要求强化学生作业管理,加强学科组、年级组作业统筹,严格控制作业总量,要切实提高作业设计质量,确保作业难度水平符合学生实际,不得超出课标要求;要将作业设计纳入校本教研,系统化设计一整套符合学习规律、体现素质教育导向和涵盖德智体美劳全面育人的基础性作业。鼓励布置分层次作业、弹性作业、个性化作业,探索跨学科作业、综合性作业,坚决克服机械、无效作业,杜绝重复性、惩罚性作业。

其次是从注重"知识评价"到注重"素养评价"。以前比较单一的"知识评价"导致的是"应试教育""填鸭式教育""题海战术""高分低能"的历史教学现象。"素养评价"更注意学生综合素质的培养和发展,更符合人的全面发展理论。

再次是从"认知能力"评价到注重"非认知能力"评价。现在是既有"认知能力"的评价,又有"非认知能力"的评价。"非认知能力"包括人际交往、沟通协调能力、团队合作能力、自尊、坚持力、自制力、责任心、文化意识等诸多方面,与 EQ(情商)、性格、人格等概念有很大程度上的重合和交叉。"非认知能力"对"认知能力"影响也很大,尤其是对青年一代形成"21 世纪能力"影响巨大。

(四)进入新时代,如何落实立德树人根本任务成为我国基础教育改革的重要主题与核心关切

党的十八大报告提出要"把立德树人作为教育的根本任务",党的十九大报告再一次明确提出要"落实立德树人根本任务"。为党育人,为国育才。中学历史教育教学更应主动担当、积极作为,历史课堂教学应当以立德树人为魂。要实现这一目标,必须做好以下三点:

一要着力挖掘并彰显课程的育人价值,这就需要教师在备课过程中深入挖掘课程内容的学科本质,彰显人类优秀文化,弘扬人类高尚的主题,有机融入新时代社会主义核心价值观、中华优秀传统文化精神,尤其是要在课程教学内容中有机融入有助于让学生坚定理想信念、厚植爱国主义情怀、加强品德修养、增长知识见识、培养奋斗精神、增强综合素质的育人元素。

二要着力激活并凸显学生的主体地位,这就需要教师在课堂教学过程中牢固树立以学生为主体的育人理念,相信学生的潜能,尊重学生的创造力和人格,要为学生创造得以彰显主体动能的具体情境与活动空间,让学生在活动中展现出自主的学习意识、自发的情感态度、自觉的思考探究。

三要着力弘扬并强化教师的育人功能,这就需要教师在课堂教学过程中担当起"传播知识、传播思想、传播真理,塑造灵魂、塑造生命、塑造新人的时代重任",要"以德立身、以德立学、以德施教,做学生健康成长的引路人",要以高尚的道德情操示范、启迪、感召和鼓舞每一个学生的生命,要以一份至真至爱的良知情怀尊重、关怀、呵护和抚育学生的人格,要以课程的文化价值激发、启迪和培养学生的道德、情感与智慧。①

第二节　关于中学历史教学技能

一、中学教学技能

关于教学技能的探索,从孔夫子的"因材施教""温故知新"算起来已有两千余年的历史。现代教学技能取得长足发展,至少得从 20 世纪八九十年代微格教学技术的应用推广算起。有人将微格教学的课堂教学技能设定为十项,即教学导入、提问、讲解、变化、强化、演示、板书、结束、教学语言和课题组织技能。后来国家教委下发的《高等师范学校学生的教师职业技能训练大纲(试行)》,把教学技能分为五大类,即教学设计、使用教学媒体、课堂教学、组织和指导课外活动以及教学研究。此后,随着教育教学的进一步改革,教学技能理论与实践的探索也更加广泛深入,而对于教学技能的定义更是众说纷纭,其中比较有代表性和影响力的是胡淑珍、胡清薇的说法:"教学技能是指教师运用已有的教

---

① 李铁安,《课堂教学当以立德树人为魂》,《中国教育报》2020 年 7 月 10 日第 07 版。

学理论知识,通过练习而形成的稳固而复杂的教学动作系统。它既包括在教学理论基础上,按照一定方式反复练习或由模仿而形成的初级教学技能,也包括在教学理论基础上按一定方式经过多次练习,使教学活动方式的基本成分达到自动化水平的高级教学技能,即教学技巧。"

在当今迅猛发展的新时代,教育教学理念不断更新,改革不断创新,课程建设不断完善,课标、教材不断修订的形势下,教学技能、教学智慧、教学研究等领域之间的界限已经变得越来越模糊,教学技能已越来越成为一个复合性的观念。

二、中学历史教学技能

传统历史教学方式的主要特点:一是以教师为本位;二是以书本为本位;三是以教案为本位。具体表现为:教师主动教,学生被动学;课堂是舞台,教案是剧本,教师是主角,"优等生"是配角,"中等生"是群众演员,"差等生"至多是观众或听众;重学习,轻应用;重教书,轻育人;重学会,轻会学;重知识,轻思维;重理性,轻情感;重应试,轻素质;重书本,轻实践;重知识,轻能力。

随着新课标、新教材的不断推广使用,新观念的深入人心,课堂教学方式发生了根本性变化,教学观念在不断更新,历史教师相应的教学技能也亟待培养和提高、改革和发展,形成适应这一切变化的教学新技能。在当今"历史教学论"课程体系改革中,历史教学技能有必要进一步相对独立教授并开展研究。早在 2007 年,学术界已初步探索提出了"历史教学法"的理论架构,主要包括历史教育目标论、历史课程论、历史教材论、历史学习论、历史教学论、历史学业评价论、历史教师论等等。[①]

教学方式的变革对教学技能提出了新的要求:一是关注并研究学生的兴趣与经验,寻找"最近发展区域";二是创设情境,激活学生的学习兴趣和求知欲望;三是激励学生大胆质疑,发表与众不同的见解;四是利用一切优势,充分激活和丰富课堂教学内容。

历史课程标准除了体现国家培养人才的总体目标,还具有历史学科独特的思维特点。首先,要把握历史课程目标的理念与结构,从历史课程的高度进行教学设计;其次,依据历史学科的特点把握历史知识的持久价值,能够理解和辨

---

① 朱煜,《高校"历史教学法"技能课定位说之质疑》,《历史教学(高校版)》2007 年第10 期。

析历史知识,包括历史人物、历史实践、历史现象、历史概念、历史事实、历史条件、历史事物、历史材料、历史图表、历史结论和历史阶段等等;再次,能用具体的行为动词把课程目标化解为教学目标。

更有学者将历史教学技能研究细化为六个方面:中学历史教师的教学基本技能研究,包括教学语言、板书、画图与用图、教具制作与使用等;课题教学的基本技能研究,包括讲授时间的方法、讲授空间的方法、讲授人物的方法等;专题历史教授技能研究,包括讲授政治史的方法、讲授经济史的方法、讲授文化史的方法、讲授中外综合历史的方法等;现代化教学方式方法的运用技巧研究,包括课件的制作与运用、多媒体教学设备的运用、影视材料的使用、网络材料的使用等;对学生历史学习指导的研究,包括听课技巧的指导、课堂笔记技巧的指导、复述技巧的指导、复习技巧的指导等;历史教学评价研究,包括评价的作用与原则、课堂教与学的评价技巧、单元教与学的评价技巧、期末教与学的评价技巧、结业学习评价技巧等。

苏州大学附属中学从高一开始,所有学科包括历史,都进行了一场"45 分钟的革命",即"易加生态课堂"教学模式。据说"易"与传统文化典籍《周易》的辩证、变易相通,也有容易的意思,"加"有"传统 + 现代""教师 + 学生"等多重内涵。新教学模式让课堂呈现出全新的面貌,传统的"满堂讲""满堂练"被"引导自学""探究展学""评点省学"的教学组织形式所取代,从而引发了从教师教学到学生学习模式、学习效能、学生关系、课题组织等诸方面的连锁反应,课堂成为学堂,师生共同成长。新模式把课堂分为"导学""展学""省学"三个阶段,每个阶段用时分别为 20 分钟、15 分钟、10 分钟,每个阶段又分为三个步骤,每个步骤用时从一分钟到十几分钟不等,对教师的教学能力水平、教学技能都提出了更高的要求,它是实践与理念双向建构的过程。在这个过程中,如何使模式形态优化和理念提升,更好地使教学实践回归学习的本来,使课堂成为学生学会学习的地方,是其探索的实践目标和价值旨归。[①]

深圳市福田区梅林中学在育人模式改革过程中,对包括历史学科在内的学科课程改革,提出了"个性定制,整体育人"的理念,以发现和挖掘学生的个性优势与发展潜力为基础,以个性化的成长路径策划为引领,以高质量与多数量的

---

① 张萌,《按认知规律培养学习者——走进苏州大学附属中学"易加生态课堂"》,《中国教育报》2020 年 7 月 10 日第 07 版。

课程为载体,开展"适才培养",使每个学生的个性与特质都得到充分的尊重和发展,助力每个学生成为闪亮的自己。①

我们认为中学历史教学技能主要涵盖以下几个方面:一是教学设计技能,具体包括课程标准解读技能、教材分析技能、学情分析技能、教学目标制定技能、教学设计理念思维逻辑技能、教学设计文本撰写技能、PPT 制作呈现技能等;二是教学组织技能,具体包括教学管理技能、课堂管理技能、体现学生主体技能、史料选取和运用技能、学习方法指导技能、教育技术运用技能、实现课程思政技能等;三是教学实施技能,具体包括教学语言技能,教学导入技能,新课教学技能,复习课技能,结课技能,教学反思技能,说课技能,微课(片段教学)技能,见习、实习、研习基本技能等;四是教学评价技能,具体包括学业评价技能、观课评课技能、考试及其分析技能等。

教学技能提升的理念首先是多练。俗话说熟能生巧,一项技能的掌握必须要经过反复的训练,更何况教学是多项技能的组合。其次是实事求是、与时俱进的创新。在全面深化改革的新时代,没有创新发展是很容易被淘汰出局的。比如,传统的"直接教学"与新兴的"间接教学"的问题。再次是情感,我们认为这是核心。一切技能实施的情感基础,是实施者对学生的关爱,对中学历史教学的热爱。所以,中学历史教学技能提升的根本理念是教育者抱定立德树人宗旨,打破学科界限,掌握学科交叉方法,使受教育者通过历史学习知道中国,热爱祖国,了解世界,关爱人类社会,既有家国情怀,又有世界胸怀。

第三节 关于本教程

本教程虽然只是中学历史教学技能训练教材,但是我们把它放在中国基础教育改革乃至整个教育改革的历史背景下去编写,就是希望能读者够在更深的层面理解中学历史教学技能,训练和掌握好中学历史教学技能。

目前高校历史专业师范类学生,尤其是三、四年级学生,他们对专业知识的学习积累已经达到一定的层次,但是面临即将到来的毕业就业,他们大都感觉

① 赵峰,《个性定制 让每个学生成为闪亮的自己——深圳市福田区梅林中学的"定制式"个性化育人模式》,《中国教育报》2020 年 7 月 10 日第 06 版。

到自己存在中学历史教学能力不足的问题。高校师生们对于如何更有效地培养和提升中学历史教学能力水平颇感困惑。基于此,我们策划了这部教材。

一、指导思想

本教程以马克思列宁主义、毛泽东思想、邓小平理论、"三个代表"重要思想、科学发展观和习近平新时代中国特色社会主义思想为指导,以历史唯物主义和辩证唯物主义为统领,根据教育部有关高等院校历史专业师范类本科学生的培养目标,培养高校历史专业师范类本科学生的中学历史教育教学技能。

基础教育尤其是中学教育,培养的是国家未来的主人、社会未来之人才栋梁。所以,教育者和受教育者都应符合习近平总书记所提出的总要求,即要具备战略眼光,树立全球视野,既要有风险忧患意识,又要有历史机遇意识。

本教程以现行中学历史课标、历史教材以及基本学情为依据,着力培养、提升高校历史专业师范类本科学生的中学历史教育教学能力和水平。中学历史教学主要是实现教学三维目标,即知识与能力、过程与方法、情感态度与价值观,培育提升学生的五大核心素养,即核心理论、核心思维、核心方法、核心能力和核心价值。所以我们培养出来的学生要具有这样的思想理念和能力水平,能够以唯物史观为统领,以时空为纲,以史证为径,以史解为基,家国情怀为的。

二、主要内容

结构上,本教材共设九章,主要内容包括教学设计技能训练与实践、教学组织技能训练与实践、教学实施技能训练与实践、教学评价技能训练与实践四大部分。其中教学设计技能训练与实践设为两章,分别是第二章和第三章,细分为课程标准解读技能、教材分析技能、学情分析技能、教学目标制定技能、教学设计理念思维逻辑技能、教学设计文本撰写技能、PPT制作呈现技能;教学组织技能训练与实践设为两章,分别是第四章和第五章,细分为教学管理技能、课堂管理技能、体现学生主体技能、史料选取和运用技能、学习方法指导技能、教育技术运用技能、实现课程思政技能;教学实施技能训练与实践设为三章,分别是第六章、第七章和第八章,细分为教学语言技能、教学导入技能、新课教学技能、复习课技能、结课技能、教学反思技能、说课技能、微课(片段教学)技能、见习实习研习基本技能;教学评价技能为第九章,含学业评价技能、观课评课技能、考试及其分析技能。

四大部分内容包含典型丰富的教学案例和"解剖麻雀"式的案例分析。我们还围绕着教学训练目标设计了各项技能训练项目,运用科学训练方法,精心组织技能训练内容,以期实现更好的技能训练效果。

三、主要特点

我们特别注意了教材结构的严谨性、内容的逻辑性、体系的完整性,力求贴近中学历史教学实际,突出实训特色,注重实践性、可操作性和实用性。教程内容注重基本理论与训练操作的融合,对培养应用型人才具有较大价值。

针对中学历史教材、课标的变化,本教程立足目前使用的课标、教材及可预见的发展趋势,本着"授人以渔而非授人以鱼"的原则进行编写,兼顾初中与高中,兼顾理论与技能。

四、适用范围

本教程主要供高等院校历史专业师范类的本科教学使用,也可作为专科教学教材,还可作为中学历史教师培训教材,为从事历史教学工作的一线教师们提供一些历史教学技能方面的专业支持。同时本教程也适用于应聘中学历史教师职位者和申请中学历史教师资格者。应该说,本教程还是具有相当的现实意义和一定的理论研究价值,预期出版发行后会产生较好的社会效应。

第二章　教学设计技能（上）

教学设计是对整个教学活动的系统规划，是教师教学准备最重要的组成部分。教学设计需应用系统理论的观点和方法，调查分析教学中的问题和需求，确定教学目标，建立解决问题的步骤，选择相应的教学活动和教学资源，分析、评价其结果，以达到最优教学效果。

第一节　课程标准解读技能

一、课程标准的概念

历史课程标准是由教育部制定和颁布施行的有关历史课程与教学的纲领性和指导性文件，体现了国家对学生在历史课程方面的知识与能力、学习过程与方法、情感态度与价值观的基本要求。它规定了历史课程的性质、目标与内容标准，提出了相应的教学及评价建议，是教材编写、课程实施、教学开展和评价的主要依据。

对历史课程标准的正确认识应该是：

1. 历史课程标准是国家制定的关于中学历史课程的共同的、统一的基本要求，而不是最高要求，即每名学生通过努力都能达到的最低要求。

2. 历史课程标准主要是对学生在经过某一学段之后的历史学习结果的行为描述，而不是对教学内容的具体规定。

3. 学生历史学习结果行为的描述应该尽可能是可理解的、可达到的、可评估的，而不是模糊不清的、可望而不可即的。

4. 教师不是教科书的执行者，而是教学方案的开发者，即教师是"用教科书教，而不是教教科书"。

二、课程标准的基本特点

1. 提出了明确的课程目标，突出了历史课程在学生素质教育中的地位与作用。

2.革新了课程内容,以学习主题的形式构建了新的历史课程体系。

3.倡导探究式学习方式。

4.倡导教学方法的更新。

5.为课程实施留有较大的空间。

6.提出了具体的评价建议,强调在历史教学评价中要以学生为中心。

三、课程标准的作用与意义

(一)作用:指挥、调节历史教学

在历史教育教学实践中,历史课程标准始终起着指挥、调节历史教学的重要作用。课程标准,既是历史教科书编写的依据,也是历史课程实施(教学)的依据,还是历史学科考试评价的依据。

(二)意义:历史课程资源的核心

历史课程标准本身就是重要的历史课程资源,并在各种历史课程资源中居于核心地位。

四、课程标准的解读方法

(一)课程标准本体解读

课程标准基本框架结构如表1所示:

表1　义务教育历史课程标准(2019版)基本框架

第一部分 前言 一、课程性质 二、课程基本理念 三、课程设计思路	第二部分 课程目标	第三部分 课程内容 一、中国古代史 二、中国近代史 三、中国现代史 四、世界古代史 五、世界近代史 六、世界现代史	第四部分 实施建议 一、教学建议 二、评价建议 三、教材编写建议 四、课程开发与资源利用建议

历史课程分为中国古代史、中国近代史、中国现代史、世界古代史、世界近代史、世界现代史六个学习板块。依照历史发展的时序,每个板块内容设计采用"点线结合"的呈现方式。"点"是具体、生动的历史事实;"线"是历史发展的基本线索。通过"点"与"点"之间的联系来理解"线",使学生在掌握历史事实的基础上理解历史发展的过程。

总体框架设计和内容编排,突出了历史进程的时序性,凸显了历史发展的主线,更有利于教学的展开,有利于学生对历史的学习与理解,有利于培养学生的历史时序思维能力和历史理解能力;同时也降低了难度,从一个方面减轻了学生的负担。

1. 前言部分解读

《全日制义务教育历史课程标准》(以下简称《标准》)前言部分首先明确了义务教育历史课程的性质——国民素质教育的一门基础课程。这种课程的性质决定了该门课程具有普及性、基础性和发展性等特点。因此《标准》制定的思路是,面向全体学生,使之都能达到《标准》所规定的目标;同时尊重学生的个性,为一部分条件较好的学校和学有余力的学生留出发展空间,为他们进一步接受高一级学校教育打下基础。

2. 课程目标解读方法:明确课程目标体系

课程目标体系自上而下依次是课程目标、学年(学期)目标、单元目标和课时目标。课程目标属于上位目标,它的规定体现了国家对初中学段学生通过学习这门课程在知识与技能、过程与方法、情感态度与价值观等方面的基本要求。为了有效落实课程目标,《标准》在课程内容部分还规定了学习每一个学段内容要实现的目标,也就是学年(学期)目标,这属于中位目标。例如通过学习中国近代史,"了解中国近代重要的历史人物、历史事件和历史现象,了解中国近代历史发展的基本线索;认识近代中国遭受过的深重苦难是外国列强入侵和国内专制统治的腐朽黑暗造成的;认识捍卫国家主权和民族尊严是中华民族的优良传统;知道救亡图存和实现现代化是近代中国人民奋斗的基本目标;知道民族民主革命的艰巨性;认识没有中国共产党就没有新中国是历史的结论,从而坚定为中华民族复兴而奋斗的信念"。在学年(学期)目标之后,才列出了具体的单元目标或内容标准,属于下位目标。例如"鸦片战争"的内容标准是:"讲述林则徐虎门销烟的故事,列举中英《南京条约》的主要内容,认识鸦片战争对中国近代社会的影响。"由于课程目标和学年(学期)目标的要求在具体的内容标准中是没有完全表达或呈现出来的,以往教师在看课程标准时往往忽视了课程目标和学年(学期)目标,以致对如何落实课程目标以及是否实现了课程目标并不清楚,所以教师需要对课程标准的目标体系有一个总体的认识。在具体的教学中,教师只有自觉地将课程目标和学年(学期)目标加以整合,具体落实到课时目标中,课程目标才有可能实现。

3.课程内容标准解读:系统分析和理解内容标准

内容标准是依据学科内容和课程目标来制定的,面向的是全体学生,体现的是最低要求,也就是每个学生学习完这一内容之后必须掌握或达到的目标。内容标准既有内容的规定,又有质量的标准,叙述文字一般都很简练,但是信息量很大,教师既要知道内容标准说了什么,更要明白为什么这么说,理解文本背后潜在的话语,准确把握其要义。例如"鸦片战争"这一内容,内容标准涉及三个知识点:一是林则徐虎门销烟;二是中英《南京条约》;三是鸦片战争对近代中国社会的影响。从历史逻辑来看,这三个知识点分别对应的是鸦片战争的导火线、结果和影响。涉及的明确时间要素是近代,国家是中国和英国,地点是虎门和南京,涉及的明确人物主要是林则徐,涉及的概念主要有虎门销烟、鸦片战争和近代社会,涉及的知识类型主要是陈述性知识。具体进行课程内容标准解读方法在后面将涉及,在此仅简单述及。①

4.实施建议解读

①教学建议。《标准》减少了大量的知识点,也降低了教学难度,这就给教师的教和学生的学留有更多的空间。

教师的角色将从单纯的知识传递者变为学生学习的促进者、组织者和指导者,通过使学生明确学习历史的目的及在教学中创设问题情境,引发学生学习动机;在一部分教学活动中,教师不直接把答案给予学生,而是组织学生收集相关的信息资料,明确要研究的问题和研究的方向,指导学生设计研究方案,使学生通过独立思考和研究得出结论。教师还要转变教育观念和教学方式,动态地观察学生、了解学生,创造轻松的对话环境,帮助学生克服困难,建立新型的师生关系;通过与其他教师合作,加强学科的交叉和渗透,拓展学科知识,改善知识结构,树立终身学习的观念,培养科研能力。

在教学方式方面,提倡多样化。《标准》提供了开展课堂讨论、组织辩论会等活动形式。教师在组织教学活动时,要根据教学内容尽量多安排一些形式,培养学生多方面的能力,为学生进行探究性学习提供良好条件;同时也不能一

---

① 卢天然,《义务教育历史课程标准解读的方法与路径》,《基础教育研究》2020 年第 2期。

味求新求变,放弃传统教学方式中行之有效的部分。在搞好扎实的"双基训练"的基础上,给学习者营造一个完善的"探究性学习"的环境和空间。总之,要求教师少些"直接教学",多些"间接教学"。

②评价建议。《标准》提供了个人代表作品档案法、观察法、学生自我评价法等评价方法。

一个完整的教学评价系统是由不同教学阶段、不同形式、不同内容、不同范围的评价组成的。它们相互配合,考查学生的综合素质和教师的教学工作。教师要以《标准》规定的学习目标为基本依据,灵活运用各种科学可行的评价方法,避免将历史知识的掌握程度作为唯一的评价内容,而要注重学生学习过程和学习结果的全程评价,充分发挥历史教学评价的教育功能,力争使之促进学生的学习,有利于教师的判断和决策,及时给教学提供反馈,并注意尊重学生个性。

关于情感态度与价值观方面的评价,应更多地引入定性而非定量的评价,因为心理体验是难以用外在的形式加以体现的,更难以用传统的划等打分的方法去评判其价值。

③课程资源的开发。在依据《标准》充分利用教材的同时,教师还要因地制宜,充分开发和利用课程教育资源。

首先是因校制宜,充分发挥校内资源优势开展研究。教师可以利用学校的网络教室、图书馆等,为学生上网查找信息、查阅资料和开展研究提供便利;可以在自身对课题先行研究的基础上,给学生提供参考书目和相关网站的网址。其次是因地制宜,开发利用社区教育优势,为学生提供广阔空间和必要的条件。例如一些地区计算机普及率高,学生在这方面有优势,教师就可以鼓励学生上网查找资料,而一些地区图书和网络资源相对不足,就可以注意开发口耳相传的历史故事、历史人物以及村史和家谱等。第三是积极争取社会各界支持,充分利用和开发各种资源,如图书馆、博物馆、展览馆、电台、电视台、青少年活动中心、工厂、农村、部队、社区、科研院所、大专院校等广泛的社会资源为教学提供支持。在充分利用家长资源的同时,要注意家长参与研究性学习的形式主要是参与学生课题的讨论,为孩子出谋划策,利用自己的专业知识和职业特长给孩子提供建议和帮助,而不是把学生学习的所有工作都交给家长,致使有的家长每周都要陪着学生外出完成课程。

（二）课程内容标准解读方法

1. 圈点动词，剖析含义定行为

基础识记："列举""知道""了解""说出""讲述""简述""复述"等。

思维提升："认识""概述""理解""说明""阐明""分析""评价""比较""探讨"等。

内容标准对学习难易的不同层次也做了具体规定，大致分成识记、理解和运用三个层次。识记为第一层次的要求，是学习中国古代史最基本的要求，使用的行为动词一般有"说出""列举""了解""知道""复述""讲述""简述"等。理解为第二层次的要求，是指学生在达到第一层次要求的基础上，能对所学的历史内容进行归纳和整理，形成对历史问题的初步认识，行为动词有"理解""说明""阐明""归纳""概述""概括""收集""整理"等。运用为第三层次要求，也是对学生的最高要求，希望学生能运用已有的知识和技能，初步分析所学历史问题的因果关系、利弊得失、影响意义，并能做出自己的解释和判断。行为动词有"分析""比较""探讨""讨论""评价"等。

《标准》的第三部分是"内容标准"。每条内容标准都由一个句子来表示，每个句子大概分为两个部分，前面的部分一般规定学习方式和学习内容，后面的部分规定学习目标。这样设计是由课程改革的性质决定的。此次课程改革的总目标是建立以学生为中心的教育方法和教学体系，内容标准中与历史学习有关的行为动词都是针对学生的。

2. 批注短语，拓展范围定内容

如"讲述张骞通西域等史实"：在《现代汉语词典》中，"史实"一词解释为"历史上的事实"，如果再紧抓核心词语"事实"，继续查询词典，便可得到"事情的真实情况"这一释义。据此可以分析出，学生在学习"张骞通西域"这件事时，应该掌握其时间、人物、起因、经过和结果几方面的内容。

3. 重视符号，思考用途定关系

如以"讲述张骞通西域等史实；认识丝绸之路在中外交流中的作用"课标内容要求为例，此案例含有一个显著的标点符号——分号。那么该内容标准中两分句是何种关系？

第一，从学科逻辑角度分析两者关系，"张骞通西域"，双方使者、商人接踵而至，"丝绸之路"才得以开通，也就是说"张骞通西域"是"丝绸之路"开通的前提。从这个角度上看,两者之间具有前因后果的关系。

第二,根据上文分析,该条内容标准在知识与能力方面将"张骞通西域"定位于识记层次要求,而"丝绸之路在中外交流中的作用"则定位于理解层次要求。从层次要求的角度来看,后者重要性比前者重要。

基于上述分析,该条内容标准可以制定"知识与能力目标"为:正确识读张骞通西域路线等图片,能说出张骞出使西域的故事和丝绸之路路线;通过观看有关丝绸之路的交流史实的视频,能分析出丝绸之路在中外交流中的历史影响。

五、案例分析

对人教部编版七年级第一课《中国早期人类的代表——北京人》课程内容标准分析与课程三维目标的选择与确定①如表 2 所示:

表2 《中国早期人类的代表——北京人》课程内容标准分析

《中学历史课程标准》对于此课内容标准要求为:知道北京人的特征,了解北京人发现的意义,知道化石是研究人类起源的主要证据。			
步骤一:分解	知道北京人的特征	了解北京人发现的意义	知道化石是研究人类起源的主要证据
步骤二:圈点动词,剖析含义定行为	知道:识记层次	了解:识记层次	知道:识记层次
可将内容标准第一次解读为:识记北京人的特征;识记北京人发现的意义;识记化石是研究人类起源的主要证据			
步骤三:批注短语,拓展范围定内容	对北京人特征的理解需拓展对比元谋人、山顶洞人	对意义的理解需拓展火的使用意义、早期智人的生产生活	人类起源的主要证据需拓展人类起源的内容:劳动创造了人;化石作为一手史料的实证作用
注:此处需配合教材内容进行拓展	教材分为三部分内容:我国境内的早期人类、北京人、山顶洞人		
可将内容标准第二次解读为:识记我国主要的远古居民元谋人、北京人、山顶洞人;识记以北京人为代表的早期智人生产生活;识记化石的概念;识记火和劳动在人类起源过程中的意义			

① 此案例根据江西省吉安市井冈山大学附属中学历史教研组刘娟教师《中国早期人类的代表——北京人》课程内容标准分析教案节选整理。

续表

步骤四:三维目标的确定	**知识目标:**了解元谋人、山顶洞人的年代、发现地点及发现意义;识记北京人的发现地点、发现过程、特征和生产生活状况及发现意义;理解火的使用和劳动对于人类进化的意义;知道化石是研究人类起源的主要证据
知识与能力目标设定:	**能力目标:**通过阅读"中国境内主要古人类遗址分布图",初步掌握识别历史地图的基本技能;通过对于化石是人类起源主要证据的理解,初步掌握史料实证能力
过程与方法目标设定:	早期人类的发现需用历史地图及文献史料讲解;化石内容需要图片法、影视资料法进行补充;北京人发现意义需要运用讲述法进行归纳总结
情感态度价值观目标设定:	通过对北京人发现意义的讲解培养学生的民族自豪感;通过对化石是研究人类起源的主要证据激发学生对于生命的理解,培养其积极进取的人生态度,求真、求实的科学态度

六、训练项目

请结合本节内容与案例分析,对人教部编版七年级第二课内容标准进行分析并确定三维目标。

《全日制义务教育中学历史课程标准》对此课的内容要求为:了解半坡居民、河姆渡居民的生活和原始农业的产生,知道考古发现是了解史前社会历史的重要证据。

第二节 教材分析技能

一、历史教材的定义

历史教材是指所有可以用于历史教学的资源。这是最近几年提倡的一种教材观。

二、历史教材的新功能与结构

(一)新功能:作为"学材"的历史教材

以促进学生全面发展为宗旨的新课程改革,不仅重视教材作为信息资源的功能,更强调教材促进学生发展的功能,要求新教材应从"教本"向"学本"转变,从"文本"向"讨论"转变,从"知识"向"素质"转变,最大限度地促进学生的学习和发展。

"学材"式教材具有五大功能:唤起学习欲望的功能、提示学习课题的功能、提示学习方法的功能、促进学习个性化和个别化的功能、巩固学习的功能。①

随着时代发展和教学理念的更新,历史教材的功能出现新的变化,但其基本功能并未改变。在分析历史教材时,我们应该侧重于对历史内容本身的分析,同时也要参考教材中提供的方法指导。

(二)教材结构

历史教材的结构主要是指历史教材内容的组织形式。教材的功能与教材的结构密切相关。

1.历史教材的整体结构

历史教材一般采用章节体,在结构上包括章节、标题、课文、注释、思考题、大事年表等。由于历史教材是中学教学用书,因此它不仅是教学内容的载体,还要提供掌握这些内容的方法,又是教学方法的载体。

有学者把历史教科书的结构分为两大系统:一是以体现教学内容为主的课文系统;二是以体现教学方法为主的课文辅助系统。课文系统部分主要由各类不同性质的课文构成,用来确定教学内容的深度和广度,深度体现知识的质量,广度体现知识的数量。课文辅助系统部分的主要构成要素有课文注解、活动设计、习题作业、编辑说明等。这些结构帮助学生克服教学难点,引发学生思考历史问题,指导学生复习巩固所学知识,发挥了方法指导的作用。

2.历史教材的课文系统结构

课文系统由不同类型的课文构成。不同时期、不同版本、不同国家的教科书,课文的类别及其使用价值不同。白月桥将课文的主要类别划分为基本文(对精选的一系列基本历史事件、历史人物、历史现象和历史过程的较完整、系统、全面的概括、叙述)、补充文(对基本文所讲述的内容做进一步具体介绍,主要作用是扩展知识,帮助学生更好地理解基本文,增加教材的生动性)、绪论文(指书的开头叙述教科书内容大意、编写意图及编著经过等内容的章节)、史料文(史料性质的课文)。

3.历史教材的课文辅助系统结构

课文辅助系统是从属于课文系统的体例结构。教材的课文系统的主要功

① 沈晓敏,《关于新媒体时代教科书的性质与功能之研究》,《全球教育展望》2001 年第 3 期。

能是叙述历史事件、历史人物、历史过程,揭示历史发展的规律,侧重给学生讲述历史知识。教材的课文辅助系统的主要功能则是指导学生掌握和运用历史知识,理解历史规律,培养学生的能力。课文系统部分主要规定了学生要学习的基本内容,课文辅助系统主要提供了学生掌握这整篇内容而运用的基本方法。

教材的课文辅助系统主要由以下几个部分组成:课文图表,课前提要,课旁提注,课后习题,教科书目录、说明、附录。

总之,构成历史教材体例结构的每个因素,都有其形成和发展的历史过程,它们各自在教材整体中发挥一定的作用,每个结构因素既具有相对的独立性又不能孤立存在,它们共同构成历史教材的整体功能。

三、历史教材分析的意义

用好教材的前提是做好教材分析。在新课程中,"用教材"的过程就是教师对教材的分析和"再创造"的过程。在这一过程中,教师要发现教材各个部分之间的逻辑联系,发现教材中的历史与现实生活的关联,利用多种课程资源创设历史情境,让学生亲身去体验和感受,从而形成积极向上的情感态度和价值观。教师还要提供各种机会让学生亲自动手动脑主动探究,通过自主学习、合作交流等多种途径去认识历史,培养分析问题和解决问题的能力。"用教材"的起点是教材分析,终点是历史教学目标的实现。具体地讲,教材分析有助于我们做好以下工作:

第一,清理知识障碍。教材中的有些历史知识,教师比较熟悉,一看就能联想到很多相关的史实;有些历史知识,教师可能比较陌生,没有相关的历史事实作为支撑,看了之后不太理解;还有些历史知识,教材本身的叙述可能有误或者不太准确。通过教材分析,教师可以发现自身知识储备的不足,及时去学习,可以预先发现教材中的错误或者不足,以便及时更正,确保教学内容的科学性、准确性。

第二,制定教学目标。《全日制义务教育历史课程标准》从知识与能力、过程与方法、情感态度及价值观三个维度规定了历史课程的总目标,并在内容标准中结合相关历史知识提出具体要求。例如,"列举汉武帝大一统的主要史实,评价汉武帝""简述'闭关锁国'的主要表现,分析其历史影响",这些课程目标需要教师结合对教材中具体史实的分析和学生情况的分析,才能进一步细化为每一节课的教学目标。

第三,确定重点和难点。要创造性地使用教材,以教材为线索充实教学内容或者重新整合内容,教师就必须分析教材的重点、难点,只有确定了教材的重点、难点,才能决定补充哪些材料,怎样根据重点重新组织教学内容。

第四,拓展教学内容。教材由于篇幅和文字数量的限制,对大部分历史内容只能简明扼要地叙述。其实,教材中的每一句话都包含有丰富的内涵。教师只有充分理解了教材的编写意图,准确理解教材中每一句话的含义,才能根据教学目标和重点、难点补充历史事实,把每一句话的内涵展示出来,营造出一种历史情景,为学生感知或探究历史创造条件。

第五,选择教学方法。历史知识分为史实类知识、历史概念和理论类知识和历史方法类知识,每一类历史知识都有自己的特点,在教学中需要用不同的方法来学习和运用。教师需要分析教材来确定知识的类别,结合学生的情况和教师自身的特点,选用相应的教学方法。

四、历史教材分析的策略

(一)前提条件

分析教材前,要理解和把握历史教学的总目标,熟悉历史知识体系,还要对授课班级学生的历史学习情况有个总体了解,这样才能在分析教材时既有理论高度又有针对性,站在一个比较高的层次处理教学内容。

1. 理解和把握历史教育的总目标

历史教育的总目标在《全日制义务教育历史课程标准》的"课程目标"中有专门的规定。

2. 熟悉历史知识体系

历史学科的知识体系,是根据某种历史观按一定逻辑顺序组织起来的历史知识结构。它体现了人们对历史的宏观的、整体的认识。

3. 了解学生历史学习现状

历史教学最终要着眼于学生的发展,并落实在学生学习的效果上。因此,在教材分析时要充分地了解学生历史学习的现状,包括学生已有的历史知识积累、学生学习历史的接受水平、心理特点和思维规律。中学生形象思维发达,直观形象的内容更能引起他们的兴趣。

(二)一般程序与方法

分析教材一般采取从宏观到微观,从整体到局部的程序,按全书、单元、课等层次逐步分析，也可以倒过来，先分析每一课的内容，但是最终要形成一个从点到面的总体认识。分析的项目主要有：教材的编写意图和特点，教材的知识结构，教材整体和局部之间的联系，每一项历史知识的教育价值、课时教学目标、教学重点难点等，最后根据教材分析形成教学设计或者教案。①

1. 分析教材的编写意图和特点

从全书的层面分析教材的编写意图和特点，有助于我们从整体上把握教材，理解教材各部分在整体中的功能和作用，更好地处理教学内容，从中发掘出能力培养和情感态度及价值观教育的因素，使得历史课的教育功能得到提升。

一般来说，教材的编写意图，编写者最清楚。在新教材推广时，主编或编者会为教师们做培训，阐述自己的教材编写意图，帮助教师理解和使用教材。历史教学期刊也会刊登这方面的文章。教师在参加培训或者阅读期刊的时候，应该留意这方面的内容。

2. 分析教材的知识结构

历史教材分析的重点是梳理知识结构。历史知识结构是历史事件、历史人物、历代典章制度、历史发展线索等历史概念组成的纵横交错的网络结构。横向的结构诸如同一历史时段的相互关联的历史现象、历史事件、历史人物、典章制度等；纵向的结构诸如同一历史现象在各个历史时段的发展线索。它们形成了一个点、线、面的网络体系。

（1）分析、梳理一节课的知识结构

分析、梳理一节课的结构一般分为两步：第一步是阅读课文，清楚这节课讲了哪几个方面的问题；第二步就是要具体分析这几个问题，也就是分析一课书中每个"目"内部各个事件的关系，以及各个"目"之间的关系。例如，北师大版九年级上册第2课《探险者的梦想》，共有3个目：欧洲以外的诱惑、哥伦布的发现、首次环球航行。分析的第一步是阅读课文，了解这3个目所讲述的内容；第二步是分析每个目内部所叙述的历史事实的关系，以及这3个目之间的关系。一般来说，对一节课的教材分析掌握这两个步骤就可以了。

（2）分析、梳理一个单元的知识结构

一个单元一般讲的是一个特定的历史时期，单元的知识结构取决于整本书

---

① 新课程改革以前，教师备课的最终结果是要写出一个教案。新课程改革以后，教案逐渐被教学设计所替代。关于教学设计，本书后面的章节会有专门的论述。

的编写体裁。历史教材的编写一般采用通史或者专题史形式。所谓通史,是指从古到今,按照时间顺序将同一个历史时段的政治、经济、文化等内容编排在一起。专题史则是先把历史内容依据某种标准分为不同的专题,如政治史、经济史、文化史,或者战争史、革命史、文明史等,每个专题的内容一般也是按照时间顺序编排。在实际的教材编写中,有时候通史和专题史并用。例如,中国古代史用通史形式编排,而中国近现代史主要是专题史——革命史;世界史则大多是以通史为主线综合了专题史的因素。无论哪种体裁的历史教材,具体到单元都可以有多种结构,可以是因果关系结构,可以是并列关系结构,也可以是专题结构。分析这些单元结构的方式和前面对课程的分析相似。在中外历史分编的通史体裁教材中,世界史内容经常采用通史和专题史相对吻合的单元结构。

(3)分析、梳理一本书的知识结构

一本书的知识结构就是由几个单元构成的历史纵向发展线索。以人教版高中《世界近代现代史》下册(旧版)为例,本书采用章节体,每章为一个单元。

先看看目录:

第一章　俄国十月社会主义革命和民族解放运动高涨

第二章　第一次世界大战后的资本主义世界

第三章　第二次世界大战

第四章　两极格局下的世界

第五章　世界格局的变化

第六章　现代科学技术和文化

目录呈现了全书的知识结构。本书从1917年十月社会主义革命开始讲起,共六章,大致按照时间顺序排列。前两章讲"一战"后的世界格局,第三章讲第二次世界大战,第四章讲战后世界格局,第五章讲世界格局的变化,第六章是现代科学技术和文化。把前五章的内容贯穿起来,有两条纵向线索。

第一个纵向线索是现代化的三种模式。第一种模式是社会主义的现代化。第一章第一节讲的是十月革命的胜利,第三节讲斯大林模式的确立,然后第四章第三节讲社会主义国家纷纷建立,第五章第一节讲社会主义苏联模式存在的问题和导致的结果,苏联、东欧国家的改革和剧变。第二种是资本主义现代化的模式。第二章第二节讲"一战"后主要资本主义国家的情况,第三节讲资本主义固有矛盾引发的经济危机以及各个资本主义国家的应对措施,第四章第二节讲"二战"后资本主义的发展。第三种现代化的模式就是原来的殖民地半殖民地,在"二战"以后独立,历史上称之为新兴国家,新兴国家的现代化主要是在第一章第二节,第四章第五、第六节讲述。

第二个纵向线索是 20 世纪的国际关系格局,也就是凡尔赛—华盛顿体系、雅尔塔体系和多极化的趋势。第二章第一节讲凡尔赛—华盛顿体系的确立,第四节讲德、意、日法西斯的扩张,然后到第三章第二次世界大战,这实际上讲的是凡尔赛—华盛顿体系的崩溃。雅尔塔体系主要是在第四章讲,美苏"冷战"对峙局面的形成,这是体系的确立,然后在体系发展的过程中两极分化,最后到第五章讲东欧剧变和苏联解体导致了两极的终结,世界向多极化发展。

这本书内容看上去似乎比较乱,其实就两个纵向的线索。只要了解每一课在纵向线索中的位置,教材的分析就能够到位。对纵向线索的理解是每一课讲课到位的一个前提。

总之,教材分析实际上就是要建立一个知识的网络系统。在这个系统里,一课书的内容可以称之为"点";一个单元的内容是一个历史阶段,就是"面";贯通单元的纵向发展线索的是"线"。点、线、面构成的就是网络的结构体系。优化教学首先是内容的优化,就是在点、线、面的结构体系里怎样讲课到位,然后怎样超越教材,讲得更好。

3. 分析历史知识的教育价值

分析教材除了分析知识结构还要分析知识的教育价值。不同类型的历史知识在教学中的作用不同,具有各自的教育价值。我们可以先对教材的知识进行分类,然后再发掘每类知识的教育价值。历史知识通常可以分为事实性知识、概念性知识和历史方法性知识。事实性知识告诉我们过去发生了什么,是对以往事情的客观描述。事实性知识是历史教学的基础,只有掌握历史事实,才能形成历史概念,进行历史思维,培养学生的情感态度和价值观。概念性知识的基础是历史概念,是从具体史实中抽象出来的对历史事件、历史现象和历史人物的最本质的认识,是对历史事实本质特征的抽象概括。历史事实与历史概念的关系如下(表3):

表3　历史事实与历史概念的关系

历史事实：历史人物、历史现象	**历史概念**
生活在距今一万多年前的北京周口店地区的原始人类，包括其体质特征、生活状况等史实	北京人
唐太宗统治时期的政治、经济措施及社会繁荣局面的史实	贞观之治

历史知识是由一系列相互关联的历史概念组成的概念体系。每一个历史概念都只有在概念体系中才能获得它的意义。例如"奴隶"这一概念，只给学生描述奴隶的形象、生活状况、劳动状况等，并不能让学生真正理解什么是奴隶。只有当学生理解了奴隶制度这一概念后，才能真正理解奴隶的概念。而要理解奴隶制度，又需要与封建制度做对比，需要理解马克思主义关于社会形态的理论。

总之，历史概念是进行理论分析、形成历史知识体系的基础。学习历史有助于理解新知识，运用概念进行分析、判断、推理。

4. 确定课时教学目标

历史课程的目标是通过每一节课的教学目标来实现的。教学目标既是教学的依据，也是评价教学效果的标准。目标不明确就无法进行有效教学。正确地确定课时教学目标，是分析教材和进行教学的基本要求。教学目标不是教师随意主观来确定的，而要根据教材内容和学生状况，从实际出发来确定。教学目标中的知识要求、能力要求和情感态度与价值观要求，以及如何达到这些要求的途径与方法等，都要从对具体单元和课的分析中来确定和选择。

教学的各种目标都要通过历史知识的学习过程来实现，因此教学目标的确定与知识的价值和功能的分析紧密相关。确定教学目标，也就是要明确知识所要发挥的各种具体的作用。下面就从知识目标、能力目标、情感态度与价值观目标分别加以说明。

(1) 知识目标的确定

知识目标主要是确定在教学中哪些知识要求学生必须掌握，掌握到什么程度。中学历史知识按照重要性大体可分为三类：重点知识、重要知识、一般知识。不同类别的知识在教学中有不同的要求。

对于重点知识，应该达到牢固掌握、熟练运用的程度。掌握，包括理解和巩固两个环节。理解，是指学生经过思维加工，把知识理解和消化，融入自己已有的知识结构中。但仅有理解这个环节还不够,因为随着时间的流逝,知识可能遗忘,因此必须经过巩固的环节,定期对所学知识进行复习,强化记忆。新知识只有经过了理解和巩固才可能达到掌握的程度。知识的运用则是要用知识来分析和解决问题,通过应用也使知识得到深化和强化。重要知识有的要求达到掌握的程度,有的只要求理解。一般知识具有开阔学生的视野、为重点知识提供背景的作用,只要求学生了解或知道就可以了。

确定历史知识重要性的主要依据是什么?

首先,要考虑知识在整个历史学科体系中所占的地位。一般来说,重点知识应该是历史学科中那些主干的、关系全局性的、构成历史发展脉络、决定时代特征的知识。如朝代顺序、标志性历史事件、对历史进程有重大影响的历史人物、经济政治制度、科技发明、文艺作品,等等。

其次,要看学生的知识基础和理解能力。历史教学需要在学生现有的知识和理解能力基础上进行。在确定知识的重要性上也要考虑这个因素。如"社会形态"这个概念在整个历史学中占有重要的地位,但由于它的理论性很强、很抽象,深入学习需要较多的基础知识和抽象思维能力,初中一年级学生不具备理解这个概念的基础,因而初一年级不宜把原始社会、奴隶社会等概念展开讲,只能做些简单的介绍,甚至可以不提这些概念,只讲一些具体的史实。换言之,有些历史学科的重点知识中学生不易理解,而在教材的叙述中又不能避开,因此只能作为一般性知识简单带过,不宜作为教学重点。

(2)能力目标的确定

历史教学不仅要使学生获得牢固的基础知识,更要培养和促进他们能力的发展,因此教师要认真地分析教材中知识的能力价值。

所谓知识的能力价值,就是指知识本身所含有的对人的能力发展有促进作用的因素。知识的能力价值隐含在知识中。掌握了知识,不一定就发挥了知识的能力价值。教师要善于从知识中发现隐含的能力价值,通过合理的教学设计对学生进行能力训练。能力具有结构性,这个结构往往带有方法论的意义。相同的知识内容,处于不同的结构中,其能力价值就不同。知识能力价值的发挥,重点在于教师的挖掘,主要是创设知识转化为能力的条件,给学生主动探究的机会。通过什么程序来认识和理解某一历史现象或规律,是挖掘知识的能力价值的关键。由于能力是一种个性的心理特征,是在实践活动中形成的,因此教学中要特别重视过程和方法,注重历史知识的迁移和方法的运用。课时教学中的能力目标,要指明学生运用什么方法解决什么具体的历史问题。解决问题是能力目标的归宿。

(3)情感态度与价值观目标的确定

如何通过历史教学向学生进行情感态度与价值观教育,这是我们分析教材时的另一项重要任务。情感态度与价值观目标有多项内容,其中既包括历史唯物主义教育、爱国主义教育,也包括科学精神、民主与法制意识、国际意识、环保意识教育,等等。这种教育应该结合教材的具体史实来进行。也就是说,要从教材的具体内容中发掘出蕴含这些情感态度与价值观教育的因素,并以教学目标的形式表述出来。

5. 分析教材的重点与难点

经过前几个方面的分析,从全面和局部的不同角度把握了教材的地位和作用,确定教材的重点就水到渠成。一般来说,教材的重点包括基本历史概念、基本历史规律和历史学研究方法。教学难点则是根据教材的特征和学生学习历史的思维规律和特点决定的。确定教学难点一定要从学生实际出发,重视对学生学习心理的分析。重点并非一定都是难点,难点从知识的重要性角度看也不一定都是重点。确定重点、难点的依据不同,因而处理方法也不相同。

五、实践过程中易存在问题

一线教学最常见的历史教材分析的误区是,以为教材分析就是教学内容分析、教学重难点分析——这是典型的传统备课的基本思路,与课程改革要求背道而驰。课程改革下的教材分析目的是厘清课文叙述的结构线索,根据课程标准的要求,分析课文表述存在的优点与不足;搞清楚课文编写与课标要求达成之间的差距;根据学情与教学目标,分析教材在教学中的地位,以更好地使用教材。

六、案例分析

以人教版七年级上册(旧版)第三单元第 12 课《大一统的汉朝》为例进行教材分析。①

---

① 本案例节选自青岛大学杨昊《初中历史教材分析——以人教版七年级〈大一统的汉朝〉为例》一文。

1. 主要内容

本课分为文景之治、汉武帝的大一统、东汉的统治这三个目,可以理解为刘邦建立的汉朝结束了楚汉之争,又可理解为汉武帝的大一统。就文景之治而言,文帝和景帝采取的政策有降低赋税、提倡节俭、以身作则、"以德化民"。而汉武帝时期,从政治、经济、文化、军事等方面加强大一统的局面,打击封建割据势力,巩固郡县制的成果,加强中央政权,选贤任能,北击匈奴,开发西域交通,在思想上"罢黜百家,独尊儒术"。

2. 逻辑

本课的总抓手为经济基础与上层建筑的辩证关系,经济基础决定上层建筑,上层建筑对经济基础具有反作用。文帝和景帝面对汉初经济凋敝、田野荒凉的景象,采取了休养生息的政策;汉武帝面对诸侯分封割据的王国问题,也采取了合适的政策,从而推动了这些问题的解决。但是在西汉后期,朝廷腐败,土地兼并问题日益严重,在这种社会上层建筑的影响下,势必会导致社会动荡不安。

本课位于第三单元《统一国家的建立》,主要包含秦、汉两个王朝的历史,从第 11 课至第 17 课用大篇幅从农民起义、汉朝的建立、经济、军事、文化、外交等多方面描述了一个吸取秦亡的教训,由弱到强的大一统的汉王朝。

本课题目为《大一统的汉朝》,该题目可以分为两层含义:一是指汉高祖结束了楚汉之争,实现了国家在领土和政治方面的统一;另一方面的"一统"是指汉武帝实现的大一统,其中最主要的是在思想方面"罢黜百家,独尊儒术",另外还包括度量衡的统一,边疆安定,政局稳定。

本课主要从政治角度、上层建筑的角度来阐释,在教材导入部分,通过刘邦和文武百官的对话,引出汉朝是我国封建社会历史上出现过的第一个盛世。

本课的线索有两条:一是按照时间顺序和王朝发展的一般规律(弱—强—弱)来进行,与本课的三个小标题紧密切合,汉初文帝景帝父子采取休养生息的政策使受到战乱破坏的社会得到恢复,为汉武帝在位时的各项政策提供强有力的支撑,使西汉进入鼎盛时期,而后于公元 9 年被王莽夺权,西汉灭亡,公元 25 年东汉建立。另一条是按照横向的线索进行的,主要涉及的内容有文帝、景帝以及汉武帝所采取的关注民生、廉洁公正、加强中央集权的政策等。文帝面对西汉初年残破的景象,采取了开源节流的方针政策——在开源方面,奖励耕作;

在节流方面,提倡节俭。景帝时期,继承了文帝的政策,重视"以德化民"。武帝时期,分别从政治、思想、文化、军事等方面采取了措施,最终实现了大一统。

3. 前沿基础

经过汉初 60 多年的恢复,武帝渴望自己建功立业,在中国人民大学孙家洲教授的《汉武盛世的历史透视》这篇论文中,孙教授提出:汉武帝是一个有雄才大略的人,在汉武帝心目中,祖父汉文帝和父亲汉景帝所做出的功业都不是根本大业,都是在紧急状态采取的临时措施,而他给自己定的历史使命,是要为后世子孙创造出一套可以长期沿用的治国制度。孙教授从儒家在西汉中主导地位的确立;削弱地方势力,加强中央集权;对外开疆拓土;选拔人才,监督官吏等几个方面进行了系统的论述①。

洪煜的《评汉武帝》提到汉武帝的军事策略,在对匈奴用兵方面"尽管耗费了几代人的长期的经营积累,耗费了大量的人力、物力,给当时的广大人民带来了无尽的痛苦和灾难,但是匈奴危机的解除这有利于汉政权有更多的力量去对我国东南、西南、西域地区的经营和开发,加速了双方的政治、经济、文化的交流,促进祖国的统一"。②

4. 重难点

本课的题目为《大一统的汉朝》,众所周知,汉武帝实现了汉朝的大一统,但是本课分为"文景之治""汉武帝的大一统""东汉的统治"三个部分。"一统"虽在文景之治时即有体现,但真正能称得上是"大一统"还是在汉武帝时期,所以本课的重点应为"汉武帝与大一统的关系"。教师要让学生了解汉武帝为实现真正的大一统而采取的一系列对内、对外以及在政治上、经济上、军事上的措施。

教师为解决重点所采取的措施:汉武帝的大一统分为政治、经济、思想等方面。就王国问题,汉武帝实行"推恩令",将封国分成更小的诸侯国。在讲授这部分的时候,教师可以采用对比的方式,将汉武帝时期的政区图与秦始皇时期的中央集权政区图进行对比,对学生讲解,虽然时代在发展,但是汉朝仍采用不符合时代的分封制,所以必然会进行变革。在思想方面,汉武帝采取的是"罢黜百家,独尊儒术"的建议,为了让学生掌握这一知识,建议教师了解儒家思想的

---

① 孙家洲,《汉武盛世的历史透视》,《新华文摘》2009 年第 11 期。
② 洪煜,《评汉武帝》,《史学月刊》2001 年第 4 期。

发展历程,以及儒家在我国之后的长期的封建社会当中的作用,将其与汉初实行的以道家为主的黄老之学进行对比,了解为什么汉初实行黄老之学,为什么黄老之学在实行了 60 多年后,汉武帝又对儒学产生了浓厚的兴趣,探讨:是黄老之学不适合汉朝的发展了,还是儒学进行改造后更加适应元气恢复的汉朝的发展。

本课的难点确立为"罢黜百家,独尊儒术"。作为初一的学生比较难以理解思想对社会的反作用。为了突破难点,教师可采用横向上儒家和黄老之学及其他各家思想进行对比,或采用秦始皇焚书坑儒与汉武帝独尊儒术进行纵向上的对比,分析为什么只有儒学成为正统思想,从而从社会背景上来进行对比。教师还可以通过让学生进行角色扮演,每个人扮演不同的思想流派的代表,进行辩论、讨论,当学生不能对其他同学的观点赞同的时候,最后由教师总结出汉武帝在董仲舒的建议下糅合了百家的思想,"罢黜百家,独尊儒术",最终实现了思想上的"大一统"。

七、教学训练项目

请结合以下高考题对高一历史必修一《第二次鸦片战争》一课进行历史教材分析。

材料一　查各国事件向由外省督抚奏报,汇总于军机处。近年各路军报络绎,外国事务,头绪纷繁,驻京之后,若不悉心经理,专一其事,必致办理延缓,未能悉协机宜。请设总理各国事务衙门,以王大臣领之……俟军务肃清,外国事务较简,即行裁撤,仍归军机处办理,以符旧制。

——奕䜣等《请设总理衙门等事酌拟章程六条折》(1861 年)

材料二　该衙门之设也,不仅为各国交涉而已,凡策我国之富强者,要皆于该衙门为总汇,而事较繁于六部者也。出洋大臣期满,专由该衙门请旨。海关道记名,专保该衙门章京。指拨海关税项,存储出洋公费,悉由该衙门主持。互市以来,各国公使联翩驻京,租界约章之议,皆该衙门任之。海防事起,采购战舰军械,创设电报邮政,皆该衙门主之。自各国船坚械利,耀武海滨,势不得不修船政、铁政,以资防御,迄今开办铁路,工作益繁,该衙门已设有铁路、矿务总局矣。

——摘编自《戊戌变法档案史料》

(1)根据材料一并结合所学知识,指出总理衙门设立的原因。(4 分)

（2）根据材料并结合所学知识，分析总理衙门职权的变化及其作用。（4分）

第三节　学情分析技能

一、学情分析的概念

学情分析就是对学生的群体学习环境、个体心理特征、学习背景、知识基础、认知水平、兴趣、思考方式等影响其学习的多方面因素进行研究分析，同时将学情分析贯彻到课前的教学设计、课中教学策略的调整与生成、课后的教学反思与评估之中，并从学生的角度出发，多考虑学生的"已知""能知""想知""需知""未知"等各方面的学习需求，从而全面深刻地了解学生，有利于教学的现代化发展，提高教学成效。

二、学情分析的功能与意义

（一）学情分析功能

1. 为教学预设提供基本依据与重要指导。

2. 为课堂教学活动的调节与生成提供重要反馈。

3. 为教学生成提供重要资源。

4. 为教学理论与学习理论的生成提供丰富素材与有益启发。①

（二）学情分析的意义

1. 学情分析是当代学生观重建的必然要求。

2. 学情分析是了解学生发展起点的基本手段。

3. 学情分析是提高课堂教学有效性的前提保障。

4. 学情分析是提升教师实践研究能力的基本途径。

三、学情分析的策略

学情分析要从课前、课中和课后三个维度来着手：

（一）课前学情分析策略

教师在课前做学情分析时，要以学生的真实情况为主，逐层进行剖析。除

---

① 马文杰、鲍建生，《"学情分析"：功能、内容和方法》，《教育科学研究》2013 年第 9 期。

了辨析学生群体的共同情况特征之外,还要判断每个学生个体的差异特征,并具体问题具体分析,选择最合适的教学策略,进而安排最佳教学过程。

1. 分析学生的共同特征

现代学校教学是以年龄为基础,将学生划分出不同年级。因此,同一年级学生的年龄段相同,在许多情况下他们有着相似的表现。课前,教师做学情分析时可以先着手剖析学生的一些共同特征,进而提高效率。

(1)分析学生的年龄特征

学生发展有着一定的规律性,教师在课前做教学设计时一定要考虑所教学生的年龄,并以其年龄特征为基础,设计最恰当的教学方法。

如《从中日甲午战争到八国联军侵华》一课是岳麓版历史必修一第四单元的内容①,学生的思维在这一阶段正在向成熟发展,他们对比学习及概括史实的能力与空间观念都有所提高,学习的主观能动性也有所增强,但辩证分析历史问题的能力不足。面对这些学情信息,教师能够从许多渠道获得并掌握,如研读教育心理学的相关书籍、经常与学生交流学习体会、与学生家长及时沟通、观察高一年级学生的行为等,经验丰富的教师还能够参照之前所教的接近本年龄段学生的特征。

(2)分析学生的已有知识情况

学习过程具有连续性,学生已有的知识基础是其展开新一阶段学习的依据,包括学习者已习得的知识结构和认知体系、已掌握的行动技巧、已培养出的习惯和态度等。同一年级的教学进度大体上保持统一,故一定程度上学生们的已有知识情况基本一致。在做学情分析时,教师要对学生的已有知识情况保持清醒的认知,不仅包含学生已有的历史知识,还包含语文、政治、地理等学科的知识。学生学习新知识的过程中,已有知识会扮演着重要角色,所以,要想实现有效的知识迁移,就要准确把握学生的知识储备情况,并以此制定最适合学生学习的教学策略,提高历史课堂的教学成效。

就《从中日甲午战争到八国联军侵华》一课,学生在以往的学习中已经大体知道中日甲午战争及八国联军侵华的原因、内容和影响,但对这一时期帝国主义侵华史实及影响的认识还局限于感性认识阶段,短时间内无法上升到理性认

---

① 本章节中的《从中日甲午战争到八国联军侵华》学情分析案例均出自马文杰、鲍建生的论文。

识的层次,更无法全面辩证地看待问题。我们要求学生能在高中历史课程的学习中,更加深入地理解从甲午战争到八国联军侵华期间的这段史实及影响,对《马关条约》和《辛丑条约》的危害性进行系统把握,并结合本单元对两次鸦片战争的学习,探究其对中国社会性质和中国历史进程发展的深远影响,以及对日本乃至世界的影响。因为学生在初中阶段已经对地理学科有一定的学习,所以本课可以利用地图引导学生了解甲午战争的爆发经过、义和团运动的历程以及八国联军侵华的进程,从而锻炼学生的读图识图能力,培养时空观念。

2. 具体分析学生个体的学情差异

虽然同一年龄段的学生一定情况下有相似的特征,但是要注意每个学生作为个体都具有自己的个性特征,其差异性体现在生活环境、已有知识结构、意志力、学习兴趣、学习习惯等各方面。而且,不同学校、不同班级之间也都有差异。然而种种差异性正是教学有待突破的关键点。真正的有效教学就要求教师深入分析所教学生集体的一些个性差异特征:

(1)分析班级间的区别

一个历史教师不仅要教多个班级,有时还要教不同选科倾向及类别的班级。现在高中阶段的学生在高一时期就开始出现多种选科组合倾向,在高二、高三更会有多种选科类型的班级,但高一时期由于学业会考,任何选科类型的班级都要学习历史。就《从中日甲午战争到八国联军侵华》一课,未选历史的学生只需达到基础的课标要求,而选历史的学生要在课标基础上理解中日甲午战争爆发的背景、《马关条约》和《辛丑条约》的危害性,辩证地多角度地分析中日甲午战争的影响,评价义和团运动的口号,概述我国近代逐步沦为半殖民地半封建化社会的历程及历史规律等等。当然,到高二、高三时,教师还要面对选历史的班级中的普通班和艺术班,这时也需要尊重差异,千万不能用相同的教案教授不同选科类型的班级。

(2)分析学生的学习能力及水平的差异

不同学生的学习能力及水平存在差异,并作用于断定学习难点及择定突破难点的方法等方面。教师需要在知晓学生的学习能力基础上择定适合的教学难点、安排恰当的教学时间,汇集主要的教学精力于学生难以理解又同为重点的内容上,使学生最大限度地收获新知。大部分学生从初中升高中主要依照成绩,因此升入相同高中的学生学习差距较小,不过学生们升自不同初中,虽然在初中学过《从中日甲午战争到八国联军侵华》中的部分知识,但不同学生面对学习过的知识,其掌握情况也有所不同,部分学生也许掌握扎实,也有部分学生也许由于多种原因已经淡忘这部分知识或者根本没学明白。为此,历史教师在处理本课内容时切勿因在初中学过就予以忽视。另外,如若凭借学生以往在本科目中习得的成绩进行分析判断属于静态分析,通常难以精准地辨别学生的学习水平及能力。因为学生的学习成绩无法深入准确地体现学生的学习水平及能力,所以教师可以以学生以往学习成绩为依据,联系学生课堂上的日常表现,判断学生接受不同知识点的难易度,从而分析学生的学习水平及能力,尤其是本次学习能力的情况。

(3)分析学生真正的知识储备

虽然在通常情况下学生的已有知识情况大体一致,但实际上因学生有着不同的学习能力及水平,其真实的知识掌握程度存在着差异。某部分知识于部分学生来说已经十分明晰,他们可以在此基础上继续学习新的知识。但是于另一部分学习能力较低的学生来说,他们只是知道了这部分知识点,很难记忆,甚至错误理解,这时,若误以为他们可以在这部分知识点的基础上继续学习新内容,只会引发错误的知识迁移,甚至会影响接下来的学习,适得其反。《从中日甲午战争到八国联军侵华》一课之前,学生已经学习了两次鸦片战争的相关史实,所以在学习新内容之前可以通过问答的方式来测试学生以往知识的学习效果,从而点明与本课内容之间的内在联系,顺利进入新课程的学习。

(4)分析并利用学生身边的乡土资源

学生对学校所在区域是非常了解的,所以历史教学可以巧借乡土资源这一"东风",如历史上当地发生的重大事件、著名人物、历史名胜和民间传闻等,以此加强对学生的引导。同时,最好选用一些与课题及教学内容有关的乡土历史资源,以承接本课新知识的学习。当然,利用乡土资源进行教学具有一定的难度,教师不仅要细致调查并熟悉掌握当地乡土历史资源,还要把本课内容与有关的乡土资源联系起来。此外,教师可以制作有关要实现的学习任务的问卷,以便获得有关学生生活经验的信息。

(5)分析学生的学习兴趣及学习动机

学习动机"是引发与维持学生的学习行为,并使之指向一定学业目标的一种动力倾向"。课堂上，学生若缺乏学习动机，会使教师课前的各种教学设计付诸东流。只有当所学知识对于学生而言充满内在需求与兴趣动机，学习目标才有机会达成。所以，教师在历史教学中需要清楚学生的内在需求，从而大力激发学生的学习兴趣。不同选科倾向的学生在历史学习中有着明显不同的动机，未选历史的学生只要通过学业会考即可，不会利用大量精力来学习历史，但选择历史的学生需要在高考中取得历史学科的好成绩，则不管自身是否对历史感兴趣都必须认真学习历史。《从中日甲午战争到八国联军侵华》一课有很多学生感兴趣的内容，比如男同学会对战争中中日双方军事力量对比感兴趣，女同学在情感上对我国社会性质的改变历程感兴趣，有的同学会对义和团运动的相关背景感兴趣，等等。

然而不同学生的兴趣与动机存有巨大差异，教师在具体辨析不同学生的学习兴趣与动机过程中，可以依据积累的课堂经验，制作有关学习内容的问卷，从而真正了解学生在此次教学中对哪部分内容更感兴趣及其学习动机是否充足。

(二)课中的学情分析策略

学生作为学习主体，其学习过程中的各方面状况都应被教师密切关注，教师再以此为基础为学生的有效学习及时调整教学策略，从而实现高效的历史课堂。

1.关注学生学习投入状态

上课之初，学生的学习状态是否积极主动，极大地影响着整节课的教学；课堂之中，学生的学习状态也对知识点的掌握以及学习任务的达成起着直接的影响。所以要想提高课堂学习成效，必须在整节课始终调动学生的积极性并努力保证学生具备积极投入的学习状态。

因此，课前导入就显得十分重要。上课之初，学生感兴趣的导入内容会直接集中学生的注意力、激发学生的求知欲，为后续的学习内容开启良好的学习状态。《从中日甲午战争到八国联军侵华》一课可以采用纪录片《甲午》的片段来进行导入。课堂开始阶段，学生们刚结束课间的休息放松状态，很难集中注意力进入紧张的学习状态，采用视频导入不仅符合学生的学习兴趣，还可以极大地吸引学生们的注意力，并结合视频引导学生们思考有关中日甲午战争的问题，引发学生的求知欲，进而顺利过渡到新课的学习。

虽然课中学生的学情千差万别，但是可以从两个角度归纳学情，即促进教学的正面学情和阻碍教学的负面学情。当学生积极学习时，教师可以把握这些正面学情，及时突破本节课的教学重点"理解《马关条约》和《辛丑条约》的危害性"，以及本课的难点"理解中日甲午战争的各方面影响及评价义和团运动的口号"。此外，对于负面学情，教师需要机智判断并及时消除。

高中课堂通常以 45 分钟为一节课，学生的注意力会因些许的倦怠在最后几分钟难以聚集。对此，教师要灵活地调整教学方法和内容，重新唤起学生的学习兴趣。这时，教师可以拓展一些内容，比如慈禧太后在八国联军侵华时期逃亡西安的经过，以此调动学生的注意力，做好课堂最后的知识总结，形成知识体系。课上学生表露的学情时刻影响着课堂教学，正面学情或负面学情于教师而言，只要充分把握、仔细分析并有效调节，就能实现历史课堂的有效教学。

2. 关注学生接受课堂信息状况

学校教学应以民主和谐、合作交流、自主探索的课堂教学为主，历史课堂也是如此，其中教学任务的顺利完成需要教师与学生保持畅快、愉悦、积极的状态。因此教师在时间有限的课堂上不仅需要达成教学任务，还要通过关注学生的一些微小表现来把握学生课上的学习情况。对此，教师需要密切关注学生的精神面貌等多方面的细节状况，从而把握学生对本课内容的学习效果。

比如对某部分内容学习完之后，教师可通过观察学生或轻松或疑惑的表情来分析学生在该内容上的学习状况；在解决问题时学生的注意力是否集中，是否注入自己的想法，是否积极发现问题并主动解决问题等。

对于学生课堂信息的接收状况，教师也可采用在其他学生回答问题时观察学生听得是否认真的方式来把握。如学生能否对其他同学的发言自行概括、深入分析、做出反馈等。

对于《从中日甲午战争到八国联军侵华》中甲午战争的爆发原因及影响等内容可以采用史料探究的方式。在史料探究时，可以在教师的引导下，学生自主分析、概括叙述，进而提高学生语言表达、理解分析、概括总结的能力，同时引导学生掌握正确有效的史料分析方法，更重要的是可以由此判断学生对所学内容的接受情况。学生的学习是环环相扣的，每部分知识的学习都与其后有关内容的学习紧密相连，教师在课堂中通过即时获取并把握分析学情来对教学内容、手段与进程适当调节,做到"以学定教"。

3.关注学生互动交往状态

对于学生而言,学习并运用知识的重要性不容置疑,不过随着学术领域的不断研究,历史知识也会有新的突破,学生要想在学校中将所有知识都学会是很难实现的。所以,在课上,教师可以结合相关史料与学术研究成果,以互助探究的方法来促进学生之间的沟通与学习。五大核心素养在现今历史教学中的重要性与日俱增,教师若想贯彻落实并提高教学成效,在课堂上依然要对学生在学习互动之中的种种情况进行辨别分析。

在《从中日甲午战争到八国联军侵华》中,对于多角度理解甲午战争的爆发背景和影响就可以采取小组合作探究的方式。教师可以在班级中划分出六个小组,针对探究问题为每组分配不同的讨论任务,讨论过后每组派小组代表将本组所讨论问题的成果进行展示,展示过程中教师要加以引导,最后由教师进行总结。自主探究与合作交流的学习形式不仅能够增强学生学习的主观能动性,还能够加强学生的合作探究精神,提高学生分析并解决问题的能力,从而有效推动学生的全面发展。在这种学习方式中,学生的求知欲以及与同学进行思想交流、争论探讨和理论学习的积极性都有所提高,并能实现以"学生为主体"的建构主义理念。

(三)课后的学情分析策略

所谓的教学反思,不只是在课后对教师教法进行评价或是对教学任务、教学目标的达成情况进行评估,也要在课后对学情分析进行反思。

1.采用课后检测的方式分析学生的知识掌握情况

若想对本节课学生的学习状况有所认识,最主要在于使学生表露出内在知识的获取程度。教师可通过系统概括的课堂总结或者课后习题演练的方法来分析这一学情。在课堂的最后三到五分钟内,教师可引领学生对本节课所学内容做出系统的总结,其中效果较好的方法是让学生以完善知识结构图的方式对本课所学内容进行梳理,在这一过程中不仅可以让学生对本课知识点之间的因果关系更加明确,还可以从中辨析学生对所学内容的掌握情况。对于《从中日甲午战争到八国联军侵华》一课可以采取完善以下知识结构图(图1)的方式进行总结:

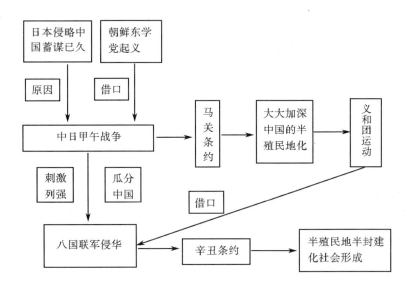

图1 《从中日甲午战争到八国联军侵华》知识结构图

若觉得此种方法概括性太强，难以针对性地判断学生把握各个知识点的细致情况，那么也可以采用让学生做一些课后习题的方法，教师在对他们的习题结果进行检查的过程中判断学生对知识点的学习效果。教师可以依据课标要求、学习目标和学习重难点，参考练习册上的相关习题，编排出适合学生的课后练习题，在学生做完课后习题之后认真检查并分析每份习题结果，就能够细致认识到学生对本课知识点的掌握情况。

2. 在问卷调查或访谈中了解学生对整个学习过程的感受

学生对所学内容的把握状况是静态的，但在学习完一部分内容之后，他们所产生的感受是具有差异性的，而这些感受也属于课后的学情分析，但大部分却是动态的。不同的学生个体对知识的掌握情况不同，而从课后习题这种静态的方式中难以把握动态下的学情。

对此，教师制作调查问卷来了解学生本节课的学习感受也是一个有效的方式，比如：本节课你最喜欢学习哪部分知识点，你觉得哪部分内容理解起来比较吃力，课堂上哪个学习环节你最愿意参与，在本节课你想学习的知识点是否理解透彻，本课学习之后你还存在哪些疑惑等。

此外，教师若想进一步分析学情，还可依据在问卷中得到的信息，在课后找相对有代表性的学生做针对性的交流谈话，进而深刻认识学生的内心想法。当然，在访谈中要注意方法，要以师生平等和谐的关系营造轻松的氛围，从而让学生敢于说出内心的真实课堂感受。除了了解学生的课堂感受之外,教师更要联系教学过程来判断学生为何会产生这样或那样的感受,也要对教学行为策略做出深刻反思,从而在课后获得相应的学情反思成果和学情信息,以此为之后的有效教学奠定基础并提高教师的教学成效。

四、实践过程中易存在问题

教师在学情分析时主要存在三大问题,即学情分析部分缺失、学情分析泛化、学情分析窄化。

1. 学情分析部分缺失

(1)教师忽视学情分析研究

做教学设计时,教师更重视分析教材,他们在做教材分析、找出教学"重难点"以及学生们应掌握的能力与方法之外,再结合教学的内容制定教学步骤和方法,却忽视了这些步骤都是要以学情分析为依据才能充分落实的。

在课堂教学中,教师们往往忽视学生们在某个教学环节中的即时表现,认为完成教学任务即可,总是不能考虑到学生们的学习需求是否得到满足。同时,学生们的个体差异更经常被忽视。教师们在课堂中面对不同班级的学生群体乃至同一班级的不同学生,总是千篇一律地教学,并不在意学生们的个性心理特征和不同学生的学习能力起点。在课后的教学评估中,对学情分析的反思更是流于形式,不能真实而具体地反映教学中由于学情分析不足而导致的种种问题。

例如:对于岳麓版高一历史必修一第 20 课《新民主主义革命与中国共产党》一课,在集体备课中,教师们只是根据本课内容较多,以及教学进度的要求为基础,将本课分为两课时进行教学,再分析出本课的教学重点与难点,最后讨论一些相关的教学方法即结束。教师们在教案中对教学内容的选择及教学方法的设计颇为清晰,但缺少学情分析的内容。有些教师在教学过程中也只是按部就班地完成了教学任务,并没有考虑到本课内容庞杂,学生们需要掌握、记忆的内容较多,许多知识点容易混淆,难以形成系统的知识体系等因素,也没有针对不同班型、不同学生群体做出适当的调整,更谈不上课后教师们对学情分析的评估与反思。

(2)教师在学情分析时存在形式主义,无法将理论联系实际

教师在学情分析时存在所谓的形式主义是指教师表面上很重视学情分析,

认为这是有效教学及促进学生发展不可缺少的一部分,但在实践中并不能真正落实学情分析,只是将其作为教学中的点缀,不能联系实际展开分析。

2.学情分析泛化

(1)缺少具体分析而偏重于普遍共性的分析

学生的身心呈阶段性发展,不同年龄阶段有着不同的总体特征及主要矛盾,面临着不同的发展任务。学生的身心还呈不均衡性发展,一方面,学生身心发展的同一方面的发展程度,在不同年龄阶段是不均衡的;另一方面,个体身心发展的不同方面也是不均衡的。

但实际做学情分析时,教师对学生情况的分析一律从简,不能确切地对每个学生有所了解,更不能从中辨别学生们的差异,从而使所获得的信息浮于表面、宽泛浅显,无法符合学生的具体情况。

(2)学情分析表面化,不够深入

事物的实质藏于表面现象之下,所以要拨开现象看本质。学生行为的真实动因也往往藏于其表象之下,而学情分析就是要判断学生行为的内在动因。不过,教师们通常以描述的方法进行学情分析,这就容易导致学情分析成为众所周知的表面描述。而教师们总是不能透过现象看本质,只是在表面上常规机械地做着学情分析,更不会利用更多的时间去深入分析学生的个体差异,以至于课前的学情分析流于表面。课上,教师们很少根据学生们表现出的差异性及时调整教学策略、提高教学的生成性。课后,教师们更不会反思和评估学生们的信息接受情况以充实其原本就表面化的学情分析。

3.学情分析窄化

(1)学情分析方法窄化

在学情分析时,大多数教师经常泛泛而谈并主观分析,缺少严谨的科学方法,与学生的交流少之又少,甚至存在"主观主义""经验主义",导致做出的学情分析对课堂教学帮助较小。

(2)学情分析内容窄化

首先,对学生特征分析不全面。对学生的特征分析主要有性别年纪、认知成熟度、学习动因、个人的学习目标、学习习惯、有关学习的人际交往等。而事实上,教师在这一方面的分析经常是片面的。例如,有教师将岳麓版高一历史必修一第5课《爱琴文明与古希腊城邦制度》一课的学情分析写作:高中第一节世界史的课程,学生充满了兴趣与期待;学生们在初中三年已经对古希腊有了一定的认识,且本课需要学习的内容相对容易掌握,学生们在这一课的知识基础较好。所以,本课可以采取学生自主学习、教师引导的教学策略。

其次,忽视学生之间的差异性特征。不相同的学生对于相同内容的态度和兴趣有所差异,个性心理特征有差异的学生也有不同的学习能力,而这些现象经常被教师们忽视。例如,有教师对岳麓版高一历史必修一第10课《欧洲大陆的政体改革》做出的学情分析:通过本单元对英国、美国政体的学习,大部分学生会对本课内容较为感兴趣。鉴于本课内容中的德、法两国政体与英、美两国政体联系密切,大部分学生可以较好地理解本课内容。因此,关于德、法两国的政体内容可以让学生自学。

最后,对于把握学生学习其他科目中的有关内容的状况有所缺失。不同学科的内容之间存在交叉性,所以教师不仅要把握不同方面、不同层级的历史知识之间的关联,更要清楚历史与其他科目之间有关内容的联系。学生在历史学习中会接触到许多政治、地理、语文等学科的知识,但这一现象在教师的学情分析中经常被忽视。例如岳麓版高一历史必修一《马克思主义的诞生》一课的学情分析:本课知识较为抽象,理论知识较多,学生兴趣不大,尤其是对一些有关生产力、生产关系等的概念难以理解,所以本课在学生自学的同时,教师要大力指导,且要将一些经济概念为学生讲解清楚。

以上案例中的学情分析看似考虑周全,但实际上,在学习到本课时,学生在政治学科中已经学习过有关生产力、生产关系等经济概念,对本课需要学习的内容虽然较难理解和记忆,但并不像教师想的那样困难,所以并不用在本课花费大量时间为学生讲解相关经济概念,从而避免重难点模糊、教学时间安排不合理等问题。因此,教师在备课过程中要注重对学生于历史学科之外的知识背景的了解,对学生的真实知识水平和认知能力有越深入的认识,就越能够找出学生的最近发展区,从而在最恰当的时机安排最合适的教学内容。

五、案例分析

具体案例可参考本节第三部分内容中的学情分析的策略——以《从中日甲午战争到八国联军侵华》一课为例进行分析解读。

在此,我们把需要对学生学习需要分析的内容概括如表4:

表4 学习需要分析

学习者现状	期望达到的状态	差距（学习需要）	教学建议
已有知识现状	知识学习目标	知识差距分析	
已有技能层次	技能达成目标	技能差距分析	
学习动力问题	内在动力目标	动机差距分析	
学习环境障碍	知识、技能目标	环境差距分析	
交流理解障碍	知识、技能目标	沟通差距分析	

第四节 教学目标制定技能

一、教学目标的概念

朱作仁主编的《教育辞典》认为教学目标即是行为目标①。教学目标是指教学活动实施的方向和预期达成的结果，是一切教学活动的出发点。教学目标是教育思想、教育目的和教学任务的具体实施，既是实施课堂教育教学的主要依据，也是评价教学结果和学习结果的重要依据。

教学目标在广义上包含三个层次：一是教育成才目标，这也是教学的最终目标；二是课程目标；三是课堂教学目标。这三个层次是由高到低、由大到小的递减关系。

通常讲的教学目标，就是课堂教学目标。课堂教学目标在课改之前就是人们经常提到的"双基"，即基础知识和基本技能，后来又勉强地加上了学科情感。这就是在教案、教学设计中教学目标的三个方面：知识、技能、情感。课改之后新的课程标准中把原来的知识、技能、情感三个领域发展为三维教学目标。

课堂教学目标确定之后，教学过程的设计就可以依据课堂教学目标制定。教学目标可以指向教学过程中的某一个教学过程，即一一对应的关系，也可以同时指向教学过程中的几个教学过程，也就是一对多的关系。

总之，教学目标一般情况下就是指课堂教学目标，也可以叫作行为目标，就是与教学训练和学生学习有关的，而不是笼统的教育目标，它是通过教学互动

---

① 朱作仁，《教育辞典》，江西教育出版社，1987年版，第657页。

而达到的教和学预期结果。

二、教学目标的分类

教学目标是一个多层次的目标体系,根据它的层次和表述方式的不同,可以分为教学总目标、课程目标、单元目标和学习目标。进行教学设计的时候,首先要考虑的就是学习目标,这涉及学习目标的分类。根据布卢姆和加涅等人对教学目标分类的研究,我们在决定某一学科的教学目标时,首先要考虑目标的多个领域或多种类型,如认知领域的目标、情感领域的目标、动作技能领域的目标;其次,在每一个领域中,还要考虑不同层次、不同水平的目标,如在认知领域的目标中,不但要考虑知识这一层次的目标,还要考虑理解、运用、分析、综合、评价等智力技能及认知策略方面更高层次的目标。

1. 知识与技能目标

"知识与技能目标"是认知领域的目标,它既是课堂学习的终结性目标之一,又是学习新的知识与技能的重要基础,我们把它比喻为一切目标的载体,任何目标的实现都是在学生获得知识经验和掌握基本技能的过程中形成的。在以学习知识和开发智力为主要任务的认知领域,布卢姆等人又把目标分成六级,由低到高发展,它们分别是:知道、领会、应用、分析、综合、评价。

《全日制义务教育历史课程标准》将历史知识与能力的学习分为三个层次要求:凡在内容标准的陈述中使用"列举""知道""了解""说出""讲述""简述""复述"等行为动词的,为识记层次要求;凡在内容标准的陈述中使用"概述""理解""说明""阐明""归纳"等行为动词的,为理解层次要求,即了解知识所反映的事物的内在联系;凡在内容标准的陈述中使用"分析""评价""比较""探讨""讨论"等行为动词的,为运用层次要求,即将所学的知识在实际中加以运用,用于解决新的问题。

2. 过程与方法目标

"过程与方法目标"是动作技能领域的目标,它是实现掌握相应知识与技能的途径性及措施性目标。它对实现情感与态度目标、知识与技能目标起到桥梁和纽带作用,我们把它比喻为一切目标的中介。

"过程与方法"强调在教学中把重点放在揭示知识形成的过程上,显示知识的思维过程,让学生通过感知—概括—应用的思维过程去发现真理,掌握规律。从历史学科的特点来说,"过程与方法"的价值在于用史实说话,有几分史实说几分话，孤证不足为凭，不任意裁减史实。

案例节录

在历史学习中会有一般的学习过程与方法，同时也一定会有历史学科本身所独有的历史思维方法。高考试题越来越重视对学生历史思维过程与方法的考查，下面这个案例便是一个典型。

清代史学家赵翼在《唐女祸》中说："开元之治，几于家给人足，而一杨贵妃足以败之。"结合你对唐朝由盛转衰原因的认识，分析评论赵翼的这一观点。

思维过程：

第一步，提炼观点：评论的对象是什么？评论者的观点是什么？有几个观点？各观点之间是什么关系？

第二步，判断表态：正确、错误、对中有错、错中有对。

第三步，叙述史实，也就是用史实来叙述评论对象的真实情况。

第四步，分析根源：评论者为什么会产生这样的观点？从历史观点产生的根源出发，大致可以归结为社会偏见、态度倾向、阶级立场、方法论等几个方面。

本题中"对评价者的评价"，需要学生提炼观点，判断表态，依据史实论证观点、运用历史唯物主义观点对评价者进行评价，体现历史思维的重要过程。

3. 情感态度与价值观目标

"情感态度与价值观目标"是情感领域的目标，它既是课堂学习的终结性目标之一，又是形成新情感态度与价值观的基础，而且，积极的情感态度与价值观能在探索知识与技能的过程中起到巨大的推动作用。关注这一目标实际上是关注学生人生的终极发展。

4. 三维目标之间的关系

三维目标的核心是人的发展。过程与方法、情感态度与价值观的发展离不开知识与技能的学习。同时，知识与技能的学习必须有利于其他目标的实现。三维目标不是三个独立的个体，而是一个互相融合的整体。它们之间不可分割，是过程与结果的结合，是知、行、意的统一。同时，在每一堂具体的课里，三维目标也不会均衡地呈现，必会依据学习内容的不同有所侧重。

三、教学目标的功能

教学目标是学生通过教学活动后要达到的预期学习结果，可分为课程教学目标、单元教学目标、课时教学目标等不同层次。课程教学目标相对于培养目

标来说是具体的,应该明确又清晰。总体来说,教学目标有如下几方面的功能:

(1)导向功能。明晰的教学目标能够为教师的教以及学生的学指明方向。有了教学目标,课堂上的教与学的方向就明确了,可避免教学中过多的随意性。

(2)调节功能。教学活动是在动态中生成的,教师要重视课堂上的变化。通过不断的信息反馈,教师和学生可以根据目标来调节教学活动的偏差。

(3)激励功能。教学目标的确立,可以调动教师及学生的主动性和积极性,并形成持久的动力,以尽力实现教学的目标。

(4)评价功能。教学评价以教学目标为依据,明确的教学目标是进行评价的前提。

(5)管理功能。即目标教学,通过设计并陈述教学目标,实施目标定向引导,成为课堂管理的重要环节。用目标来控制教学,要求学生为达到目标而学,教师为帮助学生达到目标而教,一切教学活动都要围绕达到统一的教学目标这条主轴而进行。

四、教学目标的制定依据与要求

(一)教学目标制定的依据

教学目标是学习活动的预期目标,教学目标设计应依据课程标准、学生情况、教科书内容这三个方面进行。

(1)课程标准

《全日制义务教育历史课程标准》(以下简称《课程标准》)是历史教育教学的指导性文件、纲领性文件,是课堂教学目标设计的最主要依据。《课程标准》中的课程目标与内容标准是其主要部分。在设计课堂教学目标时,首先要学习和理解《课程标准》,尤其是内容标准。教师对《课程标准》中与该节课内容有关的部分要进行深入具体的分析,制定有针对性的、具体的、有可操作性的课堂教学目标;同时应对课程目标进行分解,以免制定的课堂教学目标过于空洞。

(2)学生情况

教学目标设计不是对教师活动的描述,而是对学生可能生成的学习目标的确认,所以,在教学目标制定时,动作行为的主体是学生。这就要求作为教学目标设计者的教师应对学生的情况进行分析,如学生已有的学习水平、学生的学习准备状况以及学习的兴趣等,以准确制定教学目标的起点以及他们可能达到的水平。

（3）教科书内容

教师应把握教材特点，制定课堂教学目标。一是要了解本课内容与《课程标准》中相应内容的关系，从方向上掌握课堂教学目标的制定；二是要了解本课内容在整个单元以及整个课程中的地位，即通常讲的教材分析；三是要深入分析高中历史教科书的整体内容框架，分析历史事件之间的相互联系，正确评价历史人物。在分析教科书时，要做到史论结合，论从史出。

（二）教学目标的要求

每门课程具体的课程标准都是不一样的，可是所有课程的具体教学目标在表述的技术上都是相似的。表述技术与具体课程内容关系不大，所以我们应该注重表述技术。教学目标的表述技术有以下的要求，下面从三个方面进行分析：

（1）教学目标的基本表述方式

教学目标的表述方式有两种类型。

第一种是结果性目标。结果性目标要求明确告诉学生其学习结果是什么，采用的动词要求明确易懂、可以测量和评价。这种表述方式适用于可以直接看到结果的教学目标，比如"知识与技能"目标中"能在地图中找到上海的位置""能在地图上识别不同的图例""举出支持林则徐观点的证据或史料""说出鸦片战争的经过"等。

第二种是体验性目标。体验性目标要求学生对学习过程与学习内容进行体验。这种体验既有对学习过程的体验也有对学习内容的体验，使用的行为动词一般是可以体验体会的动词，这种表述方式不是那种可以直接看到结果的。体验性的目标主要在"过程与方法"和"情感与态度"领域应用，比如"阅读虎门销烟的内容""掌握在地图中搜集历史信息的方法""体会对侵略者的痛恨"等。

（2）教学目标表述的组成部分

教学目标表述的组成有四个部分：①教学目标行为主体；②教学行为所用动词；③教学行为所需条件；④教学行为表现程度。通常，比较规范的教学目标设计应该做到以下几点：第一，教学目标行为主体必须是学生而不是教师；第二，教学行为动词必须是可测量评价的、具体而明确的，而不是不可测量评价的、笼统的；第三，教学行为条件是指对学生产生预期学习结果的特定的规范和限定，也为学习结果的测量和评价提供依据；第四，教学行为的表现程度指学生经过课堂学习之后预期达到或生成性的不同表现结果,它是可以进行评价和测量的,指向学生学习过程与学习结果,包括预期表现程度与生成性表现程度。教学目标可以表述为:在与其他同学的讨论中(教学行为所需条件),学生(教学行为主体)能概括(教学行为所用动词)他人的主要观点(教学行为表现程度)。然而,不是每一种教学目标表述都必须包含全部四个部分,有时可以省略教学行为主体或(和)教学行为所需条件,前提是不要引起误解或者产生多种理解。具体来说:

第一,教学目标行为主体应是学生,而不是教师。教学目标制定的是学生的学习结果,而不是规定教师的工作任务。因此,教学目标的表述必须从学生自身出发,以学生为主体来表述其学习结果的有关特征,而不能以教师为教学目标的行为主体。这与原来"教学目的"的表述方式是截然不同的,以往那种"使学生掌握……""让学生认识到……""提高学生……能力""培养学生……情感"等表述方式都是不符合以学生为主体的要求的。有时"学生"的字样尽管没有出现在教学目标的表述中,但也必须让人很容易就知道行为主体是学生。

第二,教学行为所用动词是指在教学目标的表述中学生为了实现某一预期目标、完成某一动作而使用的特定动词。行为动词的使用可分为不同的领域,关于行为动词的使用,下文将专门论述。

第三,教学行为所需条件是指对学生产生预期的学习结果的特定的规范和限定,为学习结果的评价提供依据。对教学行为所需条件的表述有四种:一是对学生学习时间的限制,如"在 10 分钟内,完成……";二是对学生学习提供信息或提示,如"在鸦片战争形势图中,找到上海的位置";三是对学生学习使用手册与辅助手段的表述,如"可以使用手机"或"允许查资料";四是学生学习行为完成时的情景,如"在课堂讨论时,叙述鸦片战争失败的必然性"。

第四,教学行为表现程度。教学行为的表现程度指学生经过课堂学习之后预期达到或生成性的不同表现结果,它是可以进行评价和测量的,指向学生学习过程与学习结果,包括预期表现程度与生成性表现程度。因此除了教学行为所用动词上体现不同程度外,还可以用另外的方式表述所有学生学习之后达到的共同程度,如假设实现一个目标有五种方法,可是面对全体学生的标准不能完全整齐划一,不能要求所有的学生都能知道五种方法,那么就应该表述为"至少找出三种方法""70% 学生能找出五种方法"等。

（3）教学目标中达到的水平及教学行为所用动词

①结果性目标的学习水平以及要求使用的行为动词。

结果性目标主要应用于知识与技能领域。知识目标的学习水平分为两类：初级的是认识水平。这一水平对知识的学习要求较低，如认识或再认历史知识、判断历史事实、列举历史实例或历史证据等。教学目标行为动词应该使用"说出""辨认""回忆""选出""列举""复述""识别""再认"等。

高级一点的是理解水平，包括把握历史知识内在逻辑联系，与已有历史知识建立联系，进行历史解释，提供历史证据，收集、整理历史信息等。教学目标行为动词应该用到"解释""说明""比较""分类""归纳""概括""提供""转换""推测""收集""整理"等。

技能目标的学习水平有三个层次：

首先是模仿层次，包括在学习对象（教师或其他同学）示范下完成操作，如学会使用历史地图、对学习对象进行模拟修改、扮演或修改历史剧等。教学目标行为动词应该用"模拟""模仿""重复""再现"等。

其次是独立操作层次，包括独立完成，如独立完成历史作业；进行改进，如改进学习方法或教学方法；联系已经掌握的历史学习技能，如用互联网绘制历史地图等。教学目标行为动词应该使用"完成""制定""解决""尝试"等。

最后是学习迁移层次。所谓迁移，就是通常讲的举一反三，即能够在不同的学习情景下灵活运用历史知识，使用学习方法，包括在新的历史学习情境下使用已学过的历史知识和运用已经掌握的学习方法等。教学目标行为动词应该使用"举一反三""灵活运用"等。

②体验性目标的学习水平与行为动词。

体验性目标应用于历史学习的过程与方法目标及情感态度和价值观目标的培养过程中。

体验性目标的初级水平是感知经历，如通过图片、声像资料、视频、教师描述等感受历史事实发生时的场景，通过历史剧表演再现历史事件等。教学目标行为动词使用"经历""感受""参与""体验"等。

体验性目标的较高级水平是自我认同，如通过历史学习，产生对自己民族、祖国、语言、文化的强烈认同感并因此获得无比的自豪感和荣誉感，发自内心地乐在其中等。教学目标行为动词使用"承认""拒绝""认同""同意""欣赏""关注"等。

体验性目标的最高级水平是自我吸收转化。这一水平是通过学习,形成稳定的对待历史事件与评价历史人物的方法和态度,能自觉运用历史唯物主义的观点对历史事件和任务进行具有个性的分析与评价。教学目标行为动词有"具有""树立""形成""养成"等。

五、实践过程中易存在问题

(一)把教学内容当成了教学目标

教学目标应该是学生学习的结果,要有相应的动词来描述学生习得的程度与水平,比如下面这个案例只有内容的罗列,不能算是教学目标,只是教学内容。

案例节录
《新文化运动》一课"知识与能力目标" 　　新文化运动的政治、经济、思想文化背景,新文化运动兴起的标志、领袖人物以及发展概况,新文化运动的主要内容,李大钊和新文化运动的发展,新文化运动的影响。

(二)教学目标的主体定为教师而不是学生

课堂是学生学习的主要场所,教学的最终目的是学生的收获,教学目标的制定也必须站在学生的立场上。正如下面这个案例:

案例节录
《新文化运动》一课"情感态度与价值观目标" 　　通过对新文化运动所发扬的精神的学习,使学生明确,作为中国未来存在和发展的重要途径,对民主和科学的追求也是个人健全人格,树立正确道德观、人生观和价值观的主要体现,以此培养学生的科学精神与人文素养。

(三)课程目标与课时目标混淆

每堂历史课都在培养能力,下面这个案例所列目标是历史课程目标,课程目标要写出具体依托的对象并具体描述习得的程度。前面说过,教学目标是预期的学习结果,学生已掌握的能力就不是初学目标,而应巩固和运用。

案例节录
"过程与方法目标"的描述之一 　　学生会运用和处理有关的历史数据,会从各种形式的数据表格中提取有效的信息。在学习的过程中注意分析问题、解决问题的过程和方法,提高分析问题和解决问题的能力。

（四）过程与方法目标描述不准确

比如下面这个案例所描述的是教学方法，而不是教学目标下的"过程与方法"。把"过程与方法"作为一个目标，其实质应该是在教学过程中形成可以习得的学习方法，所以，在这一环节中，过程和方法目标描述的应该是学生可能通过本课的学习学会哪些"会学"的本领，比如通过讨论某一问题，从而习得讨论的基本程序与方法。

六、案例分析

关于《春秋战国时期的百家争鸣》的课堂教学目标设计

1. 知识与能力

知道儒家、道家、墨家、法家等诸子百家的代表人物及主要观点，了解孔子、孟子与荀子对儒家思想形成和发展的重要贡献，认识百家争鸣形成的原因及对当时和后世产生的重要影响，提高学生阅读材料和分析历史问题的能力。

2. 过程与方法

观看孔子教授学生的动画片，了解孔子的基本思想和人生观点；通过相关的寓言和成语故事来了解道家、法家和墨家的主要观点，增强感性认识；采取比较和启发式教学等方法来理解四家学说的特色和观点；让学生运用诸子百家的观点来解决现实问题，使学生积极参与整个思考过程，用争鸣来理解争鸣。

3. 情感态度与价值观

在多元的思想中，感受诸子百家为人类思想宝库所做出的卓越贡献，体会人类优秀思想对后世惠泽千年的影响；感受先代哲人关于做人、处世和立国的智慧。

分析：

从初中《历史课程标准》关于"百家争鸣"课程内容论述的角度看，这位历史教师关于课堂教学目标的论述还是比较到位的。

我们都知道，初中《历史课程标准》是从"知识与能力""过程与方法"和"情感态度与价值观"的宏观角度论述历史科的课程目标，其实并没有结合具体的、特定的历史教学内容，所以有一定的合理性。如果我们在设计一节历史课的教学目标时，还从这三个角度来阐释是否合理、是否便于操作，就值得商榷了。

尽管这位历史教师的课堂教学目标设计是值得肯定的，但笔者认为还应该设计得更完善些。因为现在的阐释割裂了对历史认识的不同层次和角度，凸显了历史认识混乱的特点，而且互相交叉，又缺乏整体感。实际上，这些层次和角度具有一定的梯度，至少在论述上完全可以"一气呵成"，更便于教学操作。关于如何完善，个人观点是：分列不如综合，将"三维"的思想隐性地，而非显形地渗透进教学目标的整体阐释之中。

那么，《春秋战国时期的百家争鸣》的课堂教学目标，是否可以这样设计：

1. 知道儒家、道家、墨家、法家等诸子百家的代表人物及主要观点，尤其是通过观看孔子教授学生的动画片，了解孔子的基本思想和人生观点，进而了解孔子、孟子与荀子对儒家思想形成和发展的重要贡献。

续表

> 2. 通过相关寓言和成语故事来了解道家、法家和墨家的主要观点,通过比较、讨论、探究教学等方法加深理解四家学说的特色和观点。
>
> 3. 在此基础上认识百家争鸣形成的原因及对当时和后世产生的重要影响;在多元的思想中,感受诸子百家为人类思想宝库所做出的卓越贡献,体会人类优秀思想对后世惠泽千年的影响;感受先代哲人关于做人、处世和立国的智慧,同时能够从诸子百家的观点中获取有助于解决现实问题的有益启发。

※ (本案例分析节选自何成刚《历史课堂教学目标:分列不如综合》①)

七、教学训练项目

请你对下面这个教学目标予以点评,指出其优缺点,并提出进一步修改意见。

《抗日战争》教学目标

[知识与能力]

进一步了解日本帝国主义在中国犯下的滔天罪行,并通过分析、归纳,概括其危害:再次严重践踏了中国的主权,中华民族又一次到了生死存亡的关头;认识中国军民的抗日斗争包括抗日救亡和全民抗战两个阶段,理解抗日范围变化的原因以及全民族抗战的重要性;总结出抗日战争胜利的原因及其在中国反抗外来侵略斗争中的历史地位。

[过程与方法]

列举法:通过列出本课的一些相关知识点,让学生联系史实,并说出相关的内容。

谜语分析法:通过设置谜语与学生共同探究日本投降的原因。

设问法:通过设问"为什么说抗日战争是中国近代史上最伟大的维护国家主权的斗争",引导学生的思考。

[情感态度与价值观]

理解团结就是力量这一道理,弘扬民族精神,培养爱国主义的情感,形成对国家、民族的历史使命感和社会责任感,树立为祖国建设、人类和平与进步事业做贡献的人生理想;培养坚强的意志和团结合作的精神,增强经受挫折、适应生存环境的能力;确立积极进取的人生态度;以史为鉴,加深对以人为本、善待生命、关注人类命运的人文主义精神的理解。

---

① 何成刚,《历史课堂教学目标:分列不如综合》,《中学历史教学参考》2007 年第 9 期。

第三章　教学设计技能(下)

传统的教学设计是以老师的"教"为中心,而新课标的教学设计是以学生的"学"为中心。新教育理念下的教学设计呈现出这样的特点:(1)教学目标是提升学生素质,教学内容成为提升素质的材料。(2)多学科内容的交叉学习,学习内容不再局限于教科书范围。(3)根据学生的需要使用合理的教学方法。

第一节　教学设计理念逻辑思维技能

一、逻辑思维的定义

科学的思维主要包括形象思维和逻辑思维两个方面。就历史学科来说,它纷繁复杂,知识量庞大,给学生系统地掌握教材内容带来一定困难,也给历史教学带来难度。逻辑思维就是运用抽象的历史概念和理论,通过分析与综合、归纳与演绎、比较与分类等方法认识和把握历史事物的规律和本质。

二、教学设计逻辑思维的特点

逻辑思维又称抽象思维,是思维的一种高级形式。它的特点是以抽象的概念、判断和推理作为思维的基本形式,以分析、综合、比较、抽象、概括和具体化作为思维的基本过程,从而揭露事物的本质特征和规律性联系。抽象思维一般有经验型与理论型两种类型。前者是在实践活动的基础上,以实际经验为依据形成概念,进行判断和推理;后者是以理论为依据,运用科学的概念、原理、定律、公式等进行判断和推理。历史教学设计既要运用实践活动提升学生的经验型思维能力,也要运用历史理论培养学生的理论型思维能力。

三、教学设计逻辑思维的意义

归纳、比较和概括历史知识,初步运用辩证唯物主义和历史唯物主义的观点分析历史事件、揭示其本质,阐述历史发展规律等是对学生逻辑思维能力的要求。逻辑思维能力是历史学科能力的核心表现。在历史教学中,逻辑思维能力的培养非常重要。因此,运用逻辑思维方法进行有效教学成为历史教师共同关注的问题。

四、教学设计理念逻辑思维技能实施

(一)教学设计课堂理论逻辑思维技能实施

1. 制定合理教学流程,提升学生感知能力

教学目标是课堂教学的核心和灵魂,制定合理有序的教学流程对保证历史课程目标的实现至关重要。教学过程中要考虑到学生的实际能力,以学生为主体进行学习。

制定合理教学流程的应用

训练内容:了解学生的知识结构,做好新旧知识的衔接。

初中教材和高中教材的侧重点不同,在知识的衔接上会出现一些问题,这就给教师的"教"与学生的"学"带来一些困难。比如人教部编版八年级历史上册中用一单元讲述抗日战争,而在人教版高一历史必修一中用一课来讲述抗日战争。这一课中通过全民族的抗战、日军的滔天罪行和抗战的胜利这三部分讲述抗日战争,既没有时间上的连贯性也没有合理的逻辑。这就需要教师在讲授过程中对初高中的抗日战争内容进行整体把握,了解学生掌握了哪些知识,还需要补充哪些知识点,对初高中内容进行合理衔接与整合。可以对学生提问:

(1)根据初中历史课程"抗日战争"部分的内容,你印象最深的是哪些内容?

(2)抗日战争的过程是怎样的?

(3)抗日战争给你带来哪些思考?

(4)你还想继续了解有关抗日战争的哪些内容?

通过提问引发学生对已学知识的复习,在巩固原有知识的基础上引起对更多问题的思考,由此进入新知识的学习,温故知新,查漏补缺,形成对所学专题知识的系统性认知。

2. 创设情境,激发学生学习兴趣

历史情境体验教学法即教师根据教学目标、教学内容及其特点,创设模拟历史场景或情境,让学生在身临其境的感受中进行历史体验和思维,激发求知欲和丰富情感,培养学习能力。历史课堂教学中,我们运用情景设计,通过图像、视频或装置等手段还原历史情境,从而引起学生对具体历史问题的思考,这

样就激发起学生的求知欲和探知心。我们应该使每一位学生在毕业的时候，带走的不仅仅是一些技术和技能，最重要的是要带走渴求知识的火花，并使它生生不息地燃烧下去。

创设情境的应用

训练内容：情景带入，避免空洞说教。

在讲述人教部编版七年级下册第9课《宋代经济的发展》的时候，我们可以通过宋代名作《清明上河图》所描绘的12世纪北宋都城汴京的城市风貌和当时人们的生活状况向学生直观地展示北宋的社会面貌，让学生知道，艺术作品也是获取历史信息、感知历史的重要途径。

《清明上河图》是宋代城市生活的缩影，从船只、房屋、桥梁、城楼、旅者、脚店等，学生可以对宋代社会有一个全面的了解。直观的图像呈现出的历史信息就成为引导学生探究性学习的有效工具，通过观看动画版《清明上河图》，教师可以对学生提出问题：

（1）《清明上河图》中描绘了哪些从事不同职业的人？宋代出现的交通工具和交易形式有哪些？你能得出什么结论？

（2）宋代的商业为何如此繁荣？商业的发展又为城市的发展带来哪些影响？

（3）将《唐律疏议》中关于宵禁（时称犯夜）的规定与世博会中国馆中《清明上河图》的夜景视频进行对比，你有怎样的感受？

（4）将唐代都城长安与宋代都城东京的平面图进行对比，两者的区别在哪里？能否从《清明上河图》中找出相应的证据？

（5）宋代饮食业发达，菜肴品种繁多，在《东京梦华录》中有关于宋代正店菜式种类的记载，看一下《清明上河图》中描绘了几种餐饮店？

（6）宋代商业的繁荣使交子与会子应运而生，为什么交子最早出现在北宋的川蜀地区？使用纸币交易与使用金属货币交易，孰优孰劣？

（7）将宋代都城人口与世界著名城市人口进行对比，了解欧洲纸币出现的时间，请思考这反映出了什么问题？

让学生了解教材上关于宋代服饰、茶艺、绘画、家具、交通工具等的发展内容，认识到宋人较高的生活品位是与宋代经济的发展分不开的。这些生活考究的人群构成了新兴的市民阶层，他们喜爱在勾栏瓦舍中消遣娱乐，娱乐形式多样。这样,学生对宋代社会就会有一个立体的认识。

3. 怀疑与批判,培养探究性学习

"思源于疑",只有当学生产生疑问时,才能点燃他们思维的火花。历史课堂教学中,教师要努力培养学生独立的人格与大胆质疑的品格。问,是深入的阶梯,是长进的桥梁,是触发的引信,是觉悟的契机。历史是人类过去的故事,生活在今天的我们都是借助古籍文献来了解我们未曾经历的那段漫长的历史。但是由于这些材料编写主体的个人身份、阶级、史料的掌握情况、个人价值观等因素的影响,材料的客观性或真实性受到一定影响。随着时间的推移,更多出土文物或文献资料的面世可能会弥补历史课本中史料的不足,所以历史课程的学习应该是一个不断探索、发现、证伪、补缺的成长过程。学生历史思辨能力的养成便成为一个非常重要的教学目标。

探究性学习的应用

训练内容:问题引入话题,培养自主学习能力。

在教授人教版高一历史必修二《空前严重的资本主义世界经济危机》一课时,让学生思考"20世纪30年代,资本主义世界面临严重的经济危机,美德两国为摆脱危机分别做出了不同的选择:美国通过罗斯福新政克服了危机,德国建立了法西斯独裁统治。导致这两种不同选择的原因是什么?"让学生自己搜集资料进行思考,陈述自己的观点。最后教师进行点评,这就锻炼了学生的逻辑思维能力和全面分析问题的能力。

教师在课堂中合理地创设问题情境,久而久之,学生设疑置难的潜意识就汇成丰富的思维源泉,逐渐使他们从被动学习转向了主动学习。主动学习更能激活主体的思维情绪,使学习达到事半功倍的效果。因而,教师要积极引导学生主动学习和思考,运用正确的启发式教学方法激发学生兴趣,培养学生的主动性和独立思考的能力。

启发式教学的应用

训练内容:启发式教学,透过现象看本质。

在中国古代文化史教学中,采用启发式教学,把学生放在主体地位。在讲述了自秦汉至清朝的文化发展条件、文化内容表现及文化的影响后,让学生分析文化发展的基本原因和不同时期文化发展的内在联系。可以提出问题:

(1)为什么秦始皇陵兵马俑这样的世界奇迹会出现在秦始皇统治时期?

（2）山水画为什么会产生在三国两晋南北朝时期？

（3）中国古代的四大发明的用途与传到西方后的用途有什么不同？为什么会出现这样的差异？

（4）儒家思想为什么对我们中国的思想观念影响如此深远？

（5）明清文化的总特点是什么？对我们今天的生活有什么影响？

这样，文化发展的共性和规律、差异和时代性就一目了然。让学生认识到社会存在决定社会意识、科学技术是第一生产力、人民群众是物质文明和精神文明的创造者等理论。这样，教师就留给学生更多的思维空间，提高了独立思考的能力，对于培养学生的逻辑思维大有裨益。

（二）教学设计课堂实践思维逻辑技能实施

1.多方联动，充分整合课内外资源

新的历史课程标准旨在培养具有全面能力的高素质人才，因此学生不再像以往那样仅仅掌握课本知识便能获得高分，而是要掌握一定的课外知识，具备运用课本知识分析解决实际问题的能力。

补充史料、数据、文物教学的应用

（1）训练内容：充分补充史料，加深对教材的全面理解。

史料一般分为文字史料（史书、笔记、典籍、档案、契约、诏令等）、口碑史料（民间传说、历史故事、史诗等）、实物史料（文物、照片、光盘、纪录片等）三种。在历史教学中运用充分的史料，可以加深学生对历史事件的理解，培养学生感悟历史的能力，增强学生的探究精神和批判精神。教材中所展示的史料往往不能够全面揭示历史事件的细节，尤其是有些重点内容缺乏史料的支撑就会影响学生的学习效果。比如，台湾问题是一直以来困扰我们的历史遗留问题，关系我国统一大业的成败，在历史教材中论述并不充分，在授课时教师可以补充一些史料让历史材料更加连贯。

补充材料1：国民党败退台湾以后，以台湾为依托，把海南岛和金门、马祖作为两翼，依恃其海、空军的所谓优势，不仅要保住流亡政权，更要准备"反攻大陆"。蒋介石提出国民党的政治目标是"反共抗战，复国建国"。他的如意算盘是："一年准备、二年反攻、三年扫荡、五年成功。"

——摘自刘建武《国共关系七十年1921.7—1991.7》

补充材料2：1976年11月，……蒋经国早已深有感触："吾人处于今日的恶劣环境之中,不得不以忍辱负重之苦心,来处理许多难以忍受的事。""吾人如不积极建设台湾,不但无法自卫,而且无法生存。"

——摘自刘建武《国共关系七十年 1921.7—1991.7》

补充材料3:"我们愿意同台湾当局协商和平解决台湾的具体步骤和条件,并希望台湾当局在他们认为适当的时机,派代表到北京或其他适当地点,同我们开始这种商谈。"

——摘自周恩来《在一届人大一次会议上的报告》

补充材料4:"台湾是中国一部分、两岸同属一个中国的历史和法理事实,是任何人任何势力都无法改变的!两岸同胞都是中国人,血浓于水、守望相助的天然情感和民族认同,是任何人任何势力都无法改变的!台海形势走向和平稳定、两岸关系向前发展的时代潮流,是任何人任何势力都无法阻挡的!国家强大、民族复兴、两岸统一的历史大势,更是任何人任何势力都无法阻挡的!"

——摘自2019年1月2日习近平在《告台湾同胞书》发表40周年纪念会上的讲话

通过以上文字资料的补充,再结合图片、纪录片材料,让学生对台湾问题的历史做系统、全面的总结,加深当前大陆对台湾政策的理解。

(2)训练内容:历史数据、传世文物辅助教学

在讲到宋代的经济发展时,教师可以利用宋代名画《清明上河图》《秋庭婴戏图》《骷髅幻戏图》《货郎图》等有趣的画作辅助学生理解宋代的社会风俗情况。让学生思考:

①宋代经济较唐代经济出现了哪些发展?体现在哪些方面?

②为什么宋代出现如此多的婴戏图?婴戏图的主角为何都是姐姐和弟弟?

利用名画引入主题更容易激起学生的探索欲望,让学生对宋代社会的经济生活、玩具、家庭生活、社会风俗、社会观念等有一个全面的认识。让学生观察宋代的人口统计数据表了解这一时期人口的增长情况。宋朝记录在籍人口达一亿以上,其增长速度在国际上亦属少见。按元丰三年(1080)的户数来看,北方约占37.3%,南方占62.7%,人口重心已移至长江中下游地区。宋朝末期,战乱导致人口数量急剧下降。1291年,全国在籍人口下降至5985万,比宋代人口高峰时减少40%以上。让学生认识到,人口变化与社会环境和经济发展是密切相关的。

2.利用技术手段和数字资源,推动主体学习

数字教育资源手段在知识传授、激发兴趣、增强记忆、巩固知识方面,相较于传统的教学手段有很大的优势。数字资源教学手段形象直观、多种感官综合刺激,利用图像、符号、文字、声音等元素作用于学生的感知力和想象力,培养历史发散思维和综合分析能力。

激励式的学习可以增强学习主体的积极性,学生往往对轻而易举得来的答案记忆不深刻,体验不到苦思冥想而获得感悟的乐趣。历史课堂中也要设置一些有难度的问题,让学生利用多方资源去搜寻答案,这个过程才是有价值的。

数字教育资源运用于中学历史教学,是现代化教学改革的必然要求,也是中学历史教学实现现代化、提高教学效率的必要途径。历史教师要积极探索利用数字资源教学的有效方法,提高中学历史教学的效率。

多媒体教学的应用

训练内容:多媒体辅助教学,全方位调动学生积极性。

讲授西汉历史,可以利用马王堆汉墓的出土材料与纪录片《马王堆汉墓》辅助教材学习,让学生充分利用网络资源和博物馆资源搜集史料,感受汉代贵族的真实生活和汉代社会的发展情况。马王堆汉墓是20世纪最重大的考古发现之一,是西汉初期长沙国丞相、轪侯利苍及其家属的墓葬,位于湖南省长沙市东郊。该墓出土的文物完整再现了西汉初年的政治、经济、文化、军事、科学、艺术等方面的发展水平和社会生活状况。文物信息、专家讲解与史料结合,可以让学生全方位了解汉代的社会发展状况。例如:

(1)作为长沙国的丞相,轪侯利苍每月薪俸2万,他的年收入相当于12户中产之家全年总收入,相当于80户耕种100亩土地的农民的全年总收入。每年还有700封户向轪侯交纳租税。《汉书·货殖传》载:"秦汉之制,列侯封君食租税,岁率户二百。千户之君则二十万,朝觐聘享出其中。"①《汉书·高惠高后文功臣表》还记载:"故逮文、景四五世间,流民既归,户口亦息,列侯大者至三四万户,小国自倍。"此外,轪侯还按四时接受朝廷赏赐的餐钱,平日的饮食十分丰富,这从轪侯夫人辛追的死因中也可以反映出来。通过对辛追尸体的解剖得知,她生前患有很多疾病(冠心病、胆石症、肺结核),她是在吃甜瓜时突然肚子

---

① 韩秀丽,《西汉王侯坐罪废黜考》,《哈尔滨学院学报》2008年2月第2期。

痛引起了冠心病猝死的。而她吃的甜瓜也是外来品种，并非四川地区的本土种植，足以见其生活的优渥。

（2）马王堆出土的素纱禅衣薄如蝉翼，衣长1.28米，重量仅49克，科学家们至今也没有复制出与其重量一致的第二件，因为蚕的品种出现了变异，吐出的丝的重量也就不一样了。陪葬的陶俑、食物、乐器、器具、钱币、衣物应有尽有，说明西汉初年的丝织品已经出现轻纱、素绢、纹罗、纹绮等丰富的品种，织物纹样繁缛、颜色丰富，反映出西汉初年已出现高超的丝绸织造技术。

（3）墓内随葬的食品种类多样，有猪、狗、羊、鸡、鸭、兔、鹿、雁、鱼、鸡蛋、鸳鸯、斑鸠等肉食，还有香橙、豆、枣、甜瓜、菱角、枇杷、柿、梨等。随葬的肉食大多经过烹制，制作讲究，小鱼还串在竹签上。一号墓的遣策上还记录了当时的烹制方法，有羹、炙、脍、熬、腊等，当时的佐料有酱、姜、盐、糖、蜜、醋、豆豉、桂皮、花椒等。由此可见，中国菜的传统风味在西汉初年就形成了。丰富的食物足见轪侯一家生活的富足，也反映出西汉经济的发展状况。

（4）墓中还出土了帛书，有的是小篆和隶书字体，更多的是由小篆向隶书转变阶段的书体，即"秦隶"，这是研究汉字演变的珍贵资料。此外，帛书中的简体字、同音假借字的使用非常普遍，对于研究西汉文字的发展及汉语音韵的变化很有价值。

（5）马王堆三号墓还出土了天文学内容的帛书，记载了彗星图，反映出当时中国已经有了精确的天文观测仪器。

（6）《驻军图》和《地形图》帛书的出土，反映了西汉初期测量学、数学已经达到了很高水平，这对后世研究西汉初年长沙国南部的地理提供了重要参考。

（7）《导引图》的出土反映了当时医学的发展水平，这种呼吸运动与肢体运动相结合的医疗体育方法被今天的气功广泛采用。

（8）马王堆出土的漆器制作精细、工艺独特，至今依然光亮华丽，展现了西汉时期绘画艺术和髹漆工艺的成就。

（9）墓中还出土了成套的化妆用品，镜子、镊子、小刷子、簪子、梳子、小刀配套齐全，说明当时的化妆品生产工艺和化妆术都已经成熟。根据史料记载，汉代妇女的装束就像京剧中的青衣形象，足见当时的经济发展程度之高。

通过对以上材料的分析，学生们会认识到，西汉初期实行的"与民休息"政策，使社会政治经济稳定、人民安居乐业，促使商业、手工业、娱乐业、农业、人文艺术以及自然科学都取得长足发展。之后,教师可以通过角色扮演让学生把自己感兴趣的部分表演出来进行分享,比如扮演博物馆讲解员、考古队员、考古绘图技术人员、音乐家、体育老师等角色与同学们进行学习成果分享。学生还可以通过撰写调查报告或者小论文的形式进行成果汇报。在此过程中,学生会遇到很多困难,比如材料整合、搜集文献资料、不知怎样进行成果展示、表达不真切等等,克服这些困难呈现出的最终结果便是学生成长过程中的巨大飞跃。克服重重困难、自主探究获得的学习体验更能深入人心,令学生回味无穷。

3.通过实验设计全面提升素质

约翰·杜威在《民主主义与教育》中指出,教育的目的就是生长,学习的目标和回报在于培养持续性的成长能力。[①]　教师是学生学习路上的领路人,应该多启发多关注,让学生成为他自己,然后成为对社会有用之人,要把个人修养、家国情怀、世界视野作为学生的重要品格。历史课堂需利用丰富的实验手段拓展历史教材中的知识,丰富学生的情感认知,提升他们的综合素质。

实验设计的应用

在中学历史教材中,科技史部分的教学效果往往不尽如人意,科技史教学在遵循启发性原则、直观性原则、因材施教原则等教学的一般原则之外,还要运用情境体验教学、比较反思教学等方法使学生更好地感受历史、感受科学家在发明创造过程中的情感体验,这样才能发挥科技史对学生科学精神和人文素养的培养作用。因此,在科技史的教学中,要精心设计教学情境和体验情境,使学生在积极参与的基础上获得生命的情感体验。

训练内容:模拟考古发掘工地、体验手工业制作过程、增强学生认知。

讲授青铜器的历史这部分内容时,可以让学生在室内考古实验室模拟一次青铜器的现场发掘过程,了解考古发掘工作的具体流程。教师可以运用实验的方式模拟青铜器的"失蜡法"工艺制作流程。同样,陶器、玉器、漆器、造纸术的制作工艺也可以通过实验法进行体验。在考古发掘的过程中,教师请学生思考考古与盗墓的区别,让他们知道我国的考古工作大都是被动发掘,是配合经济建设进行的科学发掘,是为保护文物进行的抢救性工作。之后,学生可以撰写模拟考古报告并分享自己的考古发现与推演。在实验的过程中,可能不单单涉

---

① [美]约翰·杜威著,王承绪译,《民主主义与教育》,人民教育出版社,1990年版。

及历史知识,还可能涉及艺术、科学等方面的知识,因此,需要与科学、美术学科的教师合作共同完成课程教学。这也就让学生认识到,学科之间可能有界限,但在解决问题的时候,对各学科知识的综合运用是没有界限的,从而使他们养成全面学习、提高自身修养的意识。

4.拓展第二课堂,增强学生创造力

第二课堂是课堂教学的拓展和延伸,是第一课堂的重要补充。第二课堂活动应与教学内容相结合,可以通过"参观纪念馆、科技馆、博物馆""读书会""历史剧""情景剧""知识竞赛""辩论会"等形式丰富课堂教学内容,促进教学目标的实现。通过广泛的课外阅读,学生对历史的学习更有兴趣,还能锻炼学生的思维能力、表达能力和记忆力。通过主题辩论会,学生们产生思想的交锋,这种思维火花的碰撞能克服思维的惯性,增强思想的深刻性和敏锐性,提高历史思辨能力。

第二课堂的应用

(1)训练内容:辩论会,提高学生思辨能力。

谈到杨贵妃的下落时,有学生说她被唐玄宗赐的一条白绫缢死。还有同学引用刘禹锡《马嵬行》诗中所写的"贵人饮金屑,倏忽舜英暮,平生服杏丹,颜色真如故",说明杨玉环是吞金而死的。又有学生引证李益所作七绝《过马嵬》中的"托君休洗莲花血"和七律《过马嵬二首》中"太真血染马蹄尽"等诗句证明杨贵妃是被乱军所杀害。有的学生质疑,说她没有死,而是去了日本过着隐姓埋名的生活。教师引导学生自由讨论这些结果的可能性,然后再用历史唯物主义的观点正本清源,帮助学生去伪存真,引导学生树立正确的历史观,积累客观真实的历史知识,最终能够客观地评价历史事件和历史人物。

(2)训练内容:舞台剧,全面提升学生素质。

学生在第二课堂中策划、组织、编排的学习项目可以搬到第一课堂进行展示,提高课堂教学的效果和效率。

通过"西安事变"历史情景剧的表演,来展示杨虎城和张学良为劝谏蒋介石改变"攘外必先安内"的政策,与中共一致抗日,而在西安发动"兵谏"的惊心动魄的一幕。学生们从着装、武器、妆容、标志性建筑物等方面尽量还原史实,并且设计了每一个重要角色的台词和旁白。同学们表演得出神入化、情感真挚,增加了课堂气氛,也增强了学生对具体历史事件的深切体会。

第二课堂增加了课堂教学的直观性,能够培养学生的创造性思维和实践能力,改过去的被动式学习为主动学习,在具体的历史情境中去体验、感悟历史。在参观纪念馆、博物馆的过程中回忆历史、触摸历史,使学生接受国家历史和传统文化的熏陶,并产生强烈的民族自豪感和爱国热情,这也是课堂教学的目标。

5.立足历史,重视生活体验

学习历史课程,不是着眼过去,而是为了现实生活和未来发展的需要,"读史以明志""以史为鉴",这是传授与接受历史教育的目的。在学校历史课程教育中,教师要明白一个道理,即"通过知识培养能力,通过能力获取知识"。历史学习是发现之旅,在体验中拉近学生与历史的距离,学生也因历史学习而变得更加理性,升华出积极的情感,学会客观地看待历史问题。

以史为证的应用

训练内容:感知历史的温度,培养家国情怀。

《清明上河图》有宋、明、清不同的版本存世,生活在不同时代的画家所描画的社会生活风貌都有时代的烙印。教师可以让学生搜集不同版本的《清明上河图》,并对画面所反映出的社会发展情况进行分析,以此加深学生对古代社会发展状况的了解。学生们通过观察《清明上河图》上的人物和景观便会发现,古代人的生活也很有趣,并没有我们想象的那样枯燥无聊。被孩子病痛折磨的父母、被"熊孩子"气炸的老父亲、晒太阳聊天的船夫等画面,会把学生带入一个更加鲜活的古代社会。能将复杂的画面画得如此生动丰富的画家一定也是一个善于观察、热爱生活、情感丰富的人。由此,教师可以通过小组活动或作业等形式进一步引导学生对画作进行深入研究。活动形式如下:

请学生以导游的身份对《清明上河图》中所描绘的画面进行讲解,也可以把自己的家乡用《清明上河图》所呈现的形式描绘出来,与同学们分享家乡的衣、食、住、行,人们的生活习惯和经济发展情况。以该形式展示自己的家乡美,可以培养学生热爱家乡、热爱祖国大好河山的赤子之情。

"历史是由活生生的人创造的,无论个体还是群体,在从事政治、经济、军事、文化、社会等活动时必定伴随着一定的心理活动。"历史研究的对象是过去的人,但它服务的对象是当代人,虽然过去的人与当代人在生活方式、心理特点上发生了巨大的变化,但是当代人与过去人也要进行心灵的沟通,这种心灵的沟通就是我们学习历史的重要动力。历史课堂上多种形式历史情境的创设,可以帮助学生体验这种古今沟通的乐趣,培养他们学习历史的兴趣。

第二节 教学设计文本撰写技能

教学设计得如何,取决于设计者对教学思想、教学目的的理解与掌握,取决于教师对教材的掌握和对学生实际的了解。

一、教学设计和教案的区别

教学设计以分析教学需求为基础,以确立解决教学问题的步骤为目的。教案仅仅是实施教学的计划安排,而教学设计更着眼于激发学习兴趣、促进学生学习,能够客观地评价和判断教学结果。教学设计更加符合教学规律,容易取得最优的教学效果。

总体来说,教学设计与教案都是在课前准备的,教学设计涵盖的内容更广泛一些,不仅包含教案,也包含教学过程中出现的问题怎样去解决等;而教案则是教学设计中最核心的部分,主要是对教学目标、内容、环节进行备课。它们既是统一的,也存在区别。

二、教学设计内容

"模式"是对理论的一种简洁的再现。不论哪一种教学设计模式,都包含下列五个基本要素:教学任务及对象、教学目标、教学策略、教学过程、教学评价。对象、目标、策略、过程和评价五个基本要素相互联系、相互制约,构成了教学设计的总体框架。教学设计是一堂课的核心,是决定这节课出色与否的关键。一堂好课需要具备几个标准:以学生为主体,重过程和体验,具有开放性、多样性、全面性、发展性、创造性,能够培养学生的学习能力和正确的情感价值观。

(一)课前系统部分

1. 指导思想与理论依据

(1)说明课标要求

如人教版高一历史必修一的课程目标:《历史1》着重反映的是人类社会政治领域发展进程中的重要内容。政治活动是人类社会生活的重要组成部分,而政治活动又总与社会经济、文化活动密切相关,它们之间是相互影响和相互制约的。人类政治活动在很大程度上表现为重要的政治制度、重要的政治事件及重要的历史人物。因此了解这些重大的制度、事件和人物,探讨它们在人类历史进程中的作用与影响,吸取必要的历史经验教训,是我们了解人类政治活动的重要教学目标。

唯物史观、时空观念、史料证实、历史解释和国家情怀,这样的目标也是通过后面的专题学习来承载的。每个专题都反映了一个历史时期某个国家、区域或某一类社会形态中政治发展的实质性特征,每个专题的学习都可以从历史的角度来了解一种政治制度的缘起、发展、变迁及其历史影响,都可以在历史的联系中、在贴近时代的对话中获得启示,从而更好地认识国情、认识世界。

契合课标的应用

应用1:宗法制与分封制这部分内容的学习要求:①了解宗法制和分封制的基本内容。②认识中国早期政治制度的特点。③通过宗法制度相关内容的学习,体会中华民族的亲情之爱。

(2)本节课的特色(课程中增加与实践、生活相关的内容,增强学生理解能力)

①关注史料的收集

傅斯年说过:"史学即史料学。"我们一切关于历史的讨论都是建立在史料之上的,换言之,所谓"历史研究",实际上就是"史料研究"。我们研究历史,只能以前人留下的各种记录为对象,通过各种逻辑推理,去尽可能真实地还原当初那个场景。史料包括原始文字、口述文字、实物照片、纪录片。

②关注历史人物和小故事

读历史就是读人心,成功的历史书籍让五千年浩瀚历史中无数有趣的人和事不再湮没于枯燥的历史教科书中,而是活灵活现地呈现在我们面前。教师可以推荐学生读一些有趣的课外书籍,如《明朝那些事儿》《这个历史挺靠谱》等。

③关注历史纪念日

如清明节、端午节、重阳节等传统节日,9月3日中国人民抗日战争胜利纪念日,12月4日国家宪法日,12月13日南京大屠杀死难者国家公祭日等。

④时事新闻和笑话的穿插让课堂气氛更加活跃

如曹操墓的发现、小学生因破坏文物而哭鼻子等事件的插入,可以激发学生对历史问题的深度思考。

⑤注意平时对课件素材的搜集和积累

这样既可以节省搜集资料的时间,又能提升教师的教学效果。

⑥注意乡土史的教育

历史课堂中对学生家国情怀的培养是现实的需要,要进行理性、温和的爱国爱家乡教育。

(3)提出设计思路

历史课堂设计思路的应用

①用人物唤起人——"读人阅世"的尝试。

历史人物的选择要与时代背景相联系,这样学生才能理解历史人物的思想情感和人生经历。在历史情境中理解有血有肉的历史人物,才能理解那个时代。

课例:教师在讲述《清末至民国初期的社会生活》一课时,可以展示从杭州到北京的高铁票图片,学生了解到从杭州到北京花了4小时30分钟。接着,教师出示1889年张謇从江苏海门到北京的日记资料:

正月二十八日,启行。……三十日,知轮船北行者甚多,仓卒(促)附"海定"。……一日,子初开行。……四日,氐(抵)大沽口,水浅不进,易小舟,四十里至塘沽。乘火轮车氐紫竹林,计一时行百二十里。……八日,入都。

——《张謇日记》(1889年)

教师提问:张謇从江苏到北京要多长时间?花费的时间相差这么多反映了什么问题?继而,在学生回答的基础上引入课程主题:经济与社会生活的变迁。

教师提供张謇中状元的相关史料,向学生介绍他人生的辉煌时刻。

(1894年三月)二十四日,乾清宫听宣,以一甲第一名引见。……(五月)二十八日,诣礼部翰林院听宣到衙门。

——《张謇自编年谱》

设问:张謇在科举考试中取得了怎样的成绩?他将走上什么样的人生道路?

教师总结学生的回答,张謇考中状元,按照惯例,他将走上官场,事实上,他要到翰林院"上班"了。教师可以继续追问:1894年是一个特殊的年份,你想到了什么历史事件?产生了什么影响?进而,引导学生回忆甲午战争和《马关条约》的相关史实,了解到张謇人生的辉煌时刻正值国家艰难时期。张謇在《致沈曾植函》中写道:"愿成一分一毫有用之事,不愿居八命九命可耻之官。"他将选择怎样的"有用之事"呢?

然后,教师出示中国近代洋务企业和民族资本主义产生的历史地图。图中李鸿章、方举赞、陈启沅在19世纪六七十年代都做出了探索,在这样的时代背景下,张謇做出了自己的选择。学生齐读他的名言:"国非富不强,富非实业不张。""工苟不兴,国无不贫之期,民无不困之望,可以断言矣。"

教师设问:张謇的选择是什么?(兴办实业)兴办实业的目的是什么?(为了国家富强)还有什么目的?(让人民摆脱贫困)

小结:个人的人生选择离不开时代大势的影响,张謇在民族危机到来的1895年,选择了"实业救国"的道路。他办企业,不是为了个人利益,而是为了国家富强和人民富裕,这就是张謇的家国情怀。[1]

②用地点唤起历史——自由行的历史课

历史是时间的历史,旅行可以是实地游历也可以是虚拟空间的经历。从现实到历史,跨越时空,把旅行带进课堂,必将带来一场生动的学习之旅。

历史课堂可以运用史料引导学生关注人物背后的"大历史",也可以让学生在具体的历史名城、历史街道、历史博物馆、纪念馆、名人故居等现场感受历史人物的生活状态、体味历史人物的时空条件,这有利于学生深入历史,进入历史现场。

课例:《清末至民国初期的社会生活》

教师可以带领学生直接或间接参观南通博物苑,从一个人的衣食住行去了解一个时代的社会生活。张謇创办的南通博物苑是中国人创办的第一个博物馆,教师可以根据馆藏的文物及张謇的生平介绍引导学生了解那个时代人们的生活情况。

教师展示两张张謇穿着不同的服装、留着不同发式的照片,并提问:发生这种变化的社会背景是什么?

待学生讨论后,教师小结:张謇形象变化的时代背景是辛亥革命的发生,进入中华民国后,剪辫、易服、禁止缠足等法令改变了人们的形象,也改变了人们的日常礼俗。因此,社会生活的变化受到政治变革的影响。

教师再展示张謇的全家照、张謇之子张孝若的照片和张孝若的全家福,让学生从中窥探近代中国服饰的变化趋势。教师总结近代服饰的发展趋向:日益

---

[1] 徐金超,《一个人,一个时代——"经济与社会生活的变化"教学设计》,《历史教学（上半月刊)》2020年第3期,第25页。

开放、崇洋趋新，并且这种趋向也体现在饮食、交通、婚丧和娱乐方式上。

顷与汝权询儿体气……冰其淋（冰激凌）、汽水、荷兰水妨胃，兼防腹痛，不可服。

——张謇给其子张孝若的信（约 1913 年）

从张謇给儿子的这封信中可以看出，当时出现了西式饮食，不仅他的孩子爱吃，他自己也爱吃。

（1919 年）1 月 23 日（十二月二十二日），……中途遇二君（秉三、仲仁），因同返，即约至（濠南）别业西餐。

——《张謇年谱长编》

正月二十八日，启行。……三十日，知轮船北行者甚多，仓促附"海定"。……一日，子初开行。……四日，氐大沽口，水浅不进，易小舟，四十里至塘沽。乘火轮车氐紫竹林，计一时行百二十里。……八日，入都。

——《张謇日记》（1889 年）

一月元日，阳历二月八日。家庙行礼。

二日，九时乘摩托车旋通，百里不及三时也。

三日，合官吏军将人士少长团拜于濠西俱乐部新筑，因共会饮。

——《张謇日记》（1921 年）

教师通过材料引导学生找出当时的交通工具有轮船、小舟、火车，继而提问：这些新交通工具给人们的生活和社会经济发展带来什么样的影响？讨论得出结论：19 世纪后期，受西方工业革命的影响，用蒸汽、内燃机做动力的新式交通工具逐渐进入中国，方便了人们的出行，促进了商品的流通，为民族工业的发展创造了条件。

教师提问：张謇在 1921 年的正月初一和正月初三分别在做什么？

学生回答：正月初一家庙行礼，正月初三春节团拜会，分别是中国传统礼俗和新式礼俗。因此，近代中国的社会生活呈现出"新旧并存、多元发展"的特点。

学生通过参观南通博物苑的陈列实物和照片，了解到张謇不仅创办工厂、发电厂、电话公司等实业，还建了气象台、剧院、体育场、养老院、幼儿园、学校等。他创造了十多个"全国第一"：

中国人自己创办的第一个博物馆——南通博物苑；中国第一所独立设置的师范学校——通州师范学校；中国第一所新型戏剧学校——伶工学社；全国第

一所纺织高等学校——南通纺织染传习所；第一个农业股份制企业——通海垦牧公司；中国最早的民营资本集团——大生企业集团；第一所水利学校——河海工程专门学校；第一所培养盲哑师资的学校——南通盲哑师范传习所；中国人自己创办的第一所盲哑学校——狼山盲哑学校……张謇一生创办了20多家企业、300多所学校。

——据张廷栖《张謇所创"中国第一"或"全国之最"考略》①

学生讨论：张謇的人生选择给当时的中国带来了怎样的影响？

教师小结：张謇创办实业改变了中国的经济面貌，也改变了一个地区的社会生活。这说明一个人如果能顺应时代潮流做出努力，也可以推动时代的变革。

大量实地考察的资料加之教师补充的史料、图片，让学生直观感受到了张謇对时代变革所起的作用，进一步感受到他的家国情怀。张謇创造了这么多"中国第一"，也让学生感受到他的首创精神和服务社会的伟大情怀。

通过以上活动，让学生通过张謇的经济活动和日常生活理解人与时代的关系，能够知道认识时代、顺应时代既是个人事业成功的前提，也是贡献社会、改变时代的前提。人与时代的主题便更好地指向了学生的成长②。

③反其道而行之——逆向思维引入话题

在讲到与现实脱节或距离较久远的历史事件的时候，往往难以引起学生的共鸣，若能反其道而行，突出这一时代现象，提出话题，就可以变教学的不利因素为有利因素。

课例：《明至清中叶的经济与文化》

明清历史现象万端，以利玛窦作为人物线索来创设情境，以他是"西学东渐"和"中学西传"的东西方文化交流的先驱这一身份切入话题，展开对明清社会变革的探讨。

教师出示利玛窦着中国服饰的图片，并提问：

a. 外国人为什么穿中国服饰？

b. 你还能从图中得到哪些信息？

---

① 张廷栖，《张謇所创"中国第一"或"全国之最"考略》，《南通大学学报》（社会科学版）2011年第6期。

② 徐金超，《一个人，一个时代——"经济与社会生活的变化"教学设计》，《历史教学（上半月刊）》2020年第3期。

c.你能否推测图中人物的身份与来华目的?

教师以递进式的设问激发学生的探究兴趣,从人物的穿戴和布景可以看出他来华传教的目的。

教师出示1590年(明朝万历十八年)欧洲绘制的世界地图和万历十年(1582)的明朝地图,并提问:

a.如何看待欧洲绘制的世界地图?

b.如何看待万历十年的地图?

1590年这张地图虽有局限,却是当时最先进的世界地图,反映了新航路开辟后的欧洲人对世界的认识,体现了欧洲先进的地图测绘技术和世界观。利玛窦沿着新航线到达葡萄牙在中国的据点——澳门,随后进入中原。利玛窦来到的中国虽然有着辽阔的疆域但同时隐藏着深刻的社会危机。1601年,利玛窦来到北京,觐见万历皇帝(但未见到)。

材料1:谨以原携本国土物,所有天主像一幅、天主母像二幅、天主经一本、珍珠镶十字架一座、报时自鸣(钟)二架、《万国图志》一册、西琴一张等物,敬献御前。物虽不腆,然从极西贡至,差觉异耳。①

材料2:南宋《耕织图》问世,万历皇帝修订,康熙雍正编录、改绘、题诗、作序,至清末700余年间,各版本的《耕织图》层出不穷。

材料3:当时中国最有知识的士大夫群体的批评指责:"直欺人,以其目之所不能见,足之所不能至,无可按检耳,真所谓画工之画鬼魅也。"

教师提问:a.根据材料1,利玛窦准备的礼物有何用意?你觉得万历皇帝会对哪些礼物感兴趣?

b.根据材料2,万历皇帝感兴趣的是什么?他如此重视《耕织图》说明了什么?

c.根据材料3,结合教材,中国"最有知识"的士大夫对西方先进的地图是什么态度?说明了什么问题?

日益僵化的专制统治阻碍了中国社会的进步和转型,当时的中国虽然有一部分士大夫和知识分子能够接受利玛窦带来的科技,但是明朝知识分子总体上对西方的科学持鄙夷态度,无知、盲目、自大,不了解世界发展趋势。

———————————

① [清]黄伯禄,《正教奉褒》,光绪三十年上海慈母堂本,转引自李超,《"中国早期油画史"研究系列之一——泰西画法》,《油画艺术》2014年第2期。

虽然利玛窦未能见到万历皇帝,但他能留在北京继续与士大夫接触并尝试实现他来华的目的。教师继续引导学生进行历史反思:1640年英国爆发资产阶级革命,1689年颁布《权利法案》;1644年明清易代,之后康雍乾君主专制达到顶峰,这些都说明了什么?

设置反思环节,激励学生以全球观的视野对比看待中西文化,培育家国情怀。让其从多角度了解明清未能推动君主专制的原因,也为下一课了解晚清社会埋下伏笔。

④"主题重塑式"——在历史现象下就某个问题重塑一个主题,与教学过程形成两线并行,一明一暗,可以拓宽教学内容,延伸思考深度

课例:《辽宋夏金元的经济与社会》

本课分为"农业和手工业的发展""商业和城市的繁荣""经济重心南移""社会变化"四目。看似相对独立的子目,如何凝练成一个统摄整堂课的教学立意就成了教学设计的关键。史学界认为唐代是中国中世纪的结束,宋代是中国近世的开始,那么,碎片化的政治、经济、社会文化生活在这样一个时代变迁的背景之下便形成一个"流动"的统一体。在此基础上,对农业、手工业、商业、社会生活设立专题性研究,便可由表及里地透视历史的演进,培育学生的学科素养和历史思维。

在上海世博会上,中国馆以动画版《清明上河图》向世界展现了中国古代城市生活的辉煌,在第七届世界军人运动会上又以真人版《清明上河图》再次惊艳全世界。画家张择端为什么要以"上河"对汴河命名呢?汴河对于汴梁人有什么特殊的意义呢?

汴梁城的街道是以汴河为中心排开的,宋太宗曾感慨"东京养甲兵数十万,居人百万家,天下转漕,仰给在此一渠水""汴水横亘中国,首承大河,漕引江、湖,利尽南海"(《宋史·河渠三》)。汴河连接了各地,便利了交通,繁荣了经济。正是因为大运河(汴河即大运河南段通济渠)的运输能力大大增强,形成了一个纵横交织的水上网络,才带来了宋代经济的繁荣、商业的兴盛、城市的繁荣。

材料1:当时开封以经商为业的有两万多户,其中640家资本雄厚的商户,分别属于160行,囊括米、盐、茶等各类商品贸易。号称"正店"的大酒楼有72家……酒楼、茶坊适应商业大潮,与娱乐场所瓦子,都通宵营业。

——摘编自樊树志《国史十六讲》

教师提问:从以上材料中,你能感受到宋代开封的经济和生活是怎样的?

材料3:钱塘自古繁华……参差十万人家……市列珠玑,户盈罗绮,竞豪奢。

——柳永《望海潮·东南形胜》

柳永的词更是道出了杭州的富庶和辉煌。运用图片、文字,创设具有代入感、现场感的历史场景,让学生感受宋代经济的繁荣。

材料4:(宋太祖)曰:"五代之际,生灵凋丧……朕躬览庶政,万事粗理,每念上天之贶(赏赐),致此繁盛,乃知理乱在人。"蒙正避席曰:"乘舆所在,士庶走集,故繁盛如此。臣尝见都城外不数里,饥寒而死者甚众,不必尽然。愿陛下视近以及远,苍生之幸也。"上变色不言。

——摘自《宋史·列传第二十四》

教师提问:宋太祖和吕蒙正对当时的经济情况做出了怎样的评价? 你如何看待宋代经济的繁荣?

宋太祖对自己治理国家的成就感到自豪,但吕蒙正认为,这种繁荣仅在都城之内,外面的百姓饥寒交迫,饿殍无数,并劝诫皇帝不要被眼前的繁盛蒙蔽双眼,应该去体察民情。展示这则"反面"材料意在为学生提供"AB"两面的历史,引导其辩证地看待历史问题,形成全局化的视野。

⑤塑造课魂

一节历史课若失去了灵魂,内容再丰富生动都是摆设。课魂是一节课的灵魂,每一位教师都应该思考:为什么而教? 课魂是贯穿课堂教学的一条暗线,明线是知识点。课魂运用得当会让人心潮起伏,调动起历史情绪,达到极好的人文精神洗礼。

课魂应用:《丝绸之路》

在这条路上,玄奘、佛教、岑参、边塞诗、纪昀、林则徐、左宗棠,无一不证明新疆与中原的一脉相承,记录着古代丝绸之路的源远流长。自清朝出现新疆这个地名,至今已有几百年的历史。西域路上,一直行走的是一种精神,正是这些人让人们记住了丝绸之路,他们的勇气、执着、智慧正是西域精神之所在。从张骞开通西域,班超经营西域,唐朝时途经西域传播佛教的玄奘,林则徐治理新疆,到左宗棠收复新疆,还有世世代代奔走于新疆的无名商旅,他们的气质共同构成了丝绸之路的精气神,这是值得我们后人学习的精神。

⑥开展学生活动

每一节课都应有一个或几个学生活动,学生课堂活动的方式可以是小组讨论、情境表演、辩论会等。

小组讨论的问题要根据学生的认知水平和兴趣进行设计,提出可以升华课堂学习的研究性问题。提出的问题要有深度,教师要鼓励学生敢于挑战权威,对传统结论科学求证,从而对历史事件形成自己的新认识。

体验式小组讨论的应用

如果你生活在19世纪80年代的中国,请描述洋务运动时代你的生活。

反思式小组讨论的应用

你如何看待孝文帝的改革?

你怎样评价李鸿章这个人物?

如果没有工业革命,人类历史会变成什么样子?

对比思辨式小组讨论的应用

郑和与哥伦布究竟谁更伟大?

⑦提高历史教师自身素养

历史教师在平时要加强语言、文字的基本功训练,确保课堂用语准确、精练、通俗、艺术。历史课没有史料的支撑就无所依傍,阅读是历史教师终身的备课。历史教师要具备爱阅读、爱思考的习惯,有人文气质和风骨。因此,读万卷书行万里路、有爱好、勤探究,是对历史教师的要求。

(4)设计思路的理论依据(教育学、心理学的原理)

建构主义认为,知识主要不是通过教师传授得到的,而是学习者在一定的情景即社会文化背景下,借助他人(包括教师与学习伙伴)的帮助,利用必要的学习资源,通过意义建构的方式而获得的。

人本主义学习观强调学生是具有主观能动性和活生生的人,是认识和实践活动的主体,是学习的主人。人本主义学习观主张有意义的自主性学习。

现代教育心理学主张在教学中要重视学生的兴趣、需要、情感、体验,要建立平等的相互依赖的师生关系,促进师生相互沟通、理解和信任,从而实现教学相长,共同进步。

2.教学背景分析

(1)教材分析

教材分析部分的写作要求:①分析《课程标准》的要求。②分析每课教材内容在整个《课程标准》和每个模块(每本教材)中的地位与作用。③分析高中每课教材内容与初中教材相关内容的区别与联系。④分析教材的重点和难点。⑤分析教材中的过程、方法、情感态度、价值观等因素。

(2)学生分析

学生分析部分的写作要求:①分析学生已有的认知水平和能力状况。②分析学生存在的学习问题。③分析学生的学习需要和学习行为。

(3)其他分析

包括对所采用的教学方式、教学手段、技术准备等的说明及前期教学状况、存在的问题以及将采取的对策等的说明。

教学方式:讲授、分组讨论、分组表演等。

教学手段:板书、PPT展示、多媒体、信息技术辅助教学等。

技术准备:演示文稿、音频、视频、图片等。

学生情况分析:前期的知识积累、学习的主动性和创造性分析等。

3. 教学目标设计

在教学目标的描述中,要把知识、能力、情感态度、价值观等方面都要考虑到。

教学目标设计内容包括:①确定知识目标。②确定能力、方法、培养目标及其教学实施策略。③确定引导学生情感态度、价值观目标的教学选点及其教学实施策略。

注意:①目标不是定得越多越好,一节课目标至多3个;目标的三个维度是课程目标,但不是每节课都必须全部具备。②目标的制定既要体现课程标准,又要贴近学生实际。

教学目标制定的依据:课标、教材(课后作业)、学生的认知水平。

教学目标设计的应用

《第二次鸦片战争》的教学目标

识记和理解:了解第二次鸦片战争期间,列强的罪行(破坏圆明园+割占领土),了解农民起义军反抗斗争的史实。

能力和方法:自主学习(听、看、议),培养学生分析历史现象的能力,并透过现象看本质(即列强肆无忌惮的根源),从中领会太平天国农民运动斗争的首指目标为什么是清政府。

情感态度与价值观:分析民族的强大与弱小、国家的先进与落后同个人的命运是息息相关的,国家命运与每个人的命运也是息息相关的,从而激发学生的爱国情绪,为民族的振兴、国家的富强而发奋学习,努力奋斗。

4. 教学重点与难点

教学重点与难点部分的写作要求:①确定本堂课的教学重点。②确定本堂课的教学难点。

5. 教学策略(教学方法)

教学策略的主要作用就是根据特定的教学条件和需要,向学生提供教学信息,引导其活动的最佳方式、方法和步骤。此部分应该把教学内容、教学方法、学生活动、设计意图及所需要的教学资源及教学指导策略表达清楚,可附教学流程图。

教学设计应该建立在总结个人以往教学经验、借鉴他人已有教学情况的基础上,结合新课程特点及对学生情况的分析进行深入研究,应具有一定特色和创新性。

6. 教学用具

教学用具部分的写作要求:①教学环境的设计与准备。②教学用具的设计与准备。

(二)课堂系统部分——教学过程

现代教学系统由教师、学生、教学内容和教学媒体等四个要素组成,教学系统的运动变化表现为教学活动进程(简称教学过程)。教学过程是教学设计的核心,教学目标、教学任务、教学对象的分析,教学媒体的选择,课堂教学结构类型的选择与组合等,都将在教学过程中得到体现。在新课程理念下,如何将这些因素很好地组合,是教学设计的一大难题。

1. 课前探究部分

课前探究部分的写作要求:设计出引导学生进行课前准备和探究的方案。

2. 导入新课部分

导入新课部分的写作要求:设计出每节新课的教学引语,引语要起到"凝神、起兴、点题"三个作用。

导入新课的应用

训练内容:导入形式多样化,引发学生学习兴趣。

在讲高一历史《两极世界的形成》一课时,可以从"古巴导弹危机"切入,教师提供一张"美军监督下的苏联货船"的照片,请学生判断:照片上的两条船是什么关系? 引发学生自主探究,进而启发学生思考:这幅漫画确实渲染出危机的严重性,那为什么没有爆发核战争,反而是冷战呢? 这样层层递进式的设问,让学生产生由浅入深的思考,真正让学生参与到学习中来。

3. 师生互动部分

师生互动部分的写作要求:①设计出每节新课的教学结构(板书结构)。②写出每步设计的设计目的(设计意图)。

另外,在教学结构设计中要注意体现 6 项要求:①突出学生的主体地位。②从学生的问题出发营造历史情境,设计历史问题引导学生探究、解决问题。③设计出师生互动方式。④争取准备两三种针对不同群体学生的教学安排。⑤对教材内容做适当的处理,发掘出教材内容之间的内在逻辑联系及育人作用。⑥课堂教学要减少统一讲解,增加学生的自主探究活动,增加学生的分组活动。

4. 课堂总结部分

课堂总结部分的写作要求:①设计出针对教材知识内容的系统回忆、巩固问题及方案。②设计出发散、扩展、升华学生思维的问题及复习巩固方案。

5. 课后作业部分

课后作业部分的写作要求:①突出对教材知识点的记忆、理解和掌握。②突出引导学生运用所学知识分析问题、解决问题。③突出学生的概括能力、分析能力、评价能力。

(三)课后系统部分——教学评价

教学评价部分内容包括:①评价出每节课的教学设计的实施结果,即学习效果评价。②对每节课的教学设计及时进行修改、补充和完善。③写出教学感想、心得、体会。

教学设计评价是根据教学目的和教学原则,利用所有可行性的评价方法和技术对教学过程及其预期的一切效果给予价值上的判断,即教学目标是否达到。教学设计评价包括学习效果的评价和教学设计的评价。新课程理念下,教学设计的功能与传统教案的不同之处在于它不仅仅是上课的依据。教学设计能促使教师理性地思考教学,同时还能在教学的认知力上有所提高。只有这样,才能真正体现教师与学生共同发展的教育目的。

1. 学习效果评价设计

要求:对本节课学生学习效果以及教师自身教学效果的评价分析要具体、实事求是。评价方式应尽可能做到目的性和可操作性强,灵活多样。

评价内容:学生自主学习能力、协作学习中的贡献;教师是否达到了教学目标的要求、完成了教学任务。

2. 本次教学设计与以往或其他教学设计相比的特点

本节课教学设计的特色之处:

这部分也有要求写教学反思,内容包括:

①目标是否达到,重点是否突出,难点是否突破,教学方法是否恰当,组织教学是否有效等。

②根据施教中的问题,提出具体改进的意见。

③测试评价结果如何,查漏补缺。

历史教学设计是意识加技术的操作性研究,历史教学设计应当服务于学生历史思维的培养。

第三节 PPT制作呈现技能

一、科学制作 PPT,合理呈现教学内容

研究表明,信息的不同表现形式被观众吸收的比例分别是:文字7%、听觉38%、视觉55%。因此,历史课程 PPT 的制作需要充分运用文字、图像、声音等元素调动学生的感官体验,提高课堂学习积极性。

借助 PPT 课件进行历史教学,整体设计是关键。这离不开教师对教学内容的整合,离不开教师对 PPT 设计的整体构思。历史教学适宜使用演示型 PPT,教师必须紧紧围绕教学内容制作 PPT,可以将核心知识点采用横向联系和纵向联系相结合的方式对教学内容进行整合,设计出精致的教学 PPT。同时,PPT 结合课标、学情、教材进行整合,更利于学生掌握历史课程学习思路,培养探究精神。

历史课件 PPT 的制作原则:突出主题、画面富有历史感、创造视觉冲击、保

持简洁有力的版面设计。

制作PPT的五个习惯：一张幻灯片对应一个主题；文本内容清晰易读；引用图片、视频等素材要经典、具有代表性；适当留白；常用快捷操作。

课件制作流程：确定主题→教学设计→准备素材→初步制作→美化加工→预演调试→存盘使用

（一）历史课件制作准备

步骤一：确定主题

主题就是灵魂，主题具有"磁石效应"，有吸引性、指向性。主题明确，我们收集、选择、使用素材就有了针对性。

步骤二：进行教学设计

教学设计是一个系统设计并实现教学目标的过程，它遵循学习效果最优的原则，是课件开发质量高低的关键所在。

教学设计的内容包括：教学内容、教学目标、教学重点和难点、教学方法、教学过程、教学时间。其中教学时间决定了所制作课件的量，如40分钟一节课，PPT数量控制在15—20张最好。

步骤三：准备素材

素材要经典、具有代表性，切忌过于花哨、喧宾夺主。历史课件素材包括文字素材、图片素材、音频素材、视频素材、母版素材等。另外，课本本身就是一个很好的素材。

收集课件的途径及方法：

①打开浏览器，输入课件名，下载到磁盘即可。

②登录百度文库，输入课件名，下载到文库账户或者本地磁盘即可。

为了提高学生历史课堂的参与度，加强记忆，促进学生情感体验，巩固学习效果，教师可以在PPT中插入适量图片进行教学。比如借助考古遗迹图、历史地图、珍贵历史照片、历史图表等提升历史课堂教学效果。历史图片是制作历史课程PPT的重要素材，丰富的图片可以有力地将一些抽象的概念或历史事件用视觉化的方式呈现出来，引导学生进入历史情境，培养学生的想象力，帮助学生理解、记忆、感悟历史。

收集图片、文字等的途径及方法：

①打开无版权商业网站，输入需要搜索的图片关键词，选择自己满意的图

片"另存为"到磁盘即可。有时网上的相关图片内容不一定完全符合教学的需要,还要对图片进行修改,用图片处理软件即可。

②文字等材料可以从网上复制、保存或者自己制作。目前的 PPT 制作多偏重视频、图片和补充材料,对教材相关知识展示较少。其实问题和答案都可以放到 PPT 上,练习也可以随堂解决。这样,利用现代化的教学手段也有利于把学生从繁重的课业中解放出来,减轻了学生的负担。

(二)历史课件制作技巧

步骤一:初步制作

对自己预先下载的课件进行筛选,选择一个作为自己制作课件的基础,并将其"另存为"自己制作的课件名。

课件的制作,要根据历史学科的特点,版面、文本、图片、动画的制作是其四大重头戏。

1.版面制作

母版:定位课件的整体风格。

模板:美化版面。

版式:可以简单实现页面的布局。

漂亮美观而又贴合主题的版面制作,可以给人良好的视觉享受,本身就可以激发学生的学习兴趣。

(1)PPT 母版的制作及使用

母版制作材料一般包括边框素材、填充素材、图片素材。图片素材可分为两种,一种是直接插入的相关历史图片。这种很简单,直接插入、调整大小即可。比较费劲的是具有美化作用的图片,这需要用到抠图功能。抠出来的图片无法单独保存,因为它有了纯白的新背景,插入 PPT 也不协调。所以抠图要用两种方法来保存:一种是直接把它存入模板填充材料的位置备用;一种是把它保存到图片处理软件的饰品栏目下备用。这样保存下来的图片不能直接插入母版中,要先选一块填充素材,用图片处理软件打开,点击所要插入的图片,拉到相应的位置,保存到相应盘里,然后把刚才保存的图片插入模板即可。

制作原则:紧扣课文主题,具有历史感、艺术美,简洁大方。

使用方法:单击"视图"—"幻灯片母版"就可以看到可以使用的幻灯片母版。针对每页模板设计字体、字号、颜色等,然后保存,关闭母版视图即可。

但是,如果母版限制了课件的背景或者图片的展示时,就可以忽略母版。

如果 PPT 制作中插入了新的背景图片,而我们的母版又影响到其效果,就可以忽略母版。

(2)PPT 模板的使用

原则:尽量使用母版或者与母版风格类似的模板。

使用方法:单击"格式"—"幻灯片设计",可以看到任务窗格中显示若干设计模板。左键单击选择需要的应用即可。

一个课件中的模板使用不宜过少或过多,最好在 3 个左右。

(3)PPT 版式的使用

版式的样式以简洁大方为宜。

常见的幻灯片版式:

标题部分
正文部分
页脚部分

2. 文本制作

艺术字的制作:插入图片或者艺术字,艺术字用来制作标题比较醒目,标题文字宜简洁。

文本框的制作:插入文本框,根据图片选择合适的方向(或横排或竖排)对文字进行排列。文本框可以用来制作一般性的文本。

也可以从其他文档、网页等直接复制文本进行粘贴,仍需使用到文本框。

PPT 的制作要保持文本视觉风格的一致性,包括有统一的标题字体、字号、字体样式,统一的正文字体、字号,标题的位置要遵循母版的版面位置,简单明了的字体颜色和样式等。

文字的设计要注意形式的美观:以黑体加粗效果最好;颜色与背景最好是对比色;文字最好插入文本框中;字号最好在 28 磅以上。

3. 图片制作

图片的插入有三种方式:

①自选图形的插入方式:插入—图片—自选图形。

②自己保存的图片:插入—图片—来自文件。

③直接复制、粘贴。

插入的图片要经典、清晰,尽量注明图片的名称,尽可能配一定的说明文字。在历史教学中加入适当的史料图片,可以直观、形象地重现历史,增加学生的学习兴趣,同时提高教学质量。

因为历史学科的过去性,大量珍贵的历史瞬间可以通过适当的文献资料、图片等来重现,从而达到以史讲史、以史悟史、以史明理的教学效果,这也是历史教学的最高境界。

步骤二:美化加工

原则:以更好地表现主题为出发点,前后风格一致,不能过于花哨,动画和切换的类型不要超过3种。

方法:增加动画效果,设置切换效果。

4.动画效果

目的:PPT中设置动画效果的目的是突出重点,有效吸引学生的注意力。

原则:①动画效果的设置逻辑性要强,鲜明地展现设计意图。②同一张幻灯片尽量使用同种动画效果。③尽量使用"出现、飞入、展开"等简洁的动画效果。方法:幻灯片放映—自定义动画。

5.美化加工——设置切换效果

可以设置整个或部分幻灯片的切换效果;避免视觉疲劳,切换效果以简单整洁为好;在幻灯片放映—幻灯片切换中设置。

幻灯片切换可以有效避免学生在长时间讲课中的视觉疲劳,可以突出重点部分的内容。

步骤三:预演调试

制作完幻灯片之后要从头检查一遍,看一看幻灯片的前后顺序是否正确、制作的内容和形式是否简单易懂、幻灯片的整体风格是否一致、自定义动画是否合适(快慢、效果)、是否有文字的错误等等。

幻灯片放映:幻灯片放映遵守从头开始放映的步骤,点击幻灯片放映,从头开始放映或从当前开始放映。

步骤四:存盘使用

存盘的途径有两种:第一种是按照素材分类,将制作好的幻灯片存放于相应的素材文件夹中;第二种是将课件存放于特定的课件文件夹中。要做好幻灯片的备份工作,避免丢失。

6.其他常用技巧

(1)插入表格

插入表格的版式一定为空白,便于表格内容的填写。

(2)插入音视频

①插入音频:插入—影片和声音—文件中的声音(注:支持 avi、mpg、wav、mid、mp3 格式)

②插入视频:插入—影片和声音—文件中的影片(注:支持 avi、mpg、wmv 格式)

(3)运用"超链接"调用

①插入链接内部幻灯片:

方法:插入—超链接—本文档中的位置

②插入链接外部文件或网页:

方法:插入—超链接—原有文件或网页

(4)留白

①设置"行距"

方法:格式—行距—1.5 倍左右

②自由留白

方法:空白版面—自由设计并留白

(5)格式刷

方法:单击"文本"或者"对象"—双击"格式刷"—单击需要同样格式的"文本"或者"对象"(注意:动画、超链接等效果同样适用)。

二、丰富 PPT 使用方式,提高教学效果

(一)PPT 在教学中的应用

1.PPT 制作好后,还应制作一个相应的提纲,以便教师上课把握好节奏,确保教学有条不紊地进行。

2.课上播放 PPT 时切忌像放电影一样一晃而过,看起来氛围很热闹,实则学生一无所获。因此,学生要在教材上标记好 PPT 的内容,做好笔记。

3.根据教学内容,播放 PPT 的同时配合适当的板书作为补充。毕竟某一种教学手段不是万能的,应该辅以多样实用的教学手段才更加完美。

(二)PPT在复习课中的应用

1.复习课是比较考验教师耐心的事情,如果不重复,学生很难掌握;重复过多,学生失去了新鲜感又很难有激情。如果传统的板书配合PPT进行复习,就可以使学生的视觉、听觉和大脑细胞全方位活跃起来,激活学生的求知欲,从而达到巩固提高知识的目的。

2.运用PPT进行复习课,可以在较短的时间内处理大批量习题,提高课堂效率。

如果PPT在教学中运用得当,它完全可以成为历史课堂教学的主要手段之一。

第四章　教学组织技能(上)

第一节　教学管理技能

一、教学管理的定义、重要性

教学管理有宏观和微观两个层次,宏观层面的教学管理指教育行政机关对各级各类学校和教育机构的组织、领导和管理;微观层面的教学管理指学校内部的教学管理,即学校教育行政人员为完成教学任务、提高教学质量,运用一定的原理和方法,通过一系列的特有管理行为,组织、协调、指挥和控制学校的教学工作,以实现教学目标的过程。因此教学管理的重要性体现在:有效性的教学管理可与学校教学质量等方面产生直接联系与影响。

(一)教学管理有效性与教学质量

学校要抓教学管理,抓教学质量的提升,前提是要坚持规范办学,要认真遵循教育教学的基本规律,严格遵守各项教育法规,遵守上级教育行政部门的各项教育教学管理规范和要求,在规范办学的基础上,通过提升教学管理的规范化、精细化、科学化水平,来提升管理工作的有效性,促进质量提升。

(二)教学管理有效性与素质教育

通过提升教学管理的有效性来提升教学质量,其管理的着力点应该在于规范管理、科学管理、精细化管理与智慧管理。这里面含有应试的要素及目标,但更多体现出的是遵循教育教学规律、科学而理性的应试,是基于激发学生学习兴趣,培养学生自主学习能力,教会学生自主学习的方法与技巧基础之上的应试,是以学生获得综合素质与能力的提升为手段、途径和最终目标的应试。这个最终目标在相当程度上能够外显为学生优异的考试成绩及学校较高的升学率。

我们要深刻认识教学管理有效性与素质教育之间的关系,避免把教学管理的有效性与素质教育割裂开来,更加反对把提升教学管理的有效性等同于大搞应试教育。学校要深入推进素质教育,需要加强教学管理,不断提升管理的有效性,提升教学管理有效性的最终目的就在于推进素质教育,促进学生全面发展。

(三)教学管理有效性与减负增效

提升教学管理的有效性,需要考虑教学管理的成本,但更要考虑的是管理对象——教师和学生的投入成本,这才是关键所在。这里的投入成本,主要是指教师、学生投入教与学的时间及精力,即劳动强度。同时,它还应该指师生在投入时间及精力时的精神状态。师生投入时间精力过多,表明投入成本较大,劳动强度大;如果师生花大量时间和精力进行教学活动时,精神还处于极度疲惫、消极、厌烦的状态,我们可视为投入成本已达到最大化,而在这种精神状态下,教学活动的效果是无论如何也高不起来的。可见,提升教学管理的有效性并不意味着一定要赋予教师与学生更大劳动强度,强加给他们更大的学习、工作负担,相反,一系列的科学研究成果表明,人在和谐安定、健康向上的环境氛围里,处于精神愉悦、积极主动的精神状态下,学习和工作的效能才能够达到最佳。

(四)教学管理有效性与教师专业发展

教学管理的有效性能够体现并作用于教师的专业化发展。现代教师的专业素养表现为:具有与时代精神相通的专业理念;具有多层复合的知识结构;具备履行责任和权利的各种能力;具有现代人的高尚道德情操。[①] 而教师的专业知识和技能、教学智慧、人格魅力、价值取向、人生态度包括对学生的态度和采取的教学方式都是学校最重要和最宝贵的教育素材和资源,这才是教师专业化发展之于学校、之于学生最大的意义和价值所在。

二、教学管理的核心

在课堂教学中,教师要的是"序",而学生要的是"趣"。课堂教学的"失序"是教师教学秩序与学生学习秩序之间错位所致,而教师所要求的"序"主要依赖于学生的"趣",学生的"趣"却又来源于教师的课堂教学能力、教学方法、教学智慧与教学艺术。因此,归根结底"教师失趣"与"学生失序"的"病源"还是在于教师,在于教师缺乏足够的教学能力、教学智慧和教学艺术去激发学生的学

---

① 叶澜,《新世纪教师专业素养初探》,《教育研究与实验》1998 年第 1 期。

习兴趣。再追究其"病根",应该在于学校教学管理工作,有效的教学管理必然可以有效地促进教师的专业发展和素质提升,而教学管理有效性的核心体现也应该在于提升课堂教学的有效性。此部分内容将在下一章进行论述。

三、教学管理有效性方法

(一)加强学校教学思想的管理——教学管理有效性的前提

加强教学思想管理,应该是学校教育思想管理的核心内容,是其不可分离的组成部分。教学思想管理的责任人和实施者是校长,这里所说的教学思想管理更多地表现为校长通过各项措施与手段,不断加强对全校师生的思想引领、理念塑造、文化与意识的建构,凝练出为全校师生所认同的价值取向、精神追求和文化导向。具体可采取以下措施:

1. 要在全校范围内牢固树立认真贯彻党的教育方针、依法治教、全面落实国家课程计划的教育法规思想。

2. 要不断强化以教学工作为中心、不断提升学校教育教学质量、牢固更好地服务当地群众和社会发展的办学责任意识。

3. 要牢固树立育人为本、德育为先、大力实施素质教育、为学生全面发展和终身可持续发展奠定基础的综合育人观。

4. 要不断践行以人为本、合作共生、促进教师专业发展的教师队伍建设理念。

5. 要具备构建以校为本、自主反思、合作共享、整体提升、凸现特色的校本教研文化的文化建构意识。

(二)加强教学管理体系建设——提升教学有效性的基础

1. 建立健全学校教学管理机构

建立校长负责,分管副校长和教导主任具体抓,各职能部门配合抓的管理机制,形成"校长—分管副校长—教导处(教科室)—教研组或年级组(规模较大学校可设年级组,年级组里设学科备课组)—教师"的教学管理体系,做到职责明确、管理有序。

(1)校长全面负责学校教学管理工作。教学工作是学校的中心工作,校长要深入教学第一线并尽可能兼任教学工作,把主要精力投入教育教学管理中。

校长要结合学校实际,制定学校阶段性教学工作目标,规划好中长期教学工作目标;要定期召开教学工作会议,研究教学工作;定期召开教师、家长、学生座谈会征求对教学工作的意见，及时采取措施，纠正存在的问题；定期组织召开教学研讨会或教学经验交流会，及时总结和推广教改成果。

（2）教学校长（分管副校长）具体负责学校教学管理工作。教学校长应协助校长制定学校教学管理制度及教学工作的目标、计划及具体实施方案；对学校教学管理制度的落实、教学计划的落实、教学目标的达成及各项教学教研活动方案的制定和实施情况进行及时跟踪、反馈和调控。教学校长直接对校长负责，主动沟通、协调解决教学管理工作中的困难和问题。

（3）教导（教务）处负责教学日常管理。教导（教务）处在校长和分管副校长领导下，做好教学的具体管理、指导工作。

每学期开学前，教导（教务）处应根据上级教育部门下发的周历、学校教学工作计划及文件精神，规范编制教学常规用表，包括学校教学历、学校课程总表、教师工作安排表、学校作息时间表、学校课外活动安排表及学校阳光大课间活动方案等。

学期中，教导（教务）处要认真组织实施国家课程方案；按规定的时间和规范的要求组织上课、复习、考试、放假，保证教学活动的正常运行，保证学生在校、学习与活动时间，保证各项教研活动的开展。

教导（教务）处要合理配备好各年级、各学科任课教师，尽量保持任课教师相对稳定；及时安排好教师病、事假等情况时的代课、兼课工作，保证学生不空堂、不缺课；提前做好学生的编班管理等工作。

教导（教务）处要组织好考试命题、考务和试卷分析工作，组织质量分析会，及时反馈相关信息；按要求做好教材及相关教辅资料的征订工作。

学期结束时，教导（教务）处要布置好学生的假期作业及相关专题教育工作，安排好下学期教师的教学工作任务。

教导（教务）处健全教学业务档案、学生档案和教学资料，图书室、仪器室、实验室、微机室等各种专用室的管理制度，落实常规管理工作。

（4）教研组（学科备课组）负责学科教学管理。教研组（学科备课组）负责组织学科教师讨论制订本学科教学工作计划；定期组织学科教研活动，落实集体备课，解决学科教学中的重点和难点问题，促进学科教学目标的落实；通过教研组（备课组）的团队教研力量提升教师的业务水平与教学教研能力；协助教导（教务）处对学科教师教研能力、教学水平及教学业绩进行公正合理的评价。

（5）建立学校领导干部兼课、听课、评课制度。校级领导要主动带头兼课，积极参与校内教师听课及评课研讨交流活动，校长每学期校内应听课20节以上，参加校内教学研究（研讨）活动6次以上；分管副校长、教导处（教务处、教科室）主任（副主任）等教学管理干部每人每学期应校内听课30节以上，参加校内教学研究（研讨）活动8次以上，参加教师（学生、家长）座谈会等交流活动2次以上。

2. 打造高素质的教师队伍

（1）学校应坚持以人为本，努力为教师的成长和专业发展提供良好的人文环境、和谐的人际氛围，建立有利于促进教师爱岗敬业、积极进取的管理机制。

（2）开展读书活动，构建学习型校园。应通过多种渠道，采用多种形式，鼓励教师多读书、读好书，努力提高教师人文素养和业务水平。

（3）重视对青年教师的培养。对刚上岗的青年教师，必须安排名师或有经验的教师负责指导，帮助他们尽快按照教学常规的要求适应教学工作。要充分发挥市区级"名师""名班主任""骨干教师""优秀青年教师"的传帮带作用，多给青年教师压担子，多为青年教师搭舞台，多给他们提供施展才华的机会，创造条件促进他们更快成长。

（4）抓实校本教研活动及集体备课。建立教师听评课制度，许多地区和学校规定每位教师每学期听课节数不得少于15节，教龄不满3年的教师，每学期听课节数不得少于20节，并要有听课或评课记录。要定期举办各类研讨课和教学研讨活动，要组织好评课和交流工作，从"教"和"学"两个方面总结经验、发现问题、取长补短。落实集体备课的"四定"，即定时间、定地点、定主题、定中心备课人，发挥集体备课对于促进教师合作共享、提升整体素质、促进有效教学的作用。

（5）要强化教学辅助人员的服务意识。实验准备和教学仪器、设施维修要及时，实验室、图书馆等各类功能室的管理要规范化、制度化，切实为教育教学做好服务。

（6）要建立一种旨在促进教师主动发展的教师评价体系。要按主体性、民主性、发展性的原则，注重定性与定量评价相结合、单项与综合评价相结合、过程评价与业绩评价相结合、静态因素与动态因素相结合，从教书和育人两个方面对教师工作进行客观真实的评价。要建立以教师自评为主，校长、教师、学生、家长共同参与的评价方式，使教师从多种渠道获得信息，不断提高教育教学水平。

（三）加强制度管理——提升中小学教学管理有效性的根本

学校要结合教育教学改革及学校发展现状，认真地反思和重构适应新课程改革需要，促进教师和学生积极自主发展，形成科学民主的教学管理制度。

学校各项教学管理制度应充分遵循民主、科学、有效的原则，广泛征求学校教职工的意见和建议，充分利用制度建构的过程提高学校教职工参与学校管理的积极性。

学校教学管理制度主要包括以下内容：

①学生学籍管理制度。

②学校教学常规管理制度。

③学校校本教研制度。

④学校教职工工作考评制度。

在实施教学工作的制度管理时，要把握好以下几个关键点：其一，要认真处理好刚性制度和柔性管理的关系。所谓柔性管理是不同于用强制的行政手段和制度的控制力进行的管理，它是按照人的心理和行为的活动规律而采用的非强制的软控制，是通过在人们心中产生一种潜在的驱动力，而把学校管理目标变为人们的自觉行动。因此，学校领导要坚持以人为本，充分发挥出制度管理的规范性、激励性与导向性作用。其二，领导要发挥好示范带头作用，遵守各项规章制度，做到制度管理，一视同仁。其三，学校领导应该在不断实施和完善制度管理的基础上，不断提升自身学校管理的理论修养和文化建构能力，努力促进学校管理由制度管理向文化管理的迁移，实现学校管理的高层次与高效能。

（四）加强教学计划管理——提升中小学教学管理有效性的保障

教学工作计划，主要包括学校教学工作计划、学科备课组工作计划和学科教学计划。这三种计划反映了教学管理的三个层次，是教学任务层层落实的保障。

1. 学校教学工作计划

（1）学校要根据教育方针，按照培养目标及上级教育行政部门有关文件规定和工作部署，结合学校的实际制订工作计划，提出明确的目标任务及主要的工作内容、要求和措施。

（2）学校教学工作计划，由校长负责，在教学校长、教导主任的参与下共同制订,再听取和征求群众意见,经校行政会议通过,并于每学期开学初向全体教职工报告。

(3)学校教学工作计划可包含于学校总体工作计划之中,也可根据学校总体工作计划,独立制订。

(4)学校教学工作计划应将其工作内容与措施明确责任到人,由教学校长负责跟踪、督促与反馈,校长随时对工作落实情况予以检查、调控。

2. 教研组(学科备课组)工作计划

(1)教研组(学科备课组)工作计划应根据学校工作计划,结合本学科、本年级实际情况制订,是学校工作计划在教研组(学科备课组)的具体体现。

(2)教研组(学科备课组)工作计划应以推进课堂教学改革、提高学科教学质量、促进学生发展为中心,以实施备课组教研活动、促进教师业务提升为重点,在预备周内由备课组全体教师共同讨论制订,并报教导处审批备案。

(3)教研组(学科备课组)工作计划由教导处负责督促落实,学校定期组织检查并及时进行有效的反馈。

(4)学期结束时,各教研组(学科备课组)应对照工作计划,结合工作质量和效果,做好工作小结,并将其和相关过程资料报教导处备案存档。

3. 教师学科教学计划

每学期开学预备周要以备课组为单位组织学科教师集中研讨学科课程标准、学科教材及学情教情,教师以此为基础制订好学科教学计划,并填写好教学进度表,交至教导处备案。

学科教学计划是对学期内学科教学应达成的目标任务及所采取的措施进行规划,其重点应该是对学生学习情况予以分析并制定相应对策措施。

学期中,学校应对各学科教学计划和进度执行情况有计划地进行检查,督促落实。

学期结束时,教师应对照计划,结合教学效果进行认真反思总结并撰写教学反思或教学工作小结,经教导处审阅后存档。

学校计划管理的关键点在于各类计划的制订是否科学、合理、有效,学校相关领导及教师在计划实施过程中是否实施了有效的调控,是否做到了层层落实,在计划实施期限达到后是否进行了计划目标达成度的对照自查,是否进行了认真的工作总结和反思。

（五）加强教学常规管理——提升中小学教学管理有效性的核心

1.认真备课,精心编制教案(学案)

教师备课是对课程的再次开发,是根据课程标准、教学内容、教学要求、学生实际和自身风格所进行教学设计的过程。

2.认真组织课堂教学活动

课堂教学是师生互动、对话和交流的动态生成过程。课堂教学应做到目标明确、容量适度、重点突出、难点突破,方法恰当、手段优化、师生互动、合作探究,面向全体、注重差异、加强"双基"(基础知识和基本技能)、实践创新。

3.认真布置和批改作业

要通过学生作业反馈的信息,及时调节教学进程,调整教学行为。书面作业力求全批全改,必要时进行面批面改,严禁只布置不批改作业、找学生代批改作业或频繁采用集体订正代批改作业。

4.认真做好学生学习辅导

学习辅导要坚持因材施教原则,以营造良好的学习环境、促进学生自主发展为目的。

5.认真做好学业评价

6.认真做好教学工作总结和反思

总结与反思是对阶段工作的反省、归纳和提炼,是获取经验的有效途径,对后续工作具有指导意义。

中小学教学常规管理的"备、教、改、考、辅、评"等几个环节,是中小学校最为基础性和常规性的管理工作。其关键点不在于要做什么,而在于管理工作怎样做,即应用什么样的管理手段和措施才能把常规管理的各环节规范好、落实好,才能发挥出其应有的作用。

（六）加强教学质量监督管理——提升中小学教学管理有效性的关键

1.构建立体教学质量监控体系,在组织制度上实现对教学质量的全面管理。

明确责任目标。校长是学校教学质量的第一责任人,教学校长是教学质量的直接责任人。

学校应成立由校长、教导处、政教处、学科骨干教师及家长代表组成的教学质量监控小组,通过听课、检查教案、作业批改、查阅学科检测评价结果、考查部分学生等方式进行质量监控。

构建学生信息反馈网。通过学生座谈会、学生问卷调查、学校校园网平台等方式收集学生对学科教学工作的意见和建议,及时反馈给教师,并督促整改落实。

2.引入全面质量管理理念,实现对教学过程与效果的全面监测管理。

为实现对教学全程、全面监控,把教学工作分解为教学过程监控和教学效果测评两个方面,注重教师教学过程的规范管理。

教学过程性评价是教学质量监控小组依据教师教学工作规范,对教师备、教、改、考、辅、评等教学过程进行评估,主要依据教师教学常规检测记载及学生评价反馈结果,关键测评点为课堂教学过程中师生表现出来的精、气、神,重点测评要素包括教师教学过程中所表现出来的方法与手段的创新性、实效性,学生学习兴趣的保有度,教师对学习习惯、方法与能力的培养等。

教学效果测评是指教学质量监控小组通过动态监测学生学业成绩,学业成绩主要包括学生期中、期末考试成绩,段考成绩,初、高中毕业年级升学考试成绩,其中测评关键点指学生学科成绩合格率、学困生学业水平提升度,以对教师教学效果做出较为公平、科学的评价。

学校在实施教学质量监控时,应该引导和激励教师以积极、主动地提升自我为目的;以引导和鼓励面向每一名学生,促进教育教学的均衡与公平为目的;以不断改进教学方式方法,提升教学有效性为目的。将教师教学过程性评价和终结性评价结果列入教师业务考核的范围,建立教师业务档案。及时发现、激励、表扬工作有成效的教师,对于教学质量突出的教师要给予奖励,在"评优评先"中给予优先,努力营造浓厚的质量意识氛围。

(七)构建校本教研文化——提升中小学教学管理有效性的内驱力

"校本教研"即"以校为本的教学研究",是一种融学习、工作和科研于一体的集体性教师活动,是基于学校教师为主体进行的教学研究活动。当前,更多的教育人士开始认识到,校本教研工作开始由技术取向向文化取向转变。实现教研文化的重建,是校本教研制度建设的重要使命,也是加速教师专业发展,进而实现学校和学生发展的关键。① 校本教研文化建设就是制度保障、校际互动、

---

① 刘振山,《教研手册》,华夏出版社,2001年版。

平等对话、有效研讨。① 构建校本教研文化主要包括以下几个方面的内容：

1. 制度文化——校本教研文化的基本保障

校本教研文化的核心是管理与引导，实施管理必然要推行相应的制度。由此可见，建构制度文化对学校校本教研文化有着保障、约束、激励的作用。为了营造人人参与、积极探索的学术研究氛围，形成科学合理的学校校本教研制度文化，学校应立足教研工作实际，积极构建"学校校本教研领导组—教科室—学科教研组—教师"的垂直管理体系，并明确各自的职责和分工。校本教研制度文化的构建应注重人文管理，以教师的专业发展为本，密切关注教师的专业发展。

2. 学习文化——校本教研文化的基础动力

当前，经济社会的迅速发展，带动了教育的快速发展，我国已经进行了六次课程改革。时代呼吁：教师应紧跟时代步伐，迎接时代挑战。如今，教师已不再是一个单纯的"教书匠"。在校本教研中，我们要努力让教师做到"学习—掌握—运用"三位一体，循序发展，共同提升。

（1）学习知识与技能

教师的知识与技能学习，形式上可以采取集中培训、分组研讨、个人自学相结合的多种方式。每次学习应做到"三定"，即定时、定人、定内容；对教师参与校本教研学习活动应做到"三有"，即学习有要求、学前有准备、讨论有记录。通过理论引领、专家引领、专业研究人员引领、骨干教师能力引领等形式，实现对于教师的专业引领。

（2）掌握知识与技能

当前的知识纷繁复杂，需要学校和教师结合实际，选择性地学习并掌握。掌握知识与技能也是一样的道理，应结合实际，灵活地掌握，取其利而舍其弊。

（3）运用知识与技能

学而不用，不如不学。学校应营造宽松的环境，大胆鼓励教师运用知识解决问题，开展诸如常态课教学比赛、评课比赛、教学设计比赛、撰写教学经验论文或参加征文比赛等校本教研活动，让教师们各展所长，有所收获和成就。

3. 研究文化——校本教研文化的核心动力

---

① 陈家尧，《校本教研：一种教研文化的重建》，《今日教育》2005 年 12 期。

校本教研的核心在于研究,而研究的主体是教师。根据教师参与研究的方式,我们可以分为个体研究和集体研究两种形式。

(1)个体研究。个体研究指教师自主地参与校本教研活动,并能积极、主动、深入地去分析自己从事的教育教学工作,并取得一定的成效。许多名师的成长历程告诉我们,自我研究是教师专业发展极有力的内驱力。因此,在校本教研中,为了有效督促和引领教师的自我研究,学校可根据教师不同年龄段专业发展的一般特点,对教师的专业成长提出了不同层次的目标要求,如初级目标、中级目标和高级目标,以目标来促进步,促发展。

(2)集体研究。集体研究就是指以教研组(学科备课组)为单位的研究。同一学科、同一年级的教师在教学工作中更能发现相同的问题,通过同组教师的相互交流、点拨,互相帮助,教师更能解决实际问题。当前提倡的与课堂教学有关的"同备一课""同课异构""一课多上"等校本教研模式就是有效小组研究的很好证明。由此可见,教研组(学科备课组)是开展校本教研工作的最基层单位,其研究形式成为教师参与校本教研最直接、最有效的形式。

4.建构反思文化——校本教研文化的活力之源

随着校本教研实践的发展,影响和阻碍校本教研进一步深入的困难和问题越来越多地涌现在我们面前,对现行校本教研状况的批评和担忧也不乏其声。其中的一些困难和问题就发生在我们身边,有观念方面的,有制度方面的,也有行为和物质方面的。我们必须从实现校本教研的目的出发,从寻求问题解决入手,追问问题的真伪和从属,探究问题产生的根源。在此基础上反思校本教研工作的得失,有利于促进校本教研的发展和教师专业的成长。构建反思文化主要包括对校本教研制度的反思、对校本教研行为的反思、对集体研究行为的反思、对校本教研成效的反思、对有待于继续研究问题的反思等。当反思成为一种生活状态时,学校的反思文化已经形成,通过不断的反思,学校一定会找到更有利于学校发展的优秀校本教研管理模式,教师也会找到促进自己专业发展的有效途径。①

四、训练项目

假设你将担任中学校长(助理)一职,分管七年级教学管理工作,你将从哪

① 关乔红,《中小学教学管理的有效性研究》,华中师范大学,2010 年版。

些方面制订和开展新学期的教学计划和工作计划,请以表格的形式表示出来。

第二节　课堂管理技能

一切有目的、有计划、有组织的教育教学影响都需要通过课堂教学这个特定的时空平台来实现。而对课堂的有效组织和管理直接影响着学科教学的效果。

在中学教育实践中,无论是教育管理者还是教师自身,对其课堂管理能力均不够重视。那些善于进行科学课堂管理的教师,其教学成绩往往更好。如果一名教师不善于管理课堂,那么他的知识便很难有效地传递给学生。课堂管理能力是教师首先应该具备的品质。

一、相关概念和类型

(一)相关概念

课堂教学管理技能,简称课堂管理技能,是指教师在课堂教学管理过程中用以有效地保持良好课堂秩序的活动方式的熟练化表现,它是课堂教学实践中最基本、最具综合性的一项教学技能。

它既强调对学生的监督和控制,使学生遵守纪律和规范,又重视对学生的引导和激励,激励学生积极参与、主动发展课堂管理的对象和过程。

1. 对象包括学生、教材、教学环境、教材。其中主要是对学生的管理。

2. 过程:初始阶段(上课铃响—课始问候—检查出勤)、中间阶段(引起注意和兴趣—安排教学结构—控制好教学节奏—纪律)、结束阶段(下课铃—结束问候语)。

可以说,课堂教学管理就是教师在特定的课堂情境中,以教学内容为中介,根据学生个人和班级集体学习的需要,运用管理学的知识和技能,使用促进最佳学习的教学方法及各种组织和集体管理方法,以此来创设一个积极的课堂环境,以激发学生更多的积极行为,从而有效地实现教学目的。

相应地,教师课堂教学管理能力就是教师在特定的课堂情境中,以教学内容为中介,根据学生个人和班级集体学习的需要,运用管理学的知识和技能,使用促进最佳学习的教学方法及各种组织和集体管理方法,以此来创设一个积极的课堂环境,以激发学生更多的积极行为,从而有效地实现教学目的的能力,它是教师教学能力中的特殊能力。

(二)课堂教学管理的基本类型

1. 放任型

这种管理类型的教师在课堂上表现为只顾讲课,不顾效果,放任自由。在放任型管理的课堂上,学生的学习动机与学习热情低,教学效果差。

2. 独断型

这种管理类型的教师对学生的课堂表现要求严厉,但这种要求往往只根据教师个人的主观好恶确定,忽视学生的具体实际和教学目标的具体要求。在独断型管理的课堂上,学生的意见得不到充分发表,且学生往往有一种紧张感、压抑感,容易导致课堂管理的形式主义倾向,教学效果一般。

3. 民主型

这种管理类型的教师在课堂管理活动中积极、认真、宽严适度,善于通过恰当的启发与指导,保证课堂教学的有效进行。课堂管理的各种具体措施,都能考虑到班级的具体情况,学生对这样的老师既亲又敬。在课堂教学上,师生的互动、有效交流得以实现,有利于激发学生学习的主动性。

4. 情感型

教师对学生充满爱的情感可达到不管而管的效应。他(她)们走进课堂时,目光中就闪烁着从内心流露出的对学生的喜爱,教学时语言和表情是那么亲切,并善于发现学生的优点和进步,常常从内心发出对学生的赞扬,使学生的学习积极性不断提高。教师对学生、学生对教师都具有深厚的感情,不仅促进了课堂管理,而且对教育教学具有强烈的推动力,能够激发学生的学习兴趣,并有利于培养学生的思想品质、道德情操。

5. 理智型

运用这一管理方式的教师在教学中的活动非常明确具体,对每一教学过程都安排得科学、严谨、有条不紊,并能采用相宜的教学方法,在什么时候讲述,什么时候板书,什么时候让学生自己思考,什么时候练习等都安排得非常妥帖,一环紧扣一环。同时,他们善于根据学生在学习过程中的各种反馈(表情、态度、问答、练习),调整教学内容的难易程度,并掌握教学进程。总之,这种管理体现出教师在教学活动中高超的技能技巧以及教学活动的科学性;学生认真专注,紧跟教师的思路进行学习，并敬佩自己的老师，课堂气氛显得较为庄重、严肃。

6. 兴趣型

这是指教师运用高超的艺术化教学激发学生高涨的学习兴趣并达到陶冶学生情操的一种课堂管理方式。高超的艺术化教学表现在教师用形象的语言、从容的教态、精美的板书和多变的教学节奏，根据学生的兴趣爱好把教学内容鲜明、生动、有趣地表述出来，并能从审美角度对教学进行处理，使之具有美感，学生能在课中得到美的和娱乐性的享受。当教师开始上课时，往往采用新颖、别致而富有吸引力的"导语""故事""例子"等来开展教学，从一开始就让学生觉得有趣，从而吸引学生的注意力。在其后的教学过程中，教师不仅在教学方法上灵活多变，而且教学语言富有启发性、趣味性和节奏感，能完全把学生吸引住，达到课堂管理的目的。

二、有效课堂管理的重要性

课堂教学管理虽不是课堂教学本身，但它与课堂教学紧密结合在一起，对教学活动的效果产生着十分显著的影响。具体说来，课堂教学管理在教学活动中具有以下三方面功能：第一，助长功能。良好的课堂教学管理可以最大限度地满足课堂内个人和集体的合理需要，形成积极良好的课堂学习环境，激励学生的参与精神，激发学生的潜能，从而圆满地达成教学目标，完成教学任务。第二，维持功能。教师通过一定的管理手段，能够较持久地维持课堂教学的基本秩序，形成比较稳定的教学环境，经过师生的共同努力完成教学任务，实现教学目标。第三，致弱功能。不良的课堂教学管理方式可能激化课堂教学中的冲突和矛盾，破坏正常的教学秩序，从而给教学活动造成消极影响，妨碍教学任务的顺利完成。

出色的课堂管理，不仅意味着教师已经使不良行为降到最低，促进了学生之间的合作，并能在不良行为发生时采取有效的干预措施，而且意味着，课堂总是持续着有意义的学习活动，整个课堂管理制度（包括但不限于教师维持纪律的措施），都是为了使学生参加有意义的学习活动达到最大限度，而不只是为了将不良行为降到最低。

三、课堂教学管理的策略

第一，课堂教学管理要有正确的理念和目标。

课堂教学管理的理念是营造和谐的教学和学习氛围，达到一种教师乐教、学生乐学的状态,为孩子创设良好的学习氛围和成长环境。我们在平时的教学管理中要努力朝这个理念发展,可能不能完全达到我们的目的,但我们也要不断向目标靠近。

第二,明确课堂教学管理中主要的几方面工作。

其一,要做好课堂教学中的学生学习纪律管理。其二,要逐步形成良好的学科氛围,培养学科学习思维以及学科精神。其三,要逐步形成和谐友善的师生关系,达到学生尊敬老师、老师关爱学生的状态。其四,要不断、适时地进行思想道德、情感态度、人生观、价值观、世界观的渗透教育,在教学管理中把教师的德育工作做上去,追求一种春风化雨、润物无声的境界。

第三,整体管理和个别教育相结合。

课堂教学管理中遇到的一些共性的问题,可以整体地面向全体学生去讲,去要求。比如上课时的纪律要求、学习方法、听课习惯等,还有其他普遍存在的问题。此外,有一些是班级中个别同学的问题(毛病),可以进行单独教育。

第四,宽严相济,急与缓相结合。

宽就是在教学管理中给学生留有余地,以引导和劝诫为主。即使孩子有错,使老师很生气,我们也应该带着包容,用接纳的方式去教育管理我们的孩子。

严就是立场要坚定,对在管理中发现的错误及时纠正,发现的问题及时解决,对屡教不改的学生要进一步严格管理。

宽和严遵循的原则就是先宽后严,问题越多的孩子越要严格管理。

急就是发现问题要及时指正,不能拖延,更不能熟视无睹。比如有的孩子上课爱说闲话,和老师犟嘴,这样的孩子就要及时教育,不能让孩子的错误行为占了上风,如果不能及时解决,以后可能越来越不好解决。

缓就是要给孩子更正的时间,不良的习惯不是一天养成的,要改正缺点和错误也是需要时间的。所以要给孩子改错的时间,尤其对于那些长时间形成的不良习惯和行为。对于这一类型的学生,我们要长期关注他们,及时肯定他们的进步,鼓励他们继续改正,继续向好的方向发展。

四、影响课堂教学管理的因素

影响课堂教学管理的因素是多方面的,有的来自学生,有的来自教师,有的来自课堂学习环境及其他方面,这些都是进行课堂管理的教师需要注意的内容。

（一）学生方面

1. 学生的上课风气

在一个学习和纪律状况较差的班级，教师进行课堂教学会感到吃力；而在一个学习和纪律状况较好的班级，教师会感到轻松愉快。班级的学习风气是教师、班集体（包括班主任）长期努力奋斗的结果。教师应配合班主任，采取有效的方式，形成良好的课堂群体规范和风气，并利用这种风气规范全班的课堂活动。

2. 学生的学习兴趣和求知欲

学习兴趣和求知欲是影响学生注意力、自制力、学习积极性的内在因素。因此，课堂教学中激发学生的学习兴趣和求知欲是课堂教学管理的积极手段。

3. 学生的疲劳程度

注意力需要强有力的自我控制。课堂教学中，学生长时间致力于思考，在紧张的气氛下，容易引起疲劳，影响学生注意力。注意力不集中与脑神经细胞的疲劳有关。学生疲劳时，注意力不易集中，思想开小差，容易做小动作。因此，课堂管理应考虑学生的疲劳程度，并通过降低教学难度、穿插有益的活动等方式予以调节。

4. 学生的自制力

学生的自制力主要是使学生自觉排除干扰、克服困难，用坚强的意志集中注意力，对课堂教学的推进产生影响。

5. 学生学习目的和要求的明确与切合实际的程度

学生的学习目的与要求设定需要与实际情况相一致，在此基础上进行教学才更利于学生能量充沛地进行学习，对课堂教学认可度更高。

（二）教师方面

1. 教师的教学威信

赞可夫说："如果没有威信，那就是说，师生之间没有正确的相互关系，就缺少了有成效地进行教学和教育工作的必要条件。"[①]有威信的老师，可以用轻轻的一句话、一个眼神使乱哄哄的课堂迅速安静下来；而威信不高的教师则很难有效地控制课堂教学秩序。因此，教师要努力提高学识、能力水平和品行修养，

---

① ［苏］赞可夫著，杜殿坤译，《和教师的谈话》，教育科学出版社，1980 年版。

以此树立威信,增强课堂教学管理的威信、影响力。

2. 教师的语言、声调、动作、表情

语言是组织教学的重要手段,对集中学生的注意力起直接作用。因此,教师要锤炼教学语言,说话要清晰、准确、有力、鲜明、生动、形象、富有启发性和感染力,同时还要善于运用声调的变化(包括语音的高低、强弱、速度、节奏、停顿等)、动作和表情来组织教学。

3. 教师注意的分配情况

课堂上学生有一个共同的心理,即希望自己得到教师的注意。教师的注意意味着发现了他们的闪光点,意味着对他们的了解、重视、鼓励、关怀和喜爱。注意有时比表扬更能触及学生的心灵和情感。对一个学生长期忽视,不予注意,就等于抹杀他的优点,以致否定他的存在。对性格活泼而又敏感的学生来说,这种忽视尤其难以忍受。有时,有些学生就不甘寂寞,因此而生出一个奇特的事故,通过捣乱把自己变成注意的中心。

4. 教师的教育机智

教育机智是教师根据课堂教学管理的原则,运用自己的智慧,敏捷而恰当地处理课堂教学中偶发事件的方法和能力。教师对课堂教学偶发事件的处理情况,既关系到课堂秩序,又影响教师的教学威信,对教师以后课堂教学管理的效力产生连带影响。所以,教师的教育机智是影响课堂教学管理十分重要的因素。教师若缺乏机智,就会在千变万化的课堂中束手无策,甚至由于自己的简单化处理而事与愿违。

(三)课堂的学习环境

课堂的学习环境一般会有以下特点:①复杂性,这是由课堂主体几十个学生的水平和不同个性决定的;②同时性,课堂教学一般是集体进行,因此会呈现此特点;③突然性,这与受学生心理波动影响下产生的行为相关;④公开性,教师是公开进行教学,一般处于引人注目的位置。

教师进行课堂环境管理的有效方式有:①教师要极为敏感,及时发现学生的问题行为;②教师具有良好的注意分配能力,在同一时间做不同事;③学生做功课时不要打扰;④不过分沉思;⑤避免缓慢,保持旺盛的教学推进精力;⑥记住学生名字并熟悉;⑦及时调整座位;⑧注意仪表风度;⑨准备充分,自信;⑩使学生保持最高参与程度。

而无效方式则一般体现为：①不闻不问，即把纪律的不良当作教学以外的因素，不予关心，或者把这些问题交给班主任和学生家长，让别人承担责任，自己摆脱麻烦——这实际上是给自己找麻烦，因为学生主要的活动是在课堂内进行的；②急躁武断，即限制学生活动，处处设防，时时训导，态度严厉，学生感到冷漠，导致学生行为失常；③婆婆妈妈式说教，抓不住重点。

五、课堂教学管理的基本方法

1. 直接指令

教师通过明确的管理指令信息，来实现对课堂教学的主动控制。这是常用而又易行的一种课堂管理方法，比如教师要求学生注意黑板、不要随便讲话等。直接指令的使用要适度管用，否定的指令不宜过多，要努力做到令行禁止。

2. 间接暗示

教师运用比较隐蔽的表达方式，传达课堂管理意图，让学生在某种暗示情境中自觉遵守课堂管理要求。这种方法既有利于保护学生的自尊，又能做到对学生的严格要求。比如，有的老师在课堂上说："好，现在同学们都在认真看书，有的同学还动笔圈点，已经进入了学习的最佳状态。"这样，那些本来认真看书的学生更加认真，一些不怎么认真的也自动端正了态度。运用间接暗示必须洞察课堂情境，特别是了解学生的心理特点，力求准确而巧妙，淡化管理的痕迹。

3. 恰当评价

教师根据课堂管理的现状，及时做出恰当的肯定或否定的评价，以激起学生内在的进取热情。对学生的注意程度、守纪状况、作业优劣等都可以恰到好处地点评，以引导学生在课堂上发扬优点，克服缺点。进行评价时，无论对全班、对小组或是对学生个体，都应当实事求是、客观公正，特别是对一些后进生的否定评价更要慎用，防止挫伤学生的自尊心，以致发生课堂管理的僵局。

4. 体语控制

教师通过动作、表情、姿态等体态语言，传达课堂管理信息，控制课堂。比如，适当走近分神的学生，用肯定的目光鼓励学生发言，用饱满严肃的态度影响同学们的情绪等，都是管理课堂的有效方法。

5. 培养助手

利用助手是指教师在课堂管理中发挥学生干部作用，培养学生自我管理能力的一种良好方法。这样做，学生既是管理的对象，又是管理者，有利于充分调动他们的积极性。

6. 强化学生的自我管理

任何教学活动,既离不开教师的教,也离不开学生的学。学生的真知必须经过学生自己的观察、研究、分析、综合等一系列智力活动才能获得。学生是学习的主体,只有学生自觉地向教师学习,虚心听取教师的教诲,教师的主导作用才能充分发挥,教学才富有成效。与此同时,学生也应该强化自己、教育自己,自己管理自己的意识。在教学管理问题上,教师要有正确的学生观,以理解、信任的态度,正确地运用表扬和批评的艺术,巧妙地达到教育学生的目的。

在进行课堂管理时,采用不同的方式和方法,对学生的思想、情感等方面会产生不同的影响效果。只有当管理真正成为课堂教学的一种不可或缺的机制时,教学才会由多元性、散漫性和随意性向系统性、规范性和科学性转化,教学才能张弛有度、疏密有致,教学效益也才能提高。

7. 有意忽视法

该法适用于不当行为(甚至为破坏行为)中暗藏着赢得他人注意愿望的学生。

8. 提问法

采用临时让不注意听讲的学生回答教师提出的问题的方法,来提醒学生自觉纠正不当行为,专心学习。

9. 悬挂法

课堂教学时,学生可能提出一些教师意想不到的问题,使教师一时回答不了,或者回答了,但由于缺乏思考,语言不当,学生接受有困难,影响教学进程。遇到这种情况,为了不影响教学进程,可以暂时把问题悬置起来,让学生课后去寻找答案。其目的是使学生继续学习,防止他们因此分散注意力。运用这种方法,教师课后要查找有关资料,尽快给学生以正确的答复。

10. 刹车法

课堂教学中,若学生对某个问题十分感兴趣,纷纷举手要求发言,这时让他们一一回答下去,会影响教学进度。对此,教师要当机立断,及时刹车,以防止课堂教学前松后紧或完不成任务。刹车时,要注意保护学生的积极性。

11. 助产分娩法

对学生提出的错误观点不应立即加以正面批评和纠正,而要先给予由浅入深的提示，提出问题促其思考。当学生做出回答后，再予以点拨，使其自然而然得出教师所期待的结论。

六、课堂教学偶发事件的处理原则及技巧

（一）课堂教学偶发事件的处理原则

课堂教学中的偶发事件是指课堂中突发的教师意料之外的事情。这类事件不同于一般的问题行为，常常严重扰乱课堂秩序，危害较大。因此，在处理过程中，我们要遵循一定的原则。

（1）积极主动，严肃认真

偶发事件的发生大多带来消极后果，因此，教师对任何大大小小的偶发事件都不能妄下结论、消极应付、推卸责任，甚至不闻不问。教师应有高度的教育责任感，以对教育事业的忠诚和对学生热爱负责的精神，一丝不苟地对待每一件事、每一个学生，不放过任何一个微小的稍纵即逝的苗头和线索，以满腔热情来履行自己的职责和义务。消极等待，任事件自然发展，只会贻误教育的良机，甚至会导致恶性事故的发生。

（2）沉着冷静，果断谨慎

面对课堂上的偶发事件，教师要沉着、冷静，判断要正确，善于控制情绪，行动要谨慎、果断，切忌急躁、冲动、感情用事。教师要理解、尊重、爱护学生，如果事情发生后大动肝火，丧失理智或疯狂地谩骂、殴打学生，就会严重损害学生的人格和自尊心，失去作为教师的道德，失去师生之间的友情。

（3）机智灵活，掌握分寸

任何措施和手段都应该宽严适度，有适当的分寸。因为任何方法措施都只适用于一定的范围，都有一个"度"，达不到这个"度"或超过了这个"度"，不但不会产生积极作用，还可能产生消极的影响。教师在处理偶发事件时，在情感的流露、措施的宽严、批评语言的用词方面都要精心把握，尤其要把握好对学生惩罚的度，避免过"严"或"小题大做"。惩罚过重，让学生难以接受，可能使学生产生逆反心理；惩罚过轻，对学生不能有所触动，又起不到警示作用。因此，要对学生问题的性质、程度、是否重犯等进行区分——对故意惹事，影响极坏，又重复犯错者，应予以重罚；对无意行为，程度轻者，可轻罚。宽严失当，失去分寸，必然造成教学秩序混乱。

（4）满怀爱心，高度负责

爱心是教育的基础,是教师要求转化为学生行为的催化剂,是教育取得成功的奥妙所在。偶发事件的处理也要以爱心为行动准则,达到教书育人的目的。

处理偶发事件时要注意:第一,针对问题,不进行人身攻击,也就是只对事,不对人,处罚坏行为本身不得造成人格伤害。第二,不因处理纪律问题而影响教学,必须快速平息事件,使正常工作不受影响。第三,只解决问题,不追究过失。应通过爱心培养爱心,不以责难、不当惩罚来追究过失。第四,为学生保留面子。顾及学生的自尊心,易收到正面教育的效果。

(二)课堂教学偶发事件的处理技巧

1.趁热加工法

"趁热加工法"是指在课堂教学中,当偶发事件发生时,教师应抓住时机,马上给予处理,趁热打铁,以取得最佳教育效果。

"趁热加工法"往往能使偶发事件及时得到解决,并给学生以强烈的思想震动和深刻印象,对日后偶发事件的产生起震慑作用。但是,这一方法往往会占用一部分教学时间,甚至被迫变更原有的教学计划,影响教学任务的完成。

2.暂时悬挂法

即对教室里发生的偶发事件,采取淡化的态度,暂时悬置起来,或是稍做处理,留待以后再从容处理的方法。这种方法多用在学生与学生之间、学生与教师之间发生争执对立,或是课堂教学中个别学生发生了较严重的违纪事件时。因为发生偶发事件后,学生多半头脑发热,情绪不稳,很难心平气和地接受教育,甚至会产生更严重的逆反情绪,使局面难以收拾;而教师则容易心理失衡,缺乏充分的心理准备和冷静的分析,如果贸然进行"热处理",难免发生失误,从而难以取得最佳的教育效果。

3.巧用幽默法

在教学过程中,总有爱钻牛角尖的学生提出这样或那样让教师难以回答的问题。如果教师为了继续教学过程,简单强制性地对其进行压制,那样只会促使学生产生逆反心理,激化矛盾,同时,还会降低教师在学生心目中的威信。这时,巧用幽默来处理偶发事件,发挥幽默的独特魅力,不仅可以让教师从容地摆脱尴尬,而且会给学生留下难以磨灭的印象。

4.因势利导法

所谓"势",是指事情发展所表现出来的趋向。处理偶发事件时,要注意发现和挖掘事件本身所表现出来的积极意义,然后或顺势把学生引向正路,或逆势把学生拉向正轨。

5. 爱心感化法

偶发事件经常发生在一些差生身上,他们自尊心强,同时自卑心理也较重,他们十分渴望得到老师的信任和尊重,即使有了差错,也希望得到原谅。作为教师,应坚信每个学生都是可以教育好的。在处理偶发事件时,教师要注意把严肃、善意的批评与信任、鼓励结合起来,把"尽量多地要求"与"尽可能多地尊重"结合起来,切不可感情用事,用训斥加批评甚至体罚或变相体罚等方法简单粗暴地处理,否则将激起师生之间的矛盾,造成师生之间对立情绪的扩大。

6. 自嘲解围法

偶发事件有时来自教师的失态,面对这一情况,怎么办? 运用自嘲解围的办法,既可以避免窘迫,又可以活跃课堂气氛。

七、训练项目

假设你是一名新生班主任,在你的第一次历史课堂上,当你走进教室时,还有十几位同学没到,随后在陆续的"报告声"和不断的开门声中他们姗姗来迟。一节课下来,需不断强调纪律七八次;自习课,当你走进教室时,有的学生在吃东西,有的在看小说,还有几个在讲话;一星期下来收到了五张扣分通知单;有几个班干部自身行为也存在问题……面对这种班级情况,你将如何进行班级优化管理?

第三节　体现学生主体技能

现代教学理论认为:教学的实质是以学生发展为中心的,学生是主体,教师是主导。其中,教师的主导体现在课堂管理能力之中,而学生的主体地位,则体现在多方面。

一、学生主体的内涵与原则

现代教育的特征是高扬人的主体性,追求人的全面发展,充分发挥每一个人的主观能动性,让学生主动地学,有个性地学,在参与中、活动中养成习惯,进而获得科学知识和能力。与传统的"教师中心论"相对,这叫"学生主体观"。

学生主体观就是承认学生是学习的主人。这一观点体现了马克思主义关于人的发展的精神实质。

主体参与的原则主要有：①引而不发原则。《礼记·学记》上说："道而弗牵，强而弗抑，开而弗达。"引导学生而不牵着学生走，策动学生而不推着学生走，让学生开动脑筋而不替他得出结论。②总体性原则。要求学生全员参与、全过程参与、全方位参与，从参与过程看，由身入，到心入，到神入。引而不发原则突出了教师的主导作用，是主体观的基础；总体性原则突出了学生主体的地位，是主体观的核心。

落实学生主体地位的关键在于课堂教学中学生有无具体的学习活动。具体的学习活动就是学生的学习实践。实践出真知，活动出成绩。只有具体活动，才能落实学生的主体地位。老师的讲解可多可少，但学生的活动不可或缺。

学生的活动要具体。这有两个含义：

一是活动时间要具体。教师在课堂教学进程中，必须将学生的活动设计为具体的教学步骤，并认真加以落实；教师的指令，要改"一定要"为"现在就"，改"课下"为"课上"。

二是活动形式要具体。所谓具体，就是可观察、可控制、可量化。"听"与"思"严格说来，不能算是具体活动，因为它们是否在进行、进行的效果怎样，很难观察得到，也很难控制和测量。学生在课堂上的具体活动形式常见的有以下9种：说、读、评、议、练、记、背、忆、结。

二、主体教育实践构想与方法

（一）培养学生的自我教育能力

1. 自我教育能力培养的基本过程

苏霍姆林斯基曾指出："能促使自我教育的教育才是真正的教育。"自我教育是学习化社会对每一个人提出的要求。"教育途径多样化，进行自我教育的人所能获得的便利条件日益增加。今天，这一切结合起来，推广了自学、自我教育的实践，肯定了自学、自我教育的原则。学生如何学，这不仅仅是另一个口号，它是指一种特殊的教学方式。"①正如纳撒尼尔·康特所言："一切真正的学习，归根到底是自我教育。"

---

① 联合国教科文组织国际教育发展委员会，《学会生存——教育世界的今天和明天》，上海译文出版社，1979年版。

培养学生自我教育能力,就是通过教育引导学生具备对于真与伪、善与恶、美与丑、光荣与耻辱、合法与非法的辨别能力,培养自尊、自重、自爱的道德情感,从而自觉按照社会倡导的价值观念和道德准则约束自己的行为。也就是说,教师要让学生学会自律原则,自我教育,健康发展。

(1)要引导学生树立自我约束的意识

中学生虽然在心理发展方面具备了自我意识能力,但自我发挥这种能力的作用则需要教育和引导。

(2)要培养学生自觉约束自己的行为的能力

学会严格要求自己,自觉按照社会标准和道德规范约束自己的行为,是自我教育能力形成的重要过程。要培养学生自觉约束自己的行为的能力,实际上是把行为规范的权力和责任交给学生,让其把握自我行为的标准,这是把自我教育意识转化为行为表现的过程,目的是让学生做到老师在与不在时都要自觉控制自己的行为,塑造好自我形象。

(3)引导学生通过自我批评做好自我评价

自我批评是自己分析和判断自己的优缺点、是非功过的过程,是进行自我教育、促使自己进步和发展的方式。正确运用自我批评并做好自我评价,是提高自我教育的重要手段。在学校教育工作中,学生习惯于接受老师批评的教育方式,而很少运用自我批评的方式。在培养自我教育能力的过程中,要坚持月总结制度,以此来引导学生学会自我批评,进行自我评价。对每月一次的书面总结,看似重复,但在重复之后,学生能悟出它的好处。学生运用自我批评,学会自我评价,在这个过程中逐渐产生一种自尊、自重、自爱的道德情感,从而更自觉地按社会要求、道德准则来规范自己的行为。这样做,就把自我反思的行为又内化为自我教育的信念,促进自我教育能力的形成与提高。

2.自我教育能力培养应注意的问题

(1)必须遵循"需要"原则

需要是指人们对客观事物的渴望。需要是重要的心理现象。这就要求我们要学会观察、研究学生的需要,弄清需要水平,挖掘其中的积极因素,作为其自我教育的内在驱动力。中学生生理、心理的发展变化告诉我们,他们有自我教育、自我提高的需求和愿望,我们一定要遵循这一原则和规律,积极引导,创造条件,实现他们自我教育、自我提高的愿望。

（2）学生必须变被动为主动

自我教育是依靠学生自身的思想矛盾运动,自觉接受正确思想,克服错误和不良行为,促使其自我完善的教育活动。在活动中,老师是主导,学生是主体,活动能否取得成效的关键在于能否发挥学生的主体作用。因此,必须改变学生在过去教育活动中的"我说你听、我要求你做"的被动地位。实践证明,当学生对老师新的教育方法有认同感时,会在心理上产生自主感和信任感,从而转化为内驱力,在教育活动中变消极为积极、变被动为主动,会从不同方面努力发展、完善自己。

（3）自律、他律要相辅而行

自我教育是以自律原则为主要形式的教育。自我意识具有能动性、自主性和目的性的特点。但这些特点的作用不是无限的,而是受社会、家庭、自身因素等条件的限制。因此,自我教育能力的形成是一个循序渐进的过程。其过程中要以自律原则为主,但不能排除他律形式的严格管理制度的作用,用它来规范学生的行为,对培养自我教育能力是必要的。

我们要通过严格规范的管理,把学生引向自我教育的必然王国;同时,我们要注重自我教育能力的培养,通过自我教育把学生引向自我评价、自我完善的自由王国。

三、易存在问题

（一）缺乏教育民主氛围

教育民主就是对教育活动主体、客体各方的自由与权利的尊重和维护。它在师生关系方面,具体表现在学术自由、教学自由方面,表现在对师生人格和权利的尊重方面。

（二）过度追求教育自身的功利性

教师完全按照学校编排好的教学程序操作,考试成了指挥棒。凡是考的,教师就教;不考的,就不教。这种功利性的教学对学生主体性培养的阻碍作用也是非常明显的。

（三）教师缺乏主体性教育素质

主体性教育难以开展,在很大程度上还由于相当一部分教师并不具备实施主体性教育基本素质。"没有教师的质量,就没有教育的质量。"实施主体性教育,关键是要有一支高素质的具有开拓精神和创新能力的教师队伍。

四、案例分析

结合人民版高一历史必修二《物质生活和社会习俗的变迁》一课的教学实践,从下面三个层面尝试将学生作为主体进行浅显分析。①

(一)激发学习兴趣,培养自主学习意识

教学活动应该是在教师引导下的学生主动构建知识的过程。学生对学习内容本身产生兴趣有两种情况,一种是由直观形象引起的感性认知兴趣,一种是由事物之间联系引起的理性认知兴趣,高中生的认知状态多属于后一种。以此为据,为调动全体同学主动学习,在一节课开始时,教师可以设计几个问题,创设情境,引发学生的兴趣,再设计问题,让学生在兴趣的推动下,去阅读教材,发现问题。

具体实施过程为:

1. 设计问题,创设情境。同学们,我想问大家三个问题:①古人出行会借助什么工具?"十一"黄金周如果你和家人出游会选择什么交通工具? ②你能说出 20 世纪 70 年代至今,我国家庭消费品的"三大件"有什么变化吗? ③从电视里我们会看到每年都有世界小姐的选拔赛,如果按清朝的审美标准,她们还有希望当选吗? 在回答这些问题的过程中,学生的兴趣被充分调动。

2. 适时提出问题,激发学生探讨的热情。从刚才的问题中,你们有什么体会? 为什么中国的物质生活与习俗在近现代会发生很大变化? 近现代社会生活的变化主要从哪些方面体现的? 请分别从各方面谈谈它们具体的变化。

3. 全班同学认真阅读,从教材中发现变化,并进行初步的分析归类。把分散孤立的历史事实、历史概念联系起来,有助于学生从整体上把握知识,可以变被动为主动,既提高了学生的概括能力,又有利于启迪学生的智慧,培养学生终身自主学习的良好习惯和自我发展的能力,增强学生自我完善的意识。

(二)探究历史问题,发展思维能力

将学习内容转为一个个问题,师生共同探讨解决问题。其基本思路是:提出问题,分析问题,解决问题。这一过程在初期由教师设计问题,实施一段时间后可由学生提出问题,教师整理归纳。首先要针对学习的重点、难点设计问题,要使学生有质疑、解疑的思维过程,这样有利于激活学生思维。其次,问题要有

---

① 本案例选自杨永城,《以学生为主体的教学设计——〈物质生活和社会习俗的变迁〉一课为例》,重庆师范大学,2014 年。

启发性,比如课本中没有现成答案,必须重组教材内容或通过联系有关知识,综合思考后才能回答,或者在史论结合点上提问,或者通过补充材料得出结论。再次,教师要创造民主平等的课堂氛围,鼓励学生独立思考,发现疑难,敢于提问,善于提问。问题提出后,教师要指导学生对问题进行分析,明确问题所涉及的知识范围及能力层次和问题类型,因为问题类型不同,解决的方式也是不同的。教师通过对某一问题的具体分析,促使学生思维有一定的方向性和可操作性,从而使学生逐步形成独立自主的思维能力。在解决问题时,教师首先要启发引导学生有正确思路,点明解决问题的角度,以减少学生思维的盲目性,从而有利于学生获得更多成功的体验;然后让学生讨论、回答;最后教师做简要评价,校正学生认识上的偏差。整个过程要尽量做到让学生全体参与,努力做到师生互动、生生互动,注意参与的广泛性。

本课在教学中,设计的问题可归纳为:

1.近现代我国物质生活和社会习俗的变化体现在哪几方面? 谈谈具体表现。

2.一起讨论,为什么近现代我国物质生活和社会习俗会发生这么大的变化?

3.请你回忆自己小时候的生活,比较一下,现在的生活有哪些变化?

4.下面把现场交给你们,请你们自己当一回小记者,现场采访一下在座的老师,请他们也来谈谈他们感受到的生活变化。(注:这是一堂公开课)

5.近现代物质生活与社会习俗的变化可分为哪两个阶段? 每个阶段的变化有什么不同的特征? 总体发展趋势如何?

6.再一次对比一下近现代我国物质生活与社会习俗的变迁,从这些变化中能反映出哪些问题?

7.近现代物质生活和社会习俗的变迁对我们今天的现代化建设有什么启示? 今天生活水平提高了,提倡勤俭节约、艰苦朴素是否太不时尚了?

上述问题使学生注重多角度、多层面地分析历史现象,强调用历史的观点和联系的观点看问题,并通过自身回忆和现场采访,亲身体验了历史。通过问题使教学目标内化为学生的学习目标和方法。整个过程体现了教师的职责是帮助学生设计恰当的学习活动,教学活动不仅要使学生成为学习活动的参与者,而且要使学生成为学习活动的创造者。

(三)体验感悟历史,启迪社会人生

历史课作为人文学科,对学生价值观的形成有不可替代的作用。以学生为本的历史教学目标最终要使学生的情感和价值观得到升华。在这一方面,教师不但要把自己列入受教育的行列中,而且要善于启迪学生的心灵,引导学生自觉地走向人类神圣的精神殿堂。

所以,通过本课的学习,学生提高了历史思维科学性,增强了关注社会、思考现实的意识。

六、训练项目

请根据人教部编版历史七年级上册第 21 课《让我们共同来感受历史》相关教材内容,设计一堂将学生作为主体的活动课。

第五章　教学组织技能（下）

第一节　史料的选取与运用技能

一、史料的定义与分类

史料是历史研究与教学的基础。从中学历史教学实际出发，一般来说，可以将史料视为历史资料，它是人类历史发展进程中遗留下来的各类资料的泛称，可以用来作为历史研究、历史教学的材料，帮助人们研究历史，是接近历史真相的重要基础和前提。

人类历史发展进程留下了丰富的史料。从中学历史教学实际出发，基于学生的历史认知水平和对史料的掌握与分析能力，我们认为对史料的分类可以简化为以下三种常见类别：

1. 文字史料

文字史料是人类历史发展进程中，使用文字记录下来的历史资料，也可称文献史料。它是记录和承载历史的最重要途径，是在对人类社会发展进程的研究与学习中获取信息的最主要的来源，也是中学历史教学中最常见的教学资源。文献史料大体上可以分为官府文书和私家记载两大类。前者包括政府档案、起居注、实录、正史、诏令、奏议、公报、会议记录、条约以及官方统计等，后者主要涵盖杂史、回忆录、自传、日记、书信、墓志、家谱、私办报纸、账簿、文艺作品等。在中学历史教学与考试中，文字史料不仅占据了历史教材的主体地位，而且普遍运用于中高考的试卷之中。以下文字史料是从现行初高中历史教材和中高考试卷中选取的，并进行了简要分析。

史料一："自古三公论道，六卿分职。自秦始置丞相，不旋踵而亡。汉、唐、宋因之，虽有贤相，然其间所用者多有小人，专权乱政。我朝罢相，设五府、六部、都察院、通政司、大理寺等衙门，分理天下庶务，彼此颉颃，不敢相压，事皆朝廷总之，所以稳当。"（《明太祖实录》）

此段文献史料来自人教版高一历史必修一第一单元第 4 课《明清君主专制

的加强》，介绍了明初统治者废除秦朝以来一直实行的宰相制度的史实。

史料二："寂寞天宝后，园庐但蒿藜。我里百余家，世乱各东西。……四邻何所有？一二老寡妻。"（杜甫《无家别》）

这是来自人教部编版历史七年级下册第一单元第5课《安史之乱与唐朝衰亡》中的文学作品。杜甫的诗词具有鲜明的"诗史"特征，较好地反映了唐朝时期社会生活的历史面貌，可以用来作为与史书互证、互补的材料。课文引用杜甫的上述诗句，较为生动形象地描述了安史之乱给人民带来的巨大伤害，使学生更能深刻理解安史之乱后唐朝由盛转衰。

史料三："在我看来，邦联只是个有史无实的空架子，而在其名下的议会亦是徒有其名，其政策措施多不被人们所关注、执行。我们想要联合成一个国家，但我们又不愿给这个国家的管理者足够的权力去管理国家事务，岂不怪哉！"

这是来自人教版高一历史必修一第三单元第8课《美国联邦政府的建立》中的华盛顿1786年写给友人的私人信件内容，可以使学生理解美国独立战争结束后，建立强有力的联邦政府的迫切性和必要性。

2. 图像史料

在中学历史课堂教学中，诸如历史遗址、墓葬、建筑物、石碑、钱币、兵器、陶瓷、绘画、雕塑、邮票等非文字史料难以通过实物方式展示，在大多情况下则是以图片的形式呈现于课堂教学之中。图像史料就是运用图片的形式，把历史事件、历史人物等用图示的形式直观地展现在学生面前。中学历史课堂教学中，常用的图像史料包括文物古迹的实物照片、历史数据表、历史地图、绘画作品、历史人物等。图片史料最大的优点就是直观、简洁，使历史教学更加形象化、生动化，能够强化学生的历史时空观念。

3. 音像史料

随着科技的发展与进步，越来越多的音像资料因其珍贵的历史价值而在中学历史教学中获得重视，常见的音像资料包括历史题材的纪录片、音频选段、影视作品等。

如何让史料教学真正成为培育学生历史学科核心素养的主要依托，则对培养中学历史教师提出了更高的要求。

二、史料的选取技能

（一）史料选取的主要途径

1. 从中学历史教科书中选取史料

2.从历史专业著作和论文中选取史料

3.从考题中选取史料

在各类型的考题中,教师应当更多地关注高考试题。这有利于提高中学历史教学的针对性。

4.从网络资源中选取史料

5.从馆藏、历史遗迹中选取史料

(二)史料选取的基本步骤

在中学历史教学中对于史料的选取应当遵循以下几个步骤:首先分析历史课程标准和学情,其次确定本节课的教学目标和教学内容,接着分析历史课本教材,最后选取有针对性的史料。下面以人教版高二历史必修三第四单元第11课《物理学的重大进展》为案例,依次加以说明。

1.分析历史课程标准和学情

《普通高中历史课程标准(2017年版)》对《物理学的重大进展》的要求是:了解经典力学的主要内容,认识其在近代自然科学理论发展中的历史地位;知道相对论、量子论的主要内容,认识其意义。在学情方面,高二学生在物理学习中对经典力学有所了解,具有一定的知识储备,同时初步掌握了一定的史论结合的方法,具备一定的分析历史问题的能力。但他们尚未学习量子论和相对论等知识,不清楚这些理论的意义与作用。

2.确定本节课的教学目标和教学内容

《物理学的重大进展》涉及的是近代物理学发展与影响等内容,经典力学的历史地位与相对论、量子论提出的历史意义是这节课的教学重心。教师在此基础上进一步明确,根据课标,本节课的教学目标应当是了解和知道经典力学、相对论与量子论的主要内容,重点在于认识经典力学、相对论、量子论在近代自然科学理论发展中的历史地位以及意义,难点是对相对论、量子论相关概念的理解。

3.分析课本内容与教学目标达成度的差距

《物理学的重大进展》课文的正文分为"经典力学""相对论的创立""量子论的诞生与发展"三个子目。第一目"经典力学"主要讲述伽利略发现了自由落体定律,为后来经典力学的创立奠定了基础;牛顿提出物体运动三大定律和万有引力定律,形成经典力学体系。第二目"相对论的创立"主要讲述爱因斯坦提出了相对论,质疑经典力学的时间观和空间观。第三目"量子论的诞生与发展"

主要叙述量子假说的提出,它与相对论一同构成了现代物理学的基础,改变了人们认识世界的角度和方式。但是,课文正文的叙述不仅非常简单和抽象,出现了不少的物理学专业术语,而且并没有说明三大理论如何改变人们对世界的认识。显然,仅靠课本知识不足以满足教学目标的要求,教师应当选取相关的史料弥补课本内容给学生造成的认知偏差。

4. 精心选取史料

首先,关于相对论、量子论的理论知识。

史料:两张图片(《图说相对论与量子论》和《有趣的让人睡不着的量子论》)。

案例分析:这两张插图分别来自日本学者佐藤胜彦所著《图说相对论与量子论》(人民邮电出版社 2016 年版)和《有趣的让人睡不着的量子论》(人民邮电出版社 2016 年版),教师可以借助此类已有的通俗出版物,生动讲解相对论、量子论的基本知识。

其次,经典力学创立的意义。

史料一:在社会、经济、思想等各个领域中,人们希望仿造牛顿力学的原则,通过对现象的观测得出若干原理,再运用数学手段来解答所有的问题。事实或许不如所愿,但在牛顿开创的这个理性时代,人们确实体会到了一种前所未有的智力自信。

——江晓原《科学史十五讲》

史料二:这种从力学原理出发来解释一切自然现象的做法使人们把整个宇宙看成是一个具有力学结构和进行机械运动的系统。在 17—18 世纪,这种机械论世界观取代了基督教的目的论世界观,成为科学家和知识阶层的普遍信念。

——江晓原《科学史十五讲》

史料三:17 世纪的科学理性虽然没有对宗教信仰进行公开的批判,但是它却在宗教气氛依然浓郁的西方精神世界中为自己开辟了一块绿洲。

——江晓原《科学史十五讲》

史料四:牛顿通过自己的伟大著作宣告了科学时代的来临,他告诉世人:自然界存在着规律,而且规律是能够被认识的。牛顿的发现,给人类带来从未有过的自信,曾经匍匐在上帝脚下的人类,终于大胆地抬起头来,开始用自己理性的眼光打量世界。

——电视纪录片《大国崛起》解说词

案例分析:通过四则史料,教师可以分析指出牛顿经典力学不仅对解释和预见物理现象具有决定性意义,而且传播了理性的思想,把科学和神学分割开来,对科学的发展和人们的思想观念的冲击有着莫大的作用,产生了广泛而深远的历史影响。

再次,相对论的发展及其意义。

史料一:相对论的革命性的作用还不只是提供了一种具体有效地描述许多物理现象的时空构架,更重要的是以其怀疑和批判的精神为物理学的发展开辟了道路,引发了一场深刻的物理学革命。

——张文华《现代科学技术的发展概况及其对人类社会的影响》

史料二:在科学发展的过程中,没有哪一种模型(以及方案、数据、结论等等)是永恒的,今天被认为'正确'的模型,随时都可能被新的、更'正确'的模型所取代……可以明确地说:科学必然包括许多在今天看来已经不正确的内容。

——江晓原《科学史十五讲》

案例分析:教师通过上述材料的选用,可以分析指出相对论的创立,是物理学领域的一次重大革命。它否定了经典力学的绝对时空观,将物理学发展到一个新高度。相对论也对人的思维观念变化产生着冲击。

最后,量子论的发展及其意义。

史料一:近代科学研究强调知识的确定性与逻辑实证,追寻绝对真理。量子论对微观世界中主客体不可分的揭示,凸现了知识的主观性和不确定性方面,揭示了传统追求绝对确定性知识的思维方式的片面性和局限性。这种观念改变了20世纪科学界、学术界人们的认识,促使人类进一步对知识的客观性、确定性产生怀疑。

——陈志刚、覃玉兰《例谈历史备课的出发点》

史料二:许多当代著名的自然科学家相信自然界的各种现象本身并不存在因果必然性的规律,人们只能用概率或统计规律去大致地把握自然现象的某些可能的趋势或出现频率。

——庞卓恒语,转引自《量子理论与思维革新》

案例分析:上述两则材料重点强调量子理论改变了原来人们简单的、非此即彼的线性思维方式,对现代人类思维产生了深远的历史影响。

(三)史料选取的基本原则

1.史料选取的适量性

中学课堂教学时间的有限性决定了史料选取的适量性。适量性原则主要指史料的数量应该有度,即针对教学中的相关问题,既要避免选取完全同质性的史料,导致史料实证的重复;又要尽可能全面地收集异质性史料,防止史料实证的缺位。

2.史料选取的适切性

史料选取的适切性原则源于问题意识。所谓史料选取的适切性,是指史料与问题密切相关,紧扣相关问题进行论述,在说明某个问题上具有切实的价值。关于鸦片战争的爆发原因,人教版高一历史必修一《鸦片战争》中用三段文字加以论述,指出英国为开拓中国市场和掠夺生产原料,不惜违背国际道德,向中国走私鸦片,引起中国的禁烟行动,因而决定对中国发动侵略战争。人民版高一历史必修一《列强入侵与民族危机》则没有专门论述鸦片战争爆发的原因,但也指出西方资本主义"急需开辟更大的商品销售市场和原料产地"这一历史背景。显然这一课需要教师补充相关史料,进一步指导学生深入学习。

史料一:在鸦片战争以前,我们不肯给外国平等待遇;在以后,他们不肯给我们平等待遇。

——蒋廷黻《中国近代史》

史料二:这场战争是英国资产阶级旨在维护鸦片贸易而发动和进行的对华战争。

——[德]马克思《鸦片贸易史》

史料三:当中国人实行一种激烈的禁烟运动而使危机加剧的时候,战争果然就来到了;它(鸦片战争)不过是……决定东方和西方之间应有的国际和商务关系的斗争。

——[美]马士《中华帝国对外关系史》

史料四:大家都认为鸦片战争是一次典型的非正义战争,是鸦片造成的战争。其实,根本是北京愿不愿意和英国订立平等国家关系的问题。

——[美]费正清《伟大的中国革命》

史料五:(清政府)竟然把能给我们大英帝国带来无限利益的大批的商品,

全部给予销毁！我要求议会批准政府去惩罚那个极其野蛮的国家！要保护我们天经地义的合法贸易！

——时任英国外交大臣巴麦尊

案例分析：这则案例来自上海特级教师李惠军的课例《鸦片战争》。教师在本课中选取了五则史料，包括历史当事人(巴麦尊)的观点、历史事件同时代人物(马克思)的评论、后代不同国家的学者的认识。虽然史料来源各异、观点不同，但都明确围绕鸦片战争为何爆发这一问题展开论说，极大地丰富了学生的史学认识，也体现了史料选取的适切性。

3. 史料选取的适证性

史料选取的适证性原则要求关注史料证据价值及论证逻辑，直接表现在史料选取过程中要充分考虑史料作为论据的有效性与可靠性，遵循"孤证不立"的史学思想方法，规避"过度推论"的误区，就史料的多样性和论证的多视角展开充分思考。

三、史料的运用策略

(一)挖掘史料基本信息

何成刚教授指出："利用史料的要诀，首先是对史料的结构进行剖析。"在史料的运用过程中，可以将史料分解为时间、地点、人物、内容及结果、形式与过程、原因等六个基本组成部分，它们是记录历史所必需的要素，在不同程度上显示或隐含于史料之中。教师需要根据上述史料的结构，对具体的史料进行解析，尽可能从中发掘出可以利用的历史信息。

(二)构建史实内在关联

在运用史料的过程中，以史料包含的相关历史人物和历史事件为着眼点，在以历史人物为中心向以历史事件为中心进行角度变换之际，实现对史料的充分运用。这种史料运用方法，是以对史料的结构分析为基础，进一步分析史料中所涉及的前后各个事件或现象的关联，将史料用于对相关事件的原因、进程、结果等各方面的探讨，是极为灵活的史料运用方法与策略。

(三)以学生为中心的情感激励法

以史料或者历史为中心的史料运用策略有助于找到适于落实知识、培养能力的方法，但是不能使教师走入学生的内心。教师需要讲述有细节的史料，以恰到好处的教学语言触及学生心灵，达成以言感人和以理动人的讲课效果。何

成刚教授曾借一则关于晚清革命志士陈天华的史料,有如下的解析:

史料原文:丙午年夏,为反抗日政府颁布取缔中国留学生而投海之新化人陈天华,及为创办上海中国公学失望而投海之益阳革命志士姚宏业,二人之尸同时归榇湖南。(禹)之谟主张应公葬于岳麓山,以表崇敬。清大吏禁止此举。陈姚二榇到日,之谟约全城学生穿制服行丧礼,万余人整队至山陵。适值夏日,学生皆着白色制服,自长沙城中观之,全山为之缟素。

教师修改部分的上课实录:1906 年 5 月,陈天华的灵柩从日本启运,经上海、武汉,运回故乡长沙安葬。一支浩浩荡荡的送葬队伍涌出长沙城,徐徐向岳麓山移动。队伍的前导,是由众人抬着的一具灵柩,跟随者大都披麻戴孝,打着旗帜、挽联、祭幛,绵延十余里。涟涟湘水,回响着悲怆的挽歌;巍巍岳麓,宛若披上缟素。这种动人的场面,使沿途被官府派来阻止葬礼的巡警呆立一旁不敢干涉。葬礼开始后,主祭人讲到陈天华不惜跳海殉国时泣不成声,下面送葬的数以千计的中小学生号啕大哭……讲到这里,教师发现教室里的气氛格外寂静和凝重。一位学生写道:"历史对我意味着什么呢? 历史是一种眼光、胸襟、思维及精神。"还有一位学生说:"历史正作为文化、作为血液,溶于我。这一年历史,让我成长;这一年历史,在我这儿将是一生!"

何成刚教授认为,教师以明白晓畅的白话语言替代了对学生来说较为晦涩难懂的文言词句,消除了学生在理解上的障碍,去掉了不必要的信息,使学生的注意力不会产生不必要的分散。此外,教师又根据所掌握的其他资料,增加了史料中原来没有的信息,使细节得到进一步充实。正是经过这样一番改造,这则原本普通的史料才焕发出新的生机,使学生产生"历史如血液溶于我"的感受。与此同时,教师立足于培育爱国主义情感的关键点,把握住历史分析、评价方法,使学生在感性与理性的融会中,形成正确的情感、态度与价值观。

(四)相近史料对比阐释

对于历史事件用多则相近指向的史料加以描述或解释,使学生对这一史实的描述或解释留下深刻的印象,从而加强学生的理解。第二次鸦片战争后,清政府决定设立同文馆。对于这一重要史实,教师可以选取以下几则史料,帮助学生从正面进行多角度分析理解。

史料一:嗣后英国文书俱用英字书写,暂时仍以汉文配送;俟中国选派学生学习英文、英语熟习,即不配送汉文。自今以后,遇有文词辩论之处,总以英文作为正义。

——1858 年中英《天津条约》

史料二：条约（指《天津条约》）第五十款有三句话，其中任何一句虽不明白指出中国有义务去设立一所培养翻译人员的学校，但也足使它非开办不可。

——［美］马士《中华帝国对外关系史》

史料三：查与外国交涉事件，必先识其性情。今语言不通，文字难辨，一切隔膜，安望其能妥协！……闻广东、上海商人，有专习英、法、美三国文字语言之人，请饬各省督抚挑选诚实可靠者，每省各派二人，共派四人，携带各国书籍来京，并于八旗中挑选天资聪慧，年在十三四以下者各四五人，俾资学习。……俄罗斯馆语言文字，仍请饬令该馆，妥议章程，认真督课。

——奕䜣《通筹善后章程折》

案例分析：以上三则史料包括历史档案和研究专著，均为从不同角度精心选取的指向相近史料，能够充分反映洋务运动时期清政府设立同文馆的历史背景和目的，从而使学生对清政府设立同文馆的史实有多方面的深入了解。

（五）相异史料冲突分析

在中学历史教学中，教师可以选取从不同的立场、角度针对某一历史现象进行描述或解释的多则史料，制造历史认识的冲突与对立局面，使学生对相关史实产生多面的认识，进而在教师的指导过程中能够理解历史事实如何从纷繁复杂的表象中得到正确认识，不同立场、不同角度如何对同一历史现象的理解产生相应的影响。

四、训练项目：史料的运用策略

（一）训练内容

以史料为中心的结构分析法。分析人教部编版历史七年级下册第 3 课《盛唐气象》课程内容，掌握唐朝时期民族交往与交融的史实，从阎立本《步辇图》中概括史料蕴含的基本史实内容。

（二）训练要求

能够完整地发掘史料蕴含的基本史实；能够正确地解读史料背后的历史事实；能够有效地帮助学生掌握分析和运用史料的方法。

首先，教师要注意本学科知识结构的系统性，引导学生理顺各知识点之间的内在联系，使知识形成系统结构。

其次,教师要注意充分发掘史料蕴含的历史信息,利用课程内容的前后关联,对史料的解析要准确,表达清楚,条理清晰,重点突出,力求完整地解读史料。

(三)训练提示

在以史料为中心的结构分析法运用过程中,教师可以按照时间、地点、人物、内容及结果、形式与过程、原因等六个基本组成部分,循序渐进,层层深入进行分析。

第二节　学习方法指导技能

一、学习与学习方法

一般认为,教学方法主要包括教师教的方法和学生学的方法两大方面,是教法与学法的统一。它们为了同一个教学目标而存在,在教育教学实践活动中缺一不可,两者相互影响、相互促进。

学习方法是指学生在学习过程中独立获取知识的途径、手段和方式,教师要在了解中学生心理特征的基础上,掌握并能指导学生运用相关的学习方法进行历史学习。从本质上来说,中学生的学习方法可以分为他主学习和自主学习两大类型。他主学习即为传统的学习模式和学习方法,主要表现为学生被动地接受教师的讲解。自主学习强调学生的主体地位,注重学习的体验过程,以学生的全面发展为目标,代表了引领课程教学改革的主要潮流和趋势,并成为一线教师和专家学者不断探索与实践的学习模式。

二、自主学习方法

自主学习主要有两种类型:探究学习和合作学习,它们都强调学生在教师的指导下进行自主学习。自主学习的主要理论依据有主体教育理论、多元智能理论和终身学习理论。

教师在指导学生进行自主学习的过程中,需要在现代教学理论的指导下,熟练地把握自主学习具体方法的特性,并且能够综合地考虑各种要素,做好不同阶段的指导。

1.认真研究课程标准并明确教学目标。教学目标可以分为不同的层次和领域,学生的学习效果的达成需要借助相应的学习方法。

2.确定教学内容并突出重点与难点。历史学科有着自己独特的学科特征,不同模块、不同单元、不同课时的教学内容与重点、难点也不尽相同,这些都要求学习方法的选择具有多样性和灵活性。

3.分析初中与高中不同的学情。学习方法的选择必须与学生的身心发展水平和知识基础相适应。初中生与高中生因为心理特征存在差异、知识储备和理解能力不同,学习方法也应当有所区别。

三、探究学习方法

探究学习是指学生在教师的指导下,选择和确定相关的研究主题,搜集、整理和运用历史资料,通过质疑、讨论、调查、实验等形式发现问题和寻找方法,获得启示并总结规律,从而获得新知识、发展能力、提升情感与价值观的学习方式和学习过程。

探究学习的指导原则:

①把学习内容转化为新颖的问题情境。

②给学生充分的自主学习的时间。

③正面鼓励为主。

④处理好自主与合作的关系。

⑤教师善于指导。在探究学习过程中,教师要善于从方法上进行指导,善于指导学生提出问题、思考问题,指导学生如何收集和整理历史资料、合理表达自己的意见等。

案例:

1.主题:对北洋政府的统治(或对袁世凯)的评价

2.教科书内容的来源

人教版和人民版的高中历史必修都有民国初期中国民族资本主义发展的相关内容,其中人教版的子目为"短暂的春天",并在课后设置的"探究学习总结"中给出了"1913—1921年间中国棉纺织工业的情况简表",要求学生分析造成这种状况的原因有哪些。

3.问题情境的创设

近代中国民族工业的"短暂的春天"是指1912—1919年北洋军阀统治时期,特别是袁世凯当政时期民族资本主义的迅速发展。教科书简单扼要地指出了四个基本原因:辛亥革命、中华民国临时政府(北洋政府)奖励发展实业、群众性的反帝爱国运动和第一次世界大战的爆发等。但是,教科书中对北洋政府的具体经济措施几乎没有涉及。这可能会引发学生的疑问:"北洋军阀的统治在政治上表现为专制、独裁,为什么还会实施促进民族资本主义迅速发展的经济措施?这些措施有哪些具体的内容?我们应当如何以历史唯物主义和辩证唯物主义来分析北洋军阀的统治以及评价袁世凯这个历史人物?"

4.搜寻和分析史料(略)。

5.撰写论文和交流认识(略)。

四、合作学习方法

合作学习是相对个体学习而言的,本质上都属于自主学习。与探究学习相比,合作学习更加强调学习的互动交流,它要求学生在小组或团队中为完成共同的学习任务而展开学习协作,是一种有着明确的责任分工的互助性学习。合作学习的常用形式有合作讨论、小组调查和团队竞赛等。

合作学习的指导原则:

①选取教科书资源。"探究争鸣"是新课标教科书中最有特色的一块,教科书向我们呈现了许多探究学习的形式,几乎在每一课后都有探究活动安排,如收集历史资料并撰写历史小论文、展开调查并撰写调查报告、采访并撰写采访报告等等,并且在每一课的引言和阅读思考中都突出了情感体验。

②合理分组。合作学习小组一般采用异质分组,使成员之间具有互补性。各个小组的总体水平应基本一致,全班各合作小组具有同质性。

③明确任务。一般说来,合作学习的任务应是学生个人无法完成和难以较好完成的,而合作学习小组通过相互启发、相互配合、相互帮助、相互交流能够完成或更好地完成。

④把握时机。一般说来,开展合作学习应把握这样几个时机:需要把学生的学习引向深入时;学生的意见出现较大分歧需要共同探讨时;学习任务较重需要分工合作时。

⑤规范操作。

⑥加强指导。

⑦恰当评价。一要以激励为主,二要以评价小组为主,三要关注小组成员。

案例:

1. 主题:编辑解放战争的历史小报

2. 教科书内容的来源

人教部编版历史八年级上册的第七单元《解放战争》,不仅史实较多,头绪繁杂,而且有一定的理解难度。辽宁省大连市的张老师在执教相关内容时,创造性地指导学生开展合作学习,通过"编辑历史小报——我们眼中的解放战争"这节课,很好地体现了合作学习的实效性。

3. 合作学习的环节

准备好了吗——我来议一议;

动手做吧——我要参加;

风采展示——我来说;

比一比——小组互评与自评;

活动小结——感想与启示。

4. 合作学习的过程(略)

五、训练项目:探究学习方法

(一)训练内容

为了掌握探究学习方法的运用,我们试以指导学生撰写历史随想等小论文形式进行训练。分析人教版高二历史选修一第 2 课《除旧布新的梭伦改革》课程内容,在指导学生掌握梭伦改革的主要内容,包括债务奴隶制的废除、财产等级制的确立、重组国家权力机构、鼓励工商业的发展等的基础上,利用课文后部"学习延伸"中"如果你是生活在梭伦改革时代雅典的平民或贵族,梭伦的改革对你有哪些影响?"指导学生进行探究学习。

(二)训练要求

1. 教师要注意本课内容知识结构的完整性。引导学生梳理并掌握梭伦改革各知识点之间的内在联系,使知识形成系统结构。

2. 教师要注意充分利用设计的问题,引导学生全面掌握和深入理解梭伦改革所蕴含的历史信息。利用课程内容的前后关联,对梭伦改革内容的解析要准确,历史随想要表达清楚,条理清晰,重点突出,力求形成正确而鲜明的历史认识。

第三节　教育技术运用技能

一、教育技术

教育技术是指人类在教育教学活动过程中所运用的一切物质工具、方法技能和知识经验的综合体,它分为有形(物化形态)技术和无形(观念形态)技术两大类。有形技术主要指在教育教学活动中所运用的物质工具。无形技术既包括在解决教育教学问题过程中所运用的技巧、策略、方法,又包括其中所蕴含的教学思想、理论等。

在人类文明史上,科学技术的发展深刻地影响到教育教学的过程,使教育技术在有形技术方面呈现以下三个发展阶段:以手工技术为主要特征的传统教育技术、以视听媒体的应用为标志的视听媒体教育技术、以多媒体计算机和互联网为核心的信息技术在教育中的应用为主的信息化教育技术。

与此同时,教育技术在无形技术方面也是成果不断,主要体现在对教与学的理论认识上的推陈出新。如行为主义学习理论、认知主义学习理论、建构主义学习理论和人本主义学习理论等等。

教育技术的作用主要是运用现代教育理论和现代信息技术,通过对教学过程和教学资源的设计、开发、利用、评价和管理,以实现教育的优化。

二、现代教育技术的运用

在继承传统教育技术的基础上,充分利用现代科学技术如视听技术、多媒体计算机技术和网络技术,不断在中学历史教学方式和教学方法上推陈出新,形成以多媒体技术和互联网技术为代表的现代信息技术教育新模式。

(一)现代信息技术在中学历史教学中的作用

现代信息技术与传统的读、写、算的学习方式已经融为一体,现代信息技术在中学历史教学中具有以下显著的作用:

1.现代信息技术为中学历史教学提供了极其丰富的教学信息。

2.现代信息技术为中学历史教学提供了极其便捷的检索方式。

3.现代信息技术可以把各种教学媒体相互连接并有机地整合在一起,进而构建多媒体教学方式。

4.现代信息技术可以为中学历史教学提供多种虚拟情境,极大地拉近了学生与学习对象之间的距离。

5.现代信息技术可以更好地适应学生的具体学习过程。

6.现代信息技术实现信息资源的即时共享,课堂教学也可以延伸到课外学习。

7.现代信息技术极大地便利了学生的自主学习。

(二)多媒体技术在中学历史教学中的运用

多媒体技术运用于教育领域又可以简称为多媒体教学,包括三层现代信息技术在教学中运用的类型,即计算机辅助教学、多媒体教学和超媒体教学。

1.多媒体教学的设计

多媒体教学需要科学的设计和合理的规划。首先,认真研究课程标准和教材,明确课程的目标和重难点。其次,分析学情以明确多媒体教学对象的实际情况。再次,设计教案,制作多媒体课件,将多媒体计算机技术综合运用于教学过程中,与传统教育技术有机结合,发挥各自的优势,体现出整体的功效。

2.多媒体教学的应用

多媒体教学具有多角度呈现史实以培养历史学科核心素养、构建知识体系以提高学习效果等功效。

案例1:《全民族抗战》

北京四中赵利剑老师鉴于教科书对抗日战争的全民族性突出不够,在抗战史的教学中利用多媒体技术补充了大量材料,包括文字资料45段、照片107幅、地图6幅、表格3张、抗日歌曲6首等,使学生尽可能切身感受到浓厚的历史氛围,力争再现鲜活的历史场景。全民族抗战是一个抽象的概念,通过多媒体技术的运用,创设丰富的历史情境,形成一种独特的历史课堂气场。这种气场是由每一位正在体验与感受的学生散发又凝聚而成的,同时也进一步影响、冲击着每一个成员的内心世界。认知冲突中人性与灵魂的涤荡、生当作人杰的豪情、困境之下团结与坚韧的态度,这些切肤、入脑、入心的体验与感受将在不知不觉中定格于学生的心灵深处和大脑意识之中。

案例2:《五四爱国运动》

广东省茂名实验中学的李月霞老师在《五四爱国运动》课堂教学中,播放了影片《我的1919》片段,形象地创设了1919年初中国驻美公使顾维钧作为北洋政府的全权代表赴法国参加巴黎和会的历史情境。在节选的影片中,学生能够深刻地感受到中国虽然以战胜国身份参会,但在会议内外却处处受到歧视的历史环境,以及要面对日本政府企图继承德国在胶东半岛特权的无耻要求。影片中最精彩的内容当属顾维钧在辩论会上的慷慨陈词,学生可以深切感悟到顾维钧是如何从历史、经济、文化各方面说明山东是中国不可分割的一部分,批驳了日本的无理要求。播放完毕,李老师提出问题:

(1)五四运动的爆发与巴黎和会有什么关联吗?

(2)顾维钧的义正词严能够扭转局势吗?为什么?

教师利用影视媒体的播放,在创设的历史情境中,将学生拉进历史的时空之中,在随后的问题引导下,培育学生的历史思维能力。学生则在思考与回答教师的提问过程中,培养了以唯物史观为指导的历史解释与家国情怀历史核心素养。

案例3:《新文化运动》

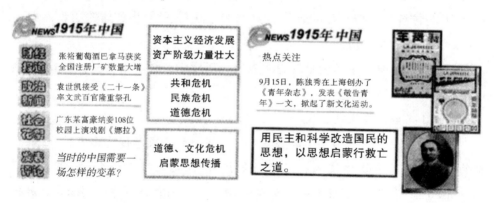

这是广东省东莞市东华高级中学的夏辉辉老师在《新文化运动》一课中,用搜索新闻的形式,创设出一个名为《中国报道——1915—1919 新文化运动》的情境。夏老师利用多媒体搜索引擎,设计新颖别致的图表,将文字说明与图形图像融为一体,整体上简明扼要却信息丰富。这种用虚拟的形式,将真实的历史事件编辑成新闻报道的历史情境创设,非常有趣地揭示出历史事件之间的逻辑关系,既没有脱离历史的真实,又激发了学生的兴趣,是多媒体技术运用历史教学的成功之例。

多媒体教学为教师的教和学生的学提供了极大的帮助,丰富了历史教学的内容,促进了教学模式的变革,但是也给我们提出了新的挑战。教师应当尊重教学规律,自觉融入新的教学理念,合理选择和使用多媒体技术。

(三)网络教育技术在中学历史教学中的运用

在中学历史教学中,将历史学科与计算机和网络技术进行整合,教师和学生利用现代信息技术和网络资源进行多向交流,形成历史网络教学的新模式。

1.历史网络教学的类型及选择

历史网络教学从内容上可以分为认知型和研究型两种历史网络教学;从时空上可以分为课堂内和课堂外两种类型的历史网络教学;从师生关系上可以分为导学型、自主型和合作型三种历史网络教学。

在中学历史教学实践中,上述不同类型的网络教学往往是相互交叉的,需要根据历史课程标准、教学目标的要求,结合学生的实际学情以及学习的网络环境,选择宜于网络教学的内容,以培养学生历史学习能力、促进学生全面发展为目标。

2.历史网络教学的作用

利用网络开展历史教学活动,会产生以下明显的作用:第一,化抽象为形象;第二,实现历史教学的个性化;第三,以协作的方式学习历史;第四,培养学生的历史思维能力和解决问题的能力。

3.历史网络教学的应用

(1)利用网络技术的搜索功能,让学生在网络上收集资料,进行在线阅读,可以训练学生理解信息并对其熟练地进行组织和处理的能力。

(2)网络技术缩短了时空距离,可以引导学生上网浏览,近距离观察历史文物和历史场景,了解真实的历史原貌,掌握更多的历史信息。

(3)将网络的交流功能引入学习讨论之中。

(4)教师可以在课堂内外利用网络展示教学内容,学生也可以展示他们学习和研究的成果。

(5)教师可以利用网络的论坛和电子信箱,为学生答疑解惑,对学生进行个别指导和辅导。

(6)将优秀教师的课堂教学实况进行录像,然后通过网络传播,或是在网上同步播放。

网络教学需要教师不断学习、研究和实践,实现最佳教学效果。在网络教学中,要尽可能地调动学生的积极性、主动性和创造性,使学生在教学中的主体地位得到真正的体现。

四、训练项目:现代多媒体技术在中学历史教学中的运用

(一)训练内容

分析人教部编版历史八年级下册第2课《抗美援朝》课程内容,在指导学生掌握黄继光、邱少云英雄事迹的基础上,教师提出中国人民志愿军还有许多值得纪念的英雄,如杨根思、罗盛教等,要求学生课外查找资料,制作PPT介绍他们的英雄事迹,并思考中国人民志愿军为什么被称为"最可爱的人"。

(二)训练要求

现代信息技术为中学历史教学提供了极其丰富的教学信息。教师可以指导学生通过便捷的检索方式查找资料,利用现代信息技术的合成性特点,在制作PPT课件的过程中把各种教学媒体和相关教学资料有机地整合在一起,拉近学生与学习对象之间的距离,使学生获得感性认识和真实体验,适应学生的个别差异和个性特点,培育学生自主学习的能力。

(三)训练提示

教师可以给学生提供必要的多媒体资源,如中学历史教学网络等,引导学生在充分掌握教材内容的基础上,通过选取某位历史人物,重点进行相关资料的收集与整理。

第四节　实现课程思政技能

一、中学历史教育的课程思政内涵

习近平总书记在全国高校思想政治工作会议上强调,要用好课堂教学这个主渠道,各类课程都要与思想政治理论课同向同行,形成协同效应。部编版《初中历史课程标准》开篇指出,培育具有社会主义核心价值观的公民,是时代发展和社会前进的需求,也是青少年自身成长和全面发展的要求。《普通高中历史课程标准》则进一步指出,历史课程要将培养和提高学生的历史学科核心素养作为目标。历史学科核心素养是历史学科育人价值的集中体现,是学生通过历史学科的学习逐步形成的正确价值观念、必备品格和关键能力,包括唯物史观、时空观念、史料实证、历史解释、家国情怀等五个方面的内容。

中学历史学科的课程思政内容,既要立足于党中央从国家整体高度提出的面向所有学科的普遍性课程思政要求,又要紧密结合历史学科的自身特点,明确历史学科进行课程思政的具体指向,并在中学历史教育教学过程中将两者有机地统一起来,实现立德树人的根本目标。

二、社会主义核心价值观的培育

中学历史教育必须服务于新时代中国特色社会主义建设事业,培养社会主义事业的建设者和接班人,必须践行社会主义核心价值观。社会主义核心价值观的基本内容,是历史学科在中学教育过程中对国家发展、社会进步、历史人物功过的价值评判标准。

(一)富强、民主、文明、和谐的国家发展观

在教授中国古代历史和中华人民共和国当代历史发展的进程中,教师将富强、民主、文明、和谐的价值评判标准运用在丰富的史实中进行生动讲解,可以充分激发学生的民族自信心、自豪感,以及真挚的爱国情感。

"唐三彩骑驼乐舞俑"选自人教部编版历史七年级下册第3课《盛唐气象》,教师可以使用这幅图片,详细介绍唐三彩高超的工艺水平和珍贵的历史价值,增强学生对唐朝时期我国发展的感性认识,理解基于政治开明和经济发展,唐朝前期在对外交流、科学技术和文学艺术等多方面都取得很大的建树,呈现出繁荣富强的盛世景象。

在人教部编版历史八年级下册第10课《建设中国特色社会主义》中,课后的"知识拓展"给学生介绍了中共十三大做出的中国经济发展分三步走的战略部署。教师可以在讲解这一战略部署的内容和完成概况基础上,指导学生认识新中国如何从成立之初的百废待兴,到今天人民生活总体达到小康水平、经济发展取得举世瞩目成就的历史过程,进而结合2021年2月召开的全国脱贫攻坚总结表彰大会,告诉学生在中国共产党成立一百周年的重要时刻,中国脱贫攻坚战取得了全面胜利,完成了消除绝对贫困的艰巨任务,创造了又一个彪炳史册的人间奇迹,让学生充分感受作为一个中国人的自豪感,提升学生对祖国、对人民和对中国共产党的真挚情感,继而向学生指出,在中国共产党的领导下,中国正在成为一个富强、民主、文明、和谐的社会主义国家。

(二)自由、平等、公正、法治的社会进步观

在社会主义核心价值观中,自由、平等、公正、法治是对美好社会的生动表述,是社会层面的价值取向。新中国成立以来,中国共产党领导全国各族人民不断推动社会的进步,其中一个重要的制度就是民族区域自治制度。

教师在讲解人教部编版历史八年级下册第12课《民族大团结》时应当结合教材中的图片和文字资料指出,新中国成立之初,实行民族区域自治并在1954年宪法中正式确认民族区域自治制度为中国的一项基本政治制度,正是充分考虑到我国民族问题的历史特点和现实情况,为了实现民族平等、民族团结和各民族共同繁荣,进而推动社会进步的中国特色社会主义的制度创新,体现了国家充分尊重和保障各少数民族管理本民族内部事务权利的精神,有利于各民族结成平等、团结、互助、和谐的社会主义民族关系。

(三)爱国、敬业、诚信、友善的历史人物评价观

爱国是社会主义核心价值观在公民个人层面的价值准则,也是历史学科课程思政中评价历史人物的重要标准之一。通过讲述历史人物的故事,阐明爱国主义精神,可以在学生中产生润物细无声的课程思政效果。

初高中历史教科书中有许多爱国主义的史料。教师在讲解人教部编版历史七年级下册第15课《明朝的对外关系》、人教版高一历史必修一第12课《甲午中日战争和八国联军侵华》及第14课《新民主主义革命的崛起》相关课程内容时,可以充分运用史料对学生开展爱国主义教育。此外,在长达14年的抗日战争中,更是涌现出无数爱国英烈,他们为国捐躯的爱国主义精神在抗战中得到锤炼和升华,直至取得最后的伟大胜利。

三、家国情怀品格的培育

当代历史教育必须以社会主义核心价值观为指针,结合中学历史教学的具体内容,凝聚新时代家国情怀的新内涵。教师可以将社会主义核心价值观中的基本内容和基本理念融入其中,培育学生的家国情怀品格。

(一)国家版图历史变迁中的疆域认同

家国情怀不是抽象的理论概念,它首先是建立在有形的国家疆域基础之上的。在中学历史教育中要充分利用中国国家疆域版图的历史变迁来培育学生的家国情怀,形成个人和集体的归属感和认同感。

在人教版高一历史必修一第2课《秦朝中央集权制度的形成》中有"秦朝形势图",教师利用此图片让学生首先认识秦朝疆域的东、南、西、北大致边界,在此形象认知的基础上,教师进一步指出以黄河、长江流域为中心初步奠定了秦汉时期的中国疆域版图,这是中华民族历史发展初期的核心疆域,从根本上确定了中国人对国家疆域认同的基底。教师可以利用人教部编版历史七年级下册第18课《统一多民族国家的巩固和发展》中的"清朝疆域图(1820年)",引导学生直观地感受自公元前221年秦朝建立到公元1820年清朝中后期,在两千多年的历史发展进程中,作为整体的中国国家疆域随着政权更替存在明显的动态变迁,但是中华民族历史发展初期的核心疆域始终没有改变,变化的是在核心疆域的基础上随着民族大家庭的增容、增量,中华民族的共同家园日益扩大并逐步确定下来。

维护国家领土和主权完整,使国家疆域免遭外来侵犯,更能激发学生的国家认同感,培育学生的家国情怀。郑成功收复台湾的史实,能使学生感悟郑氏捍卫国家领土完整和主权的行为,从心理维度达成国家认同;全民族坚持抗战直至取得胜利的伟大斗争,既是对国家疆土的誓死保卫,也是对学生国家认同的行为指引;"一国两制"构想的提出,香港、澳门的回归,祖国统一大业的指日可待,可以不断增强学生对国家认同的自豪感。

(二)中华民族多元一体历史进程的民族认同

中华民族多元一体,其主流是由"许许多多分散孤立存在的民族单位,经过接触、混杂、联结和融合,同时也有分裂和消亡,形成一个你来我去、我来你去、我中有你、你中有我,而又各具个性的多元一体"①。民族认同情感需要教师选取代表性的历史人物、历史事件,指导学生在历史学习过程中认识中华民族多元一体的历史发展趋势,形成对中华民族的认同感和正确的民族观,使学生具有民族自信心和自豪感。

在讲解人教部编版历史七年级下册第2课《从"贞观之治"到"开元盛世"》和第10课《蒙古族的兴起与元朝的建立》时,教师首先可以通过唐太宗被当时北方和西北方的各族首领尊奉为各族的"天可汗"——即各族共同的君主,引导学生认识唐朝时期由于统治者实行开明的民族政策,各民族之间的交往不断加强,民族的交融也在日益深化。接着,教师在讲解元朝建立者忽必烈时应当重点帮助学生理解,在少数民族领导者完成统一中国,结束长时期分裂局面,为统一多民族国家的进一步发展奠定基础的历史进程中,元朝统治者对汉族国家治

---

① 费孝通,《中华民族的多元一体格局》,中央民族学院出版社,1989年版,第2页。

理经验的吸引和采纳,对中原地区的各种制度与文化的认同,客观上推动了各民族间的交融。教师结合上述两位历史人物的伟业指出,正是在各民族之间交流与交融的历史进程中,各民族皆对塑造多民族中国做出了重要的历史贡献,共同塑造了中华民族多元一体的民族格局。

在讲解人教部编版历史八年级上册第22课《抗日战争的胜利》时,教师可以结合本课"相关史事"中的材料,让学生进行补充自九一八事变后,全国各民族团结一致,共同抗击日本侵略者的史实。教师应当在学生爱国主义情感得到提升之际,及时进行点拨,指出:抗日战争的伟大胜利充分展现了中华民族共赴国难、同仇敌忾、众志成城的民族精神和坚强意志。

(三)中华文明历史传承与发展的文化认同

文化认同是国家认同的心理和思想基础,是民族凝聚力与国家向心力的精神之源。中国历史不同时期的文化认同具有各自的阶段性特质,依次呈现出中华优秀传统文化、革命文化和社会主义先进文化三种不同内涵的文化,共同接续构成了生生不息的中华文明。教师可以通过对上述三个不同历史阶段的独特文化的讲解,使学生体悟中华文明的历史价值和现实意义。

儒家思想是中国传统文化的主流思想,孔子是儒家学派的创立者,二者都是中学历史教育的重要内容。博大精深的哲学思想是中国优秀传统文化极具特色的构成部分,教师可以指导学生分析以孔子为代表的先秦诸子百家思想,认识其与社会主义核心价值观相契合的核心内容。如孔子提出"仁者爱人""己所不欲,勿施于人",主张人与人之间要互相爱护,融洽相处;提出"有教无类",认为不分贫富贵贱,人人都有受教育的资格和权利;提出"与朋友交,言而有信",主张人与人之间的交往要讲诚信;等等。这些思想在很大程度上体现了社会主义核心价值观中的"友善""平等""诚信"的基本理念。

革命文化或红色文化形成于中国共产党领导中国人民进行的伟大革命实践中,在不同的历史阶段呈现出红船精神、井冈山精神、长征精神、延安精神、西柏坡精神等不同的表现形态,是中华民族革命斗争历史的文化凝聚,承载了党和人民对国家独立、民族解放、人民幸福的时代诉求和革命行动,展现了中国人民坚强不屈、坚韧不拔的民族精神和英雄气概。人教版高一历史必修一第15课《国共的十年对峙》中有幅"井冈山会师"图片,教师借助图片使学生理解中国共产党带领人民群众,开创农村包围城市、武装夺取政权的中国革命道路的历史意义。

新中国成立后，在中国共产党带领各族人民建设社会主义的伟大征程中，形成了以中国特色社会主义共同理想和共产主义远大理想、马克思主义中国化的制度和理论成果、社会主义核心价值观、以爱国主义为核心的民族精神和以改革创新为核心的时代精神等为核心内容的社会主义先进文化。在人教部编版历史八年级下册第6课《艰辛探索与建设成就》中有不少图片资料，教师可以通过生动讲述图片人物的先进事迹，引导学生感悟以王进喜、焦裕禄、钱学森、雷锋为代表的老一辈新中国建设者展现出的强烈的爱国主义精神和敬业精神。

在讲解人教部编版历史八年级下册第10课《建设中国特色社会主义》时，教师可以利用教材中的图片资料指出，在改革开放的伟大实践和接力探索中，中国共产党领导开辟了中国特色社会主义道路，逐渐形成了邓小平理论、"三个代表"重要思想、科学发展观、习近平新时代中国特色社会主义思想，是马克思主义中国化的制度和理论成果，使学生充分理解并认同它们是中国特色社会主义理论体系的重要组成部分，是全党全国人民为实现中华民族伟大复兴而奋斗的行动指南。

（四）中国国家制度历史进程中的政治认同

自秦朝作为统一的多民族国家开创封建君主专制中央集权制度，历经近代中国政治制度的艰难发展，直到当代中国特色社会主义国家政治制度的建立和完善，处于不同历史时期的中国人皆对不同内涵的国家制度怀有特定的政治认同。

在讲解人教部编版历史七年级下册第15课《明朝的对外关系》时，教师可以借助明朝时期领导抗倭战争的民族英雄戚继光的"上报天子兮下救黔首，杀尽倭奴兮觅个封侯"诗句，向学生分析古代中国人的家国同构政治认同。古代中国国家政治制度的核心特点是家国同构，虽然有其历史局限性，但在客观上对古代中国的稳定发展以及不断积聚和升华为中国人内心情感深处的家国情怀，起到过重要的历史作用。

在近代反抗外来侵略和争取国家独立、民族解放的斗争中，中国人民选择了中国共产党，选择了走中国特色社会主义道路。在讲解人教部编版历史八年级下册第1课《中华人民共和国成立》和第4课《工业化的起步和人民代表大会制度的确立》两课时，教师可以结合教材中的图片指出中国共产党领导的多党合作和政治协商制度,成为我国一项基本政治制度;人民代表大会制度成为中华人民共和国的根本政治制度;民族区域自治制度成为我国又一基本政治制度。可以通过开展课后活动的形式,让学生树立中国特色社会主义道路自信、理论自信、制度自信和文化自信,认同社会主义核心价值观,深化对中国特色社会主义制度的政治认同。

四、唯物史观能力的培育

对于中学历史教育教学而言,应结合中学生的具体学情,从历史课程标准中对唯物史观明确提出的具体内容出发。唯物史观的历史课程思政主要应当从以下三个方面着手。

(一)人类社会形态从低级到高级的发展总趋势

马克思主义唯物史观指出,人类社会先后经历了原始社会、奴隶社会、封建社会、资本主义社会四个社会形态,体现了不以个人意志为转移的从低级到高级发展的总趋势。在中学历史教学过程中,教师通过对历史教材中某些具有重大历史意义的改革和革命的讲解,深化学生对人类社会从低级到高级发展总趋势的认知、理解和认同。在讲解人民版高二历史选修一《历史上重大改革回眸》之专题二《商鞅变法》一课时,教师可以指导学生课前查阅相关的书刊资料和网络资源,初步了解商鞅变法的前因后果。在学生有了一定的知识储备基础上,教师进一步分析战国时期由于社会生产力的发展和生产关系的急剧变动,各国之间兼并战争不断,商鞅变法就是秦国为适应社会大变革,求富求强而实行的变法,指出商鞅变法使秦国基本上建立起了封建专制中央集权政治体制,顺应了从奴隶社会向封建社会发展的历史趋势,为秦朝的统一大业奠定了基础,使学生感悟人类社会正是在不断改革中前进,显示了从低级到高级发展的总趋势。

(二)人类社会发展基本矛盾

唯物史观认为,生产力和生产关系、经济基础和上层建筑相互作用、相互制约,构成人类社会基本矛盾,支配着整个人类社会发展的历史进程。生产力决定生产关系,经济基础决定上层建筑,生产关系和上层建筑则反作用于生产力和经济基础。

在中国新民主主义革命、社会主义建设和改革开放各个历史时期,中国共产党运用历史唯物主义,带领中国人民取得了一个又一个胜利。其中,1978 年中共十一届三中全会开启了改革开放和社会主义现代化的伟大征程,40多年来中国特色社会主义建设取得了巨大成就。教师首先引用选自人教部编版历史八年级下册第11课《为实现中国梦而努力奋斗》中的"改革开放以来国内生产总值增长情况"表,引导学生思考这一令世人瞩目的成果是如何取得的。接着教师可以利用人教部编版历史八年级下册第7课《伟大的历史转折》一课中关于《中共十一届三中全会公报》节选内容,首先分析其中体现出的生产力与生产关系的唯物史观,再用改革开放以来党和国家先后实施的主要改革措施,如家庭联产承包责任制、社会主义市场经济体制、经济特区等加以阐述,使学生在唯物史观指导下,理解中共十一届三中全会具有的深远历史意义,以及在改革开放的伟大实践和接力探索中,中国共产党领导开辟中国特色社会主义道路的光明前途。

（三）人民群众在社会发展中的主要作用

唯物史观指出,人民是历史的创造者,人类社会发展的历史进程是由人民群众推动的。中国古代的民本思想就是对人民群众的历史地位和作用的早期认识,如孟子的"民为贵,社稷次之,君为轻"思想和荀子的"君者舟也,庶人者水也。水则载舟,水则覆舟"论断,都强调人民群众在历史发展中的主体地位和巨大力量。教师可以将人民群众在社会发展中的主要作用这一唯物史观,融入中国古代取得的辉煌成就。例如,在讲解人教部编版历史七年级下册第13课《宋元时期的科技与中外交通》一课时,教师可以利用课文中的"毕昇像"和"泥活字版"两图,指明毕昇是北宋时期的一位匠人,他通过发明活字印刷术推动了人类文明的巨大发展。在此基础上,教师可以进一步指出,中国古代创造了领先世界的科技和优秀文化艺术成就的普通民众,以及近代以来为争取民族独立和国家富强而反抗外来侵略的人民英雄,都是人民群众的杰出代表。他们在社会历史进程中表现出来的首创精神,成为创造历史和推动社会发展的主要力量。

五、训练项目:唯物史观能力的培育

（一）训练内容

分析人民版高三历史选修四《中外历史人物评说》的主要内容,以相关历史人物的具体史实为基础,对个人在历史上的作用进行讨论,培育学生对人民群众推动历史发展、人民是历史创造者的唯物史观的分析与认识能力。

（二）训练要求及提示

首先,教师要指导学生全面掌握教材中重要历史人物的主要活动,分析其在历史上的重要影响,在此基础上,引导学生通过探究学习,用科学的理论和方法分析个人在历史上的作用,辩证地看待个人与时代的关系。

其次,教师要注意充分培养学生主动参与、积极探究问题的意识,指导学生结合自己的学习兴趣,选择一个历史人物,进行资料收集并逐步形成自己的看法。教师在学生探究学习的过程中,引导学生确立积极进取的人生态度和求真创新的科学精神,牢牢树立人民群众是历史创造者的唯物史观。

第六章　教学实施技能(上)

第一节　教学语言技能

一、历史教学语言

《教育大辞典》中对教学语言(instructional language)是这样解释的:"教师用以向学生传递教学信息的符号系统。特点是把自己能明白的意思转化为展开的具有规范语法结构、能为学生理解的语言形式。"[①]历史教学语言是指教师在历史教学中采用的以历史知识为基本教学内容,以严谨性、概括性、鲜活性、启发性、教育性以及赏识性等为本质特征,包括语音、语调、语气、语速、语节、体态语等外部技巧的规范性专业语言。历史教师应锤炼自己的教学语言,形成自己的教学语言魅力,用极具影响力的语言感染学生,以达到最佳的历史教学效果。

历史教学语言的作用:有利于历史课堂教学质量的提高,有利于学生历史思维能力的发展,有利于学生审美能力的提高,有利于师生关系的融洽。

二、历史教学语言实施

(一)把握教学语言的内在特征

1. 准确性

第一,历史教学语言表达的观点必须准确。历史教学语言所反映的观点必须符合历史唯物主义基本观点。如唯物史观中的生产力与生产关系、经济基础与上层建筑、社会存在与社会意识等辩证关系,以及人民群众是历史的创造者等马克思主义基本观点,需要教师通过精准严谨的语言来表达。

第二,历史教学语言表述的史实必须准确。历史教学语言不能有任何的虚构,一定要字斟句酌,用词准确。例如讲三国的历史,教师不能用《三国演义》来

---

① 教育大辞典编纂委员会编,《教育大辞典(第1卷)》,上海教育出版社,1990年版,第193页。

讲解历史,必须尊重历史知识本身。比如讲唐代僧人玄奘的历史,教师只能以《旧唐书》等史料为依据,不能以《西游记》为蓝本来讲述。

第三,历史教学语言的用词必须准确。例如教师通过讲述《南京条约》《马关条约》和《辛丑条约》来说明中国沦为半殖民地半封建社会的过程时,要注意区分《南京条约》标志着半殖民地半封建社会的开始,《马关条约》导致半殖民地半封建社会大大加深,而《辛丑条约》标志中国完全沦为半殖民地半封建社会。这里的用词严格,层层递进,不能随意变更。再比如太平天国运动不能说是反帝反封建的农民运动,只能说是反封建反侵略的农民运动;指南针是中国发明的,绝不能用发现;1922年底前后俄国的不同称谓:十月革命至1922年底应称为"苏俄",1922年底至解体前应称为"苏联";等等。

2. 概括性

历史教学语言的概括性是指历史教师将冗杂、抽象的历史知识变得简洁、具体,教师运用简明扼要、通俗易懂的教学语言传授知识给学生。这就要求教学语言做到深入浅出,抓住重点和关键词,避免"然后、那么、接下来"等口头禅,用最简洁的语言表达最丰富的内容。例如,某教师在讲授第二次世界大战的历史时,引用希特勒的原话:"把捷克斯洛伐克从地图上抹掉,是我的不可动摇的意志。"短短一句话就让法西斯德国侵略捷克斯洛伐克的嚣张气焰瞬间重现,更强烈地让学生思考战争,思考生命,思考人性。

3. 鲜活性

历史教师应充分运用生动形象、充满幽默的教学语言,化抽象为具体,让学生穿越到历史长河中,身临其境地学习历史。例如,某教师这样生动形象地介绍近代列强侵华过程:东南沿海各城市(打开大门)—东南各省(进入厅堂)—长江流域(进入卧室)—广大省份(打开宝藏),将《辛丑条约》内容"赔款、禁止人民反抗、允许外国在中国驻兵、建使馆"概括为"钱禁兵馆"四个字,再将这四个字形象地表述为"前进宾馆"。这样别具一格的教学语言将历史事件讲"活",寓教于谐,有利于加深学生记忆,激发学生的想象力,活跃课堂气氛。当然,在运用生动有趣、诙谐幽默的历史教学语言时要注意把握分寸,不能因过度幽默以致偏离历史教学任务和改变历史知识的严谨性。

4. 启发性

历史教师运用启发性的教学语言,围绕教学目标、教学内容和学生认知水平设计难度适中的问题,可以引导学生积极思考,激发学生的问题意识和求知欲。例如,教师在教授人教版高一历史必修一《罗马法的起源与发展》一课时,如用平铺直叙的理论化讲解很难让学生掌握"罗马法的形成及过程"这一重点知识,教师可通过"案例启发式教学"向学生展示系列"连环案",让学生身临其境成为各时期罗马法庭的法官参与"办案过程",以此学习罗马法的形成过程,并根据教师环环相扣的启发式问题进行讨论,各抒己见。

5. 教育性

历史教学的根本任务是"立德树人"。教学语言教育性的运用既是历史教师职业角色的本质要求,也是新课程标准的具体要求。例如,教师在讲述火烧圆明园时,可以采用控诉性的语言,激发学生的爱国情怀。"侵略者焚毁圆明园的大火,延续了3天。黑色的云团长达50多公里,笼罩在整个北京上空,长久不散。大大小小的灰星,落满了大街小巷。到处是一片天昏地暗,就像发生了日食一样。中国人民感到无比悲痛和气愤,而强盗们却在歇斯底里地狂呼'此景奇伟'!圆明园,这座被誉为'万园之园'的艺术杰作,这座中国历史上最宏伟、最精美的皇家园林,就这样被英法侵略者焚毁了。"

6. 赏识性

新课程改革强调学生的合作与探究,强调教师的参与者地位,历史教师应将命令性的语言转化为符合新教育理念的引导性和赏识性语言,如"通过体验、探究,发现了什么"等。为了培养学生历史学科语言表达能力,满足学生渴望获得学习的自信心,提升学生自我成就感,历史教师应运用赏识性教学语言,对学生的回答进行及时点评和正确引导,以此激发学生学习历史的动机和兴趣。

(二)把握教学语言的外部技巧

语言的外部特征则指语言的声音,包括语音、语调、语气、语速和体态语等。历史教师要掌握准确的语音、变换的语调、适中的语速、抑扬顿挫的节奏与得体的体态语等外部技巧。

1. 语音

正确清晰的语音,能让历史知识得到正确传授。历史课程的历史特色和科学性,决定了历史具有很多独有的专业名词。这就需要教师准确运用,不能含糊发音,甚至错误发音。在赵克礼主编的《历史教学论》中对中国古代史疑难汉字读音有详细的归类。如人名:帝喾、褒姒、刘禅、冒顿、晁错等;如地名:会稽、龟兹等；如古代酷刑：剐、炮烙等。①

2. 语调

语调是指教师使用教学语言时声音的变化，是教师借用声音的高低、停顿、升降等来增强语言表达的效果。例如，在教授部编版七年级上册《东汉的兴亡》一课时，教师在讲授"黄巾起义"时说道："起义准备就绪，只等一声令下，一场席卷全国的农民大起义即将爆发。可就在这关键时刻，风云突变——"教师的讲述戛然而止，学生的思维还在进行，正处于紧张之时，教师接着讲："起义军的内部出现了叛徒，张角下令提前起义。"这样不同语调的处理，往往达到了此时无声胜有声的效果。

3. 语气

语气是教师讲课时的一种态度和感情。语气的运用，能够让教学内容自然起伏。比如讲述解放战争，尤其是三大战役及攻占南京这些宏大的场面时，教师应用铿锵有力的语言；而讲革命遭遇不利或失败时，语气就应沉重、严肃，比如在讲第一次国共合作失败，蒋介石发动反革命政变屠杀共产党人时，教师用凝重的语言更能表达对革命先烈的缅怀和尊敬，更能表达内心的悲痛。

4. 语速

教师在运用教学语言时要注意语言的速度，不可过快或过慢。过快，学生的思维跟不上；过慢，学生容易分心。对语速的控制要与语气和内容、感情等相呼应。例如，在教授人教部编版八年级上册《正面战场的抗战》一课时，教师在讲述"台儿庄战役"时说："日军为了打通津浦线，侵占徐州，1938 年春进攻台儿庄（语速慢），中国士兵奋勇抵抗，组成敢死队，手持大刀冲入敌阵，浴血奋战。这次战役在战区长官李宗仁的指挥下，给日军以沉重打击，敌死伤 2 万余人（语速由慢到快）。这一胜利打击了敌人，振奋了人心。但国民党被胜利冲昏头脑，没有继续组织有效的抵抗，徐州很快失守（语速慢）。"

5. 体态语

体态语言是教师在课堂教学中通过表情、动作、体态等方式传递信息、交流思想感情的非语言符号。相较口头语言，体态语在课堂教学中起着次要和辅助的作用。"心理学研究表明，人说话时只有 35％ 左右的内容是单纯通过语言来

---

① 可参阅赵克礼编著，《历史教学论》，陕西师范大学出版社，2003 年版，第 133—141 页。

表达的,而另外 65% 左右的内容要通过目光、表情、手势、体位等体态语言表示。"

体态语是一种无声的语言,可以帮助组织教学、激发学生学习兴趣、演示教学内容、突出教学重点、了解教学效果等。历史教学中,有时需用非语言的方式来传授知识。例如,在教授人教版高一历史必修一《解放战争》一课时,教师在讲解共产党粉碎国民党的重点进攻,千里挺进大别山时,可先出左拳,再出右拳,接着说:"国民党两个拳头打人,露出胸膛是不是就是破绽了,所以刘邓大军挺进大别山就像拳击手找准破绽进攻。"

再例如,教师在教授人教部编版八年级下册《外交事业的发展》一课的中美关系正常化时,为了帮助学生理解尼克松访华是"跨越大洋的握手",教师可在世界地图上中美两国的中间把自己的两只手握在一起,这就让学生明白为什么是"跨越大洋",从而避免了啰唆,且令学生记忆更加深刻。

三、历史教学语言存在的问题

1. 注重生动而忽视真实。比如,某教师在讲述戊戌六君子被捕时,讲康广仁是因为逃跑时内急,没有赶上船,结果被抓住了。该老师还借机发挥说,大便小便,不能随随便便。学生大笑,课堂顿时活跃了,但是,离历史的真实性相差甚远。实际上,康广仁是因为临走时犹豫不决,被家厨告发而被捕入狱的。

2. 注重生动而忽视思想。比如,某教师在教授人教部编版九年级下册《第二次世界大战》一课时,为了生动形象地再现史实,把欧洲地图的轮廓画出来,把法西斯国家德国、意大利涂成蓝色。在讲述德国进攻时,每占领一国就把该国涂成红色。然后,教师用生动的语言讲述德国的进攻计划和路线,再配上形象的地图和图片,不知不觉一场战争打了半个小时,欧洲变成了一片红色的火海。整个过程,每位学生都兴致盎然,最后检测学生对知识的记忆非常成功。课后,许多同学说,这场战争打得真过瘾,要是每节课都这样才好呢。可以说,这节课最终的指向仅仅是学生记住了知识点,却没有引发学生对战争的深入思考:战争是残酷的,带来的是伤害,是杀戮,没有过瘾的战争。毫无疑问,这堂课严重损害了历史课堂的思想性。

3. 教学语言缺乏严谨科学。例如,有的教师在上课时,表达随意、啰唆,废话、闲话多,没有条理,重难点不突出,并且经常夹带口头禅:"嗯""那么""对不对""是不是"等。有的教师描绘历史事件用词不当,一味追求学生能够通俗理解,而忽略词语之间的差别,并且缺失时代感和历史特色,比如中世纪的西欧"王权"不等同于古代中国的"皇权",有的教师一律称为"皇权",因此丧失了历史教学语言的科学性。

4.教学语言缺乏外部技巧。例如,有的教师对于语言表达的语音、语调、语气、节奏、语速、修辞等不甚明白或不够重视。有的教师整堂课都是一种语调,语言僵化苍白、单调无聊,缺乏能调动学生积极性的设问,不能将史实生动地展示出来;有的教师不注意自己的语速,要么过快,学生还没缓过神就已结束,要么太慢,使学生感到沉冗乏味;有的教师言语不清,颠三倒四,跳跃性强;有的教师普通话不标准,夹带着地方方言,致使学生听课吃力。

此外,历史教学语言存在的问题还有教师滥用话语权、过分利用现代教育技术等。

四、教学语言提升策略

教学语言提升策略主要有:吃透历史教材,准确掌握学情;把握本质特征,锤炼教学语言;丰富历史材料,强化历史功底;提高文学修养,培养语言兴趣等。

历史教学语言概括性的本质特征要求历史教师在分析教材内容的前提下,将教材上晦涩难懂的历史知识进行概括和提炼,在严谨性原则基础上用通俗易懂且层次鲜明的短句表达出来。例如,教师在教授人教版高一历史必修一《罗马法的起源与发展》时,用"有法可依、限制特权、保护平民"十二个字概括了"成文法的进步性"知识点;用"阶段性、连续性、走向成熟、趋于统一"十四个字提炼了"罗马法演变过程特点"知识点;用"提供依据、稳定秩序、保护利益、调解纠纷、缓和矛盾、稳固统治"二十四个字精练概括了"罗马法对当时罗马的进步性影响"知识点。这样的教学语言既有利于学生记忆烦琐的历史知识,又节省了教学时间。

历史教育家赵恒烈将历史教师的语言表达技能划分为"如实表达观点,学生清楚明白;表达声情并茂,语言传神动听;调动学生想象,如同身临其境"。[①]历史教师可通过以上途径更新理念,提升自身规范化教学语言水平,促进自身能力素养的发展,进而对培养学生的历史学科表达能力起引领作用。

五、教学语言训练

人教部编版七年级上册《青铜器与甲骨文》一课中出现利簋的插图,注释注

---

① 赵恒烈,《历史教育学》,河北教育出版社,1989年版,第235页。

明利簋腹中铭文记述了武王伐纣的过程。请利用教学语言的内在特征与外部技巧，组织语言进行讲授，可以适当补充与解释，让学生理解青铜器的重要史料价值。

注意事项：一是基于历史课堂教学语言的准确性与概括性，向学生讲述史事；二是课堂教学语言要做到生动形象，声情并茂，富有鲜活性与启发性；三是注意语言方面的技巧，从语音语调、细节描述等方面讲授，从而提升课堂教学语言的吸引力。

第二节　教学导入技能

一、教学导入定义

"导"就是教师引导，"入"就是学生进入学习。教学导入就是在一个全新的教学活动开始时，教师用精练的语言、正确而巧妙的方法，有目的、有计划地引导学生做好学习新知识的心理准备、认知准备，使学生明确学习目标、了解学习方式、产生学习期待、进入学习状态的一种教学行为。

教学导入是整个课堂教学的启领环节，也是教学中至关重要的环节。导入环节在一堂课中一般占 3 至 5 分钟。时间虽短，但是导入的成功与否关系到整个课堂的教学效果，因此，有效的导入需要教师在符合教学实际的情况下进行精心设计和准备，需要教师利用各种教学资源来吸引学生注意力，激发学生学习兴趣，将学生从课间的嬉戏、松散状态迅速拉回课堂，将学生带入与教学任务和教学内容相适应的理想境界，从而实现课堂教学效率的提高。

二、教学导入原则

1.针对性原则。主要是针对学生实际特点、针对教师自身特点和针对教学目标与内容。

2.关联性原则。要求导入应注意新旧知识间的关联。

3.趣味性原则。要注意形成思维悬念，扣住学生心弦；创设问题情境，激发学生兴趣。杜威说："教学的艺术，一大部分在于使新问题的困难程度大到足以激发思想，小到加上新奇因素带来的疑难，足以使学生得到一些富于启发的立足点，从此产生有助于解决问题的建议。"

4.新颖灵活原则。即材料新颖,过程灵活。

5.简洁性原则。即教学导入要直截了当、开门见山,不能绕弯子,以免造成课堂资源的浪费,要提纲挈领点明主题,开宗明义讲述内容,简洁明了导入新课。

三、教学导入的作用

1.迅速集中学生注意力。

2.极大激发学生学习兴趣。

苏霍姆林斯基在《给教师的一百条建议》指出:"若教师不设法使学生产生情绪高昂、智力振奋的内心状态,就急于传授知识,那只能使人产生冷漠的态度,给脑力带来疲劳。"兴趣是最好的老师。

3.有效促进学生明确学习目标。

教师在上课开始就以精彩的导入让学生明确学习目标,使学生带着任务进入学习,从而使教师的教学更具有针对性。

4.自然引入新知识学习。

5.积极营造和谐课堂氛围。

四、教学导入实施

(一)导入内容

1.复习旧知识导入。例如,在教授人教部编版七年级上册《西汉建立和"文景之治"》一课时,教师提问:"秦灭六国之后,二世而亡,秦亡的原因是什么?"(生:暴政、不知因地制宜转变统治方式、六国口服心怨等)教师接下来讲述西汉建立后,统治者吸取秦亡教训,采取与秦朝不同的统治方式。这样的导入方式既让学生巩固了上一课的内容,又使学生对新课的知识产生了一定的认识,形成了知识系统。

2.启发引入知识导入。启发引入知识导入是教师用知识进行启发,以此导入教学,这里所说的知识既不是学生已有的旧知识,也不是即将讲授的新知识,而是与新知识相关的课外知识。启发引入知识导入大都以小见大,教师通过课外知识的讲解,对新知识起引入作用。导入方法有直接导入法、设疑导入法、故事导入法、经验导入法等。

3.宏观引入新知识导入。宏观引入新知识是指通过阐述教学内容,宏观介绍新知识,使学生对需要掌握的知识体系有初步的了解。单元前言是对本单元整体知识进行的简要概括，是宏观引入新知识的好材料，教师通过对单元前言的分析，使学生了解本单元的学习内容，形成知识体系，从而进入新知识的学习。同理，教师通过对课标题与子目标题的分析，也可达到提纲挈领导入教学的作用。例如，在教授人教部编版七年级下册《隋朝的统一与灭亡》一课时，教师根据课标题的字面意思，提问："隋朝是如何建立起来的？隋朝统一后有哪些新的举措？为什么隋朝短暂统一后迅速灭亡？"以此导入新课。语言表达能力强的教师，可以通过生动的语言叙述来给学生全景展现。比如在教授人教部编版七年级下册《盛唐气象》这一课时，教师可以通过优美流畅的语言来对大唐王朝进行概括，激起学生对唐朝的向往，以此导入新课。

（二）导入方式

1. 教师讲述导入

主要有以下几种方式：

（1）直接导入

直接导入就是教师口述教学内容进行导入。直接导入简单方便，不耗费太多时间，能使学生迅速进入学习状态。例如：在教授人教部编版八年级上册《第二次鸦片战争》一课时，教师可提问："同学们，上节课我们学习了《鸦片战争》，鸦片战争后，清政府被迫签订了丧权辱国的《南京条约》，同学们能回忆《南京条约》的主要内容吗？"学生回答问题后，教师："同学们回答得非常准确！《南京条约》的签订使中国开始沦为半殖民地半封建社会，中国的领土主权不再完整。在鸦片战争中，英、法等国攫取了大量利益，可它们并不满足，再次发动了新的战争，这场战争是鸦片战争的后续，这就是本节课要学习的《第二次鸦片战争》。"这种"温故知新"的导入方式不仅简短方便、节省时间，而且有利于新旧知识的衔接，使学生在头脑中搭建起简单的知识框架，因此受到教师的喜爱。但如果教师无法掌握好衔接点，导入语言又平淡无奇，则容易使学生感到内容死板，无法激发他们的学习兴趣。因此，教师在使用直接讲述导入时，讲解要生动。

（2）故事导入

故事包括历史故事、神话故事与民间传说，故事导入适应了中学生爱听故事、不爱枯燥讲述的心理。故事比史料更加生动、丰富、有趣，教师在选取故事时要注意选取对象，把握故事选取的意义，把握故事与所讲知识的关联度。比如在教授人教部编版七年级下册《北宋的政治》一课时，教师可以先讲授赵匡胤

"陈桥兵变"的故事,接着说:"赵匡胤是怎样建立宋朝的? 又是怎样统治宋朝的呢? 今天,就让我们一起了解宋太祖赵匡胤的政策得失。"

再比如,在教授人教部编版七年级上册《中国境内早期人类的代表——北京人》一课时,教师提问:"关于人类是从哪来的,古今中外有许多传说,同学们能简单说一说你所知道的关于人类起源的传说吗?"(学生回答女娲造人说等)教师在肯定学生回答后简单讲述女娲造人的传说,进一步提出:"事实究竟是怎样? 人类究竟是由什么进化而来的呢? 科学研究表明,人类是由古猿进化而来的。古猿经过漫长岁月的劳动、演变、进化,发展成现代人。那么在远古时期,我国境内又有哪些早期人类呢? 今天让我们走进本课,一起来了解我国早期的远古人类。"

故事导入法趣味性强,可以提升学生的兴趣,达到良好的教学效果。需要注意的是,许多故事和传说存在编造虚构成分,教师在选取时要特别注意去伪存真,特别是不能只为单纯地追求故事的吸引力而把与教学目标无关的故事引入课堂。

(3)诗词、成语导入

诗词是古典文化的精髓,其特点在于短小精悍、发人深思。"诗咏志、歌咏言",诗歌是古人在当时的历史情境下创作出来的,很多成语也起源于诗词,而诗词与成语大都是学生从小耳熟能详、耳濡目染的,因此,通过诗词、成语的导入往往更能激发学生的学习热情。例如,在教授人教部编版八年级上册《甲午中日战争与瓜分中国狂潮》一课时,教师模拟央视"中国汉字听写大会"场景,提出:"如果今天我们来一场'中国汉字解释大会',你敢挑战吗? '殇',这个字大家认识吗? 你知道它的意思吗?(学生回答)我们来看大家的解释是否正确?"教师解释"殇"的含义,接着提问:"组词'国殇'是什么意思?(学生回答)大家可能会疑惑,为什么选这个词? 因为今天学习的内容就是一百多年前的'国之殇'。"由此引入新课的学习。① 再比如在教授人教版七年级上册(旧版)《春秋战国的纷争》一课时,可引入"纸上谈兵""退避三舍""围魏救赵"等成语,通过追溯这些耳熟能详的成语的根源,让学生思考这些成语为何会在这一时代产生。教师在丰富学生历史知识、激发学生兴趣的同时,分析时代特点,由此引入

---

① 牛名娟,《"从中日甲午战争到八国联军侵华"教学设计与实施》,《中学历史教学参考》2018 年第 9 期。

新课的学习。需要注意的是,无论是诗词还是成语,都是经过文学处理的,教师在选择时要慎重,要与所学内容紧密相关,不能冲淡教学主题。

（4）时事、经验导入

时事和经验都是贴近学生生活的内容,是学生熟悉的内容。教师导入生活中的事情,是给一个低的台阶让学生助跑,从而由浅入深地挖掘学生的潜力。导入生活化的时事和经验,学生对所学知识更容易产生亲切感。例如,在教授人教版高一历史必修一《美国联邦政府的建立》一课时,教师可以特朗普和拜登竞选美国总统的时事热点引入新课的教学。在教授人教版七年级上册(旧版)《中华文化的勃兴》一课时,教师利用中秋节吃月饼提出:"前几天的中秋节晚上,同学们都在家赏月、吃月饼,我们中华民族有五千年的悠久历史,有许多的传统节日。请同学们说说你们最喜欢的节日,或者给你留下深刻印象的节日习俗吧。"(生:春节吃饺子、清明节祭扫、端午节赛龙舟吃粽子等)教师指出:"同学们说得很好,刚才有同学提到了端午节,那你们知道端午节是为了纪念谁吗?(生:屈原)没错。相传屈原在楚国都城被秦军攻破后,在极度绝望下,纵身投入汨罗江而死。后世为了怀念他,将他投江的这一天(农历五月初五)定为端午节。接下来同学们跟着老师,从屈原开始,学习中国古代文化的勃兴。"

（5）悬念、设疑导入

新课改要求培养学生探究问题的能力。悬念总是出人意料,或展示矛盾,或使人困惑,教师利用悬念、设疑导入,给学生提出问题,造成学生心理上对学习的饥渴感,进而激发学生关注力,引发学生主动探究问题。

例如,在教授人民版高一历史必修二《经济全球化的世界》一课时,教师呈现材料:

穷国为何如此贫穷? 富国为何如此富足? 对这个问题尚未有新的解释。

——保罗·萨缪尔森(诺贝尔经济学奖获得者)

观点甲:西方富有是因为他们组织良好、辛勤劳作、举止优雅,其他国家贫困是因为愚昧落后、迷信不智、懒怠成性、夜郎自大。

观点乙:西方富有是因为他们侵略成性、贪婪冷酷、伪善,其他国家贫困是因为他们天真虚弱、无奈,面对侵略终成为牺牲品。

——摘编自兰德斯《国富国穷》

教师提问:"你是否赞同材料中关于国穷和国富的原因表述?"该问题实质

上是引领全课的设疑,意在唤起学生对"萨缪尔森之问"的探究。材料所给的两种观点非常具有代表性,对设问的思考和观点的探讨贯穿于整节课的教学之中,是一个能够引起学生兴趣的问题导入。教师在悬念、设疑导入设计时,注意要围绕教学重点、难点来设计问题,要有针对性。

2. 多媒体辅助导入

主要有视频导入、音乐导入、图片导入、史料导入等。

举例:在教授人民版高三历史选修三专题一《第一次世界大战》时,教师通过多媒体呈现三幅图表:

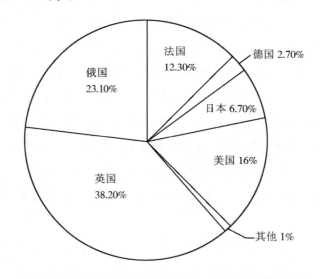

图1　1913年帝国主义列强占世界工业总产量的百分比

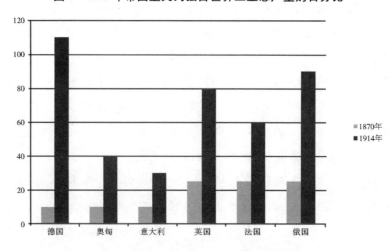

图2　欧洲帝国主义列强的国防预算

国别	英国	俄国	法国	德国	日本	美国
殖民地面积 (万平方千米)	3350	1740	1060	290	30	30
殖民地人口 (万人)	39350	3320	5550	1230	1920	970

图3　1914年帝国主义列强占有殖民地的情况

教师指出:同学们,根据图1我们发现什么问题? (生:主要帝国主义国家经济发展极不平衡。)图2又告诉我们什么? (生:欧洲主要帝国主义国家都大幅度增加国防预算,其中德国与俄国前后对比尤其明显。)图3又说明了什么? (生:老牌帝国主义国家所占殖民地面积远远超过新兴帝国主义国家所占领的面积。)通过研究三个图表,我们发现,20世纪初,主要帝国主义国家之间经济、政治发展不平衡,新兴帝国主义国家迫切想要重新瓜分世界,导致欧洲列强大肆扩军备战,国防预算大幅增加,世界大战不可避免。今天,就让我们一起来学习《第一次世界大战》。

教师在带领学生解读图表的过程中,充分调动了学生逻辑思维与数学思维,明确、清晰的数字比对使历史知识的传达更加直观。

3.学生活动导入

主要有角色扮演导入、讨论导入、辩论导入、演讲导入等。

举例:在教授人教部编版七年级上册《秦统一中国》一课时,教师组织学生分别扮演秦始皇、李斯与王绾。秦始皇:"朕如今一统天下,疆域辽阔,该如何治理,众爱卿有何良策?"王绾:"臣以为今天下一统,吾大秦国运昌盛。然臣以为今天下初定,楚国、燕国、齐国离京城都很远,应将陛下的皇子分封到那里,以巩固我大秦江山。"李斯:"陛下,臣以为万万不可,周王朝广封诸侯,到后来,各诸侯争权夺利、互相残杀,周天子也无法阻止,最终断送了社稷江山,由此可见,分封不利于江山的巩固,不如在全国设立郡县。"

教师指出:面对分封制和郡县制,秦始皇做了什么选择? 统一六国后秦始皇为了巩固统治还实行了哪些措施? 带着这些问题我们一起来学习第9课《秦统一中国》。

与其他导入形式相比较,角色扮演导入时间稍长,课堂气氛较好,这种导入方式需要历史教师具有扎实的专业基础和丰富的知识储备,同时,教师还需要对导入时间和课堂纪律有着良好的掌控能力。

五、教学导入存在的问题

1. 脱离学生实际，忽视实用性。

2. 脱离教学目标，缺乏有效性。比如生搬硬套、淡化了主题等。

3. 导入方式单一，缺乏灵活性。

六、教学导入提升策略

1. 教师主观上不能忽视导入。

2. 教师应具备相应的专业素质。首先，教师应阅读心理学、教育学方面的书籍，不断丰富自己的理论知识，提升理论水平。其次，教师要广泛涉猎其他学科知识，将丰富的知识运用在导入设计中，真正做到学以致用。最后，教师要不断提高自身的专业实践能力，包括语言能力、调控能力、应变能力等。

3. 立足课标与教材。

4. 选取有效导入内容。

七、教学导入训练

人教部编版七年级上册《百家争鸣》一课，请分别运用讲述导入、多媒体导入与活动导入进行导入设计。

注意事项：一是紧扣课本知识，符合学生认知水平，符合学情；二是注意方式的选择；三是注意教学语言的运用；四是充分利用好时间，做到有效导入。

第三节　新课教学技能

教学技能是教师通过练习而形成的运用已有教学理论知识和规则顺利完成教学任务、达成教学目标的能力。限于篇幅，我们主要选取教师在新课教学过程中经常使用的技能，即讲授技能、过渡技能、提问技能与板书技能四项技能进行探讨。

一、讲授技能

（一）讲授技能定义

讲授技能就是教师运用口头语言，通过优化各种手段和方法来激发学生兴趣、启发学生思维、向学生传授知识、培养学生能力，从而使学生形成科学的人生观和价值观的技能。

具体来说,讲授又包括讲述、讲解、讲读和讲演四种基本形式。在历史教学实践中,最常使用的是讲述和讲解两种形式。

(二)讲授教学的基本作用

1. 提高课堂教学效果。

2. 帮助学生准确掌握教材。

3. 充分发挥教师的主导作用。

4. 其他教学方法的基础。

(三)讲授教学存在的问题

1. 缺乏教学语言艺术

以陈胜、吴广起义为例,教师是否使用艺术性语言,产生的效果迥异。教师直白讲授:陈胜、吴广起义。时间:公元前 209 年;地点:大泽乡;起义直接原因:遇到大雨误期;起义根本原因:秦朝的暴政。直白的讲授可以使重点明确,但是学生不了解事件的来龙去脉,机械记忆使学生容易遗忘知识点。

教师使用艺术性的语言进行讲授:公元前 209 年的一个大雨天,两位农民——陈胜和吴广被征发去渔阳戍守。当时陈胜、吴广一行有九百多人,他们一路浩浩荡荡地来到大泽乡。然而,他们却在这里遇上了连日大雨,道路被冲垮了,他们不能按照规定的日期到达渔阳。根据秦律,误期就要被斩首,队伍里很多人在商量怎么办,陈胜、吴广在这个时候决定号召大家一起反抗。他们首先杀死了两个负责押送的军官,然后召集大家讲明了道理,大家很快云集响应。陈胜、吴广起义就在仓促中爆发了。

相较直白讲述,陈胜、吴广起义经过教师艺术性语言修饰之后,学生听完肯定会更感兴趣,能够记忆的时间更长久。

2. 缺乏与现代信息技术的配合

在教授人教部编版七年级上册《青铜器与甲骨文》一课时,青铜器的铸造技术主要采用了"泥范铸造法"。教师如果单一使用讲授法,把"泥范铸造法"的各项工艺制作流程讲述给学生,学生肯定是一头雾水。若教师此时播放"泥范铸造法"制作工艺的视频,会使学生对青铜器制作工艺产生兴趣,会对青铜器制作工艺有初步的了解。

3. 缺乏与其他教学方法的配合

4.缺乏对学生个性发展的关注

(四)讲授教学提升策略

1.提高教师专业素养来增强讲授能力

(1)深化专业理论知识,夯实讲授的知识基础

在教授人教部编版七年级上册《原始农耕生活》一课时,教师在讲授河姆渡人的生活时,给学生展示河姆渡人居住的房屋并向学生提问:房子的建造工艺所使用的技术是什么? 学生回答是榫卯技术。那么榫卯技术究竟是怎么来使用的? 教师介绍榫卯是中国古代建筑、家具及其他器械的主要结构方式,它是一种将两个构件凹凸部分组合在一起的连接方法。突出部分称为榫,凹入部分称为卯。书本上并没有详细的榫卯技术介绍,这就需要教师在课前积累相关知识,以便在历史课堂上为学生拓展相关知识。

(2)熟练掌握语言艺术,增强讲授的吸引力

在教授人教部编版七年级上册《动荡的春秋时期》一课时,教师可通过成语"一鸣惊人"与"楚王问鼎"两则小故事,让学生迅速融入课堂。

(3)提高驾驭课堂能力,保证讲授的实效性

2.运用现代教学手段来提高讲授效果

(1)注入时代信息,增强讲授的时效性

在教授人教部编版七年级上册《两汉的科技和文化》时,可以融入当今的一些时代性信息,比如播放海昏侯墓发掘的科教视频以及海昏侯博物馆展厅的文物照片,这些都是发生在学生身边为大家所熟知的事件。这样既可以使时代性信息融入历史课堂之中,也能使学生对历史课堂更加感兴趣。

(2)丰富讲授内容,增强讲授的广泛性

由于教材的相对滞后性,教材所包含的内容在一段时间内始终不变。多媒体信息技术使教师能够及时、快速地获取与教材内容一致的知识,从而有助于丰富课堂内容。

(3)变化手段和方法,增强讲授的趣味性

3.更新教育教学观念,转变教师角色

(1)树立"以学生为主体"的新型教学观

(2)建立民主平等的新型师生关系

(五)讲授技能训练

人教部编版九年级下册《第二次世界大战》一课的第一子目:"二战"的爆

发及主要战场,请分别运用讲解与讲述进行讲授。

注意事项:一是注意讲授的科学性、艺术性和启发性;二是注意与其他教学方法的配合;三是注意关注学生、关注学情;四是把握讲授的"度",注意协调与现代教育技术运用的关系。

二、过渡技能

(一)过渡技能定义

教学过渡是对历史教学中各个知识点的有效衔接,是各个知识点有逻辑的顺延,是教学技能的重要体现。

教材中各子目间的关系有多种,主要有递进关系、并列关系、因果关系与评价关系等,这些关系有时单独出现,有时会多种共同呈现,教师应该根据不同的关系进行分类处理。

比如人教部编版七年级上册《汉武帝巩固大一统王朝》一课中,各子目间是典型的并列关系,教材分别从政治、思想、经济、军事四个方面介绍了汉武帝巩固大一统的措施;再比如人教部编版七年级上册《秦末农民大起义》一课,第一子目"秦的暴政"与第二、三子目"陈胜、吴广起义""楚汉之争"为因果关系,而第三子目与第二子目又是递进关系。教师一定要把握好各子目间的关系,这样才能更好地向学生展示历史的逻辑性。

(二)教学过渡分类

按照知识内容与逻辑来分,主要有直接过渡、承上启下过渡、启发式过渡、联系新旧知识过渡这几类。

1.直接过渡。直接过渡也称自然过渡,是指教师充分利用教材自身的知识结构特点,在教学内容传承与衔接关系密切的情况下,直入主题,用简单的过渡语直接过渡到下一知识点。许多教学内容之间本身就有密切的联系,只要充分利用知识本身的结构和逻辑就可以实现教学内容之间的自然过渡。

举例:在教授岳麓版高一历史必修一《辛亥革命》一课时,教师在讲授"辛亥革命的影响"之后可以这样过渡到"辛亥革命的精神":虽然辛亥革命已经过去100多年,但它却成为我们永不褪色的回忆。当人们在讨论辛亥革命伟大意义时,不禁思考,辛亥革命为我们留下的最宝贵精神财富是什么?

直接过渡主要适用于子目之间传承关系十分明显的教学内容。教师运用这种过渡法可直入正题,具有很强的鲜明性。

2. 承上启下过渡。教师通过分析之前所讲的知识,进而将这些知识作为即将讲授内容的原因或背景,以此完成知识的衔接。

举例:在教授岳麓版高一历史必修一《五四爱国运动》一课时,教师在讲授"五四运动取得胜利"后可以这样过渡到"五四运动的历史意义":随着曹汝霖、章宗祥、陆宗舆三个卖国贼被罢免以及中国代表团拒绝在《凡尔赛和约》上签字,这场轰轰烈烈的爱国运动取得了初步的胜利,那么这对当时的中国有何深刻影响呢?

承上启下过渡多适用于内在联系特别紧密的知识,或存在比较明显的因果关系的知识。教师采用这种过渡既可以总结前面所学知识,还可以更为直接地引入后面的知识。

3. 启发式过渡。启发式过渡也称设疑过渡,是指教师创设启发式问题,通过巧妙设计问题,在激发学生思维的同时完成知识的过渡。

举例:在教授岳麓版高一历史必修一《古罗马的政制与法律》一课时,教师通过展示案例来讲授习惯法这一内容,接着教师创设问题情境:"如果你是平民,面对刚刚案例的结果,你是否愿意接受呢? 你将怎么做呢?"教师通过提问激起学生探索新知识的欲望,以此过渡到《十二铜表法》。启发式过渡多用于叙述某一系列或具体历史事件发展过程中所设立的子目。

4. 联系新旧知识过渡。这种也称回忆巩固式过渡,是指教师通过回忆与所讲知识相关的内容,自然引出新授知识。教师在新知识与旧内容的类比分析中完成知识的过渡。

举例:在教授沪教版历史与社会九年级上册《列强对世界的瓜分》一课时,教师在讲述"帝国主义瓜分非洲"后,下一内容是帝国主义国家对拉丁美洲的侵略,教师可以这样过渡:"拉美独立运动的意义如何? (学生回答)拉丁美洲的独立运动尽管打碎了西班牙、葡萄牙的殖民统治,建立了一系列新兴国家,但这些国家并未真正走上独立道路,英美等殖民势力接踵而来,帝国主义开始了对拉丁美洲的侵略。"联系新旧知识过渡多用于内容间联系不强、从结构上看属于并列式结构的子目。

(三)教学过渡的作用

1. 有利于学生形成知识体系。

2. 有利于激发学生学习兴趣。

3.有利于发展学生思维能力。

（四）教学过渡存在的问题

1.对教学过渡不够重视。

2.机械而缺乏时效性。

3.生硬而缺乏层次性。

4.突兀而缺乏启发性。

（五）教学过渡提升策略

1.递进关系的过渡策略

例如：在教授人教版高一历史必修一《国共的十年对峙》一课时，其三个子目分别为：南昌起义、土地革命、红军长征。教师可以按照时间顺序直接过渡，但三个子目之间其实隐含着一条内在的主线——中国共产党从幼稚走向成熟的过程。教师在设计过渡时应该把握这条主线。"南昌起义"与"土地革命"可以这样设计过渡："虽然南昌起义标志着中国共产党独立领导武装斗争的开始，但还是受到了俄国'十月革命'的束缚，中国共产党的成熟之路还很漫长。南昌起义失败后，中国的革命道路究竟是继续以城市为中心还是转向农村？带着这样的疑问我们走进'土地革命'这一子目的学习。""土地革命"与"红军长征"之间的衔接，教师可以这样设计过渡："在中国共产党不断成熟的进程中，国民党并没有放弃对革命根据地的进攻，接连组织了几次大规模的'围剿'作战，中国共产党必将在与国民党反动派的斗争中愈加成熟，在学习这一过程中，我们必须了解一个重要内容——红军长征。"

2.并列关系的过渡策略

例如：在教授人教版高一历史必修一《从汉至元政治制度的演变》一课时，第一与第二子目分别是"中央集权的发展"与"君主专制的演进"，这是典型的并列关系子目。教师可运用子目解释的过渡策略，引导学生完成知识点的衔接。教师指出："我们一般理解的封建制度其实更为科学的解释是——君主专制中央集权。这一制度包含'中央集权'与'君主专制'两个概念，我们在上一子目分析了中央集权，君主专制对应的是宰相分权，所以学习君主专制的加强其实就是学习皇帝处理与宰相矛盾的过程。下面就让我们进入'君主专制的演进'的学习。"

3.因果关系的过渡策略

例如:在教授人教部编版七年级上册《沟通中外文明的"丝绸之路"》一课时,三个子目分别是张骞通西域、丝绸之路、对西域的管理。此三个子目之间是典型的因果关系:张骞沟通了西域,为丝绸之路的开通做好准备,汉王朝由此进一步加强了对西域的管理。三个子目之间的过渡,教师可以充分利用历史地图,第一个子目重点强调了张骞两次通西域的路线图,而丝绸之路也主要是沿袭这条路,这样就可以让学生清晰地了解二者间的关系,然后继续深入时代背景,匈奴依旧是丝路上的阻碍,为了维护丝绸之路,汉王朝加强了对与西域地区的管理,不仅巩固了丝绸之路,还起到了继续拓展开发的作用。

4.评价关系的过渡策略

例如:在教授人教版高一历史必修一《解放战争》一课时,最后一个子目为"新民主主义革命的伟大胜利",这是一个总结评价性的子目,涉及的评价内容不仅包括前两个子目的内容,更是对整个第四单元知识点的梳理。老师可以这样提问:"请同学们讨论总结出中国近代以来各社会阶层为探索中国的发展道路做出了哪些努力? 结果如何? 什么是新民主主义革命? (学生回答)鸦片战争后中国面临巨大的民族危机,农民阶级领导的太平天国运动由于自身的局限性最终失败;地主阶级领导的洋务运动也没能使中国走向富强;资产阶级由于其软弱性,终究不能改变中国半殖民地半封建的社会性质。历史证明,只有中国共产党才能最终完成民族独立和国家富强的历史任务,我们现在一起学习民主革命的关键一步——'新民主主义革命的伟大胜利'。"这样的过渡有利于调动学生的主动性,提高学生分析历史事件的能力。

(六)过渡技能训练

人教部编版七年级上册《早期国家的产生和发展》一课子目间,请分别运用直接过渡、承上启下过渡、启发式过渡、联系旧知识过渡进行过渡设计。

注意事项:一是要具有启发性,促使学生积极思考;二是要具有引导性,循序渐进,过渡到要掌握的知识点上;三是要注意引导学生思考,培养与发展学生历史思维能力;四是精心设计过渡语,使教学内容环环相扣、教学环节自然流畅。

三、提问技能

(一)提问技能定义

提问技能是指教师根据教学内容和学生实际设置问题,引发学生思考与讨论,以发展学生思维、培养学生能力的教学技能。教师提问是教师进行启发式教学、调动学生学习积极性、培养学生思维能力、了解学生学习状态的教学行为。

以认知能力为基础,可将历史课堂中的问题形式概括为:知识型问题、理解型问题、运用型问题、分析型问题与评价型问题。

1.知识型问题

历史学科的特点决定了知识型问题在历史教学中占有很大比重。这类问题需要学生对历史事实、概念或结论做陈述性回答,如"秦朝中央集权的内容""《独立宣言》的意义"。这类问题主要检测学生对历史事实、概念以及结论的再认再现能力,对于促进学生学习和强化记忆有一定作用,但由于问题的封闭性,不利于学生创造性思维的发展。

2.理解型问题

理解型问题高于知识型问题,是需要学生进行一定的思考才能理解的问题类型。这类问题大多是关于某一历史事件的条件、影响,以及原因与结果之间的内在逻辑关系,这类问题设计往往有"为什么"等问句。针对这类问题,学生需要对问题本身的知识有一定的了解,然后根据这些知识,通过归纳总结来解决。比如在教授人教版高一历史必修一《明清君主专制的加强》一课时,要求学生理解宰相制度的废除对专制皇权的影响。这就要求学生不仅要掌握宰相制度,还要掌握宰相制度与封建皇权之间的博弈关系。

3.运用型问题

运用型问题指的是需要学生运用新授知识来解决固有知识的问题。这类问题在学生的认知能力中构建了一座桥梁,沟通了学生所学知识与新授知识,让学生能够把这些知识联系起来去解决实际问题。这类问题设计往往有"如果……你该怎么办"等问句。教师要创设历史情境,鼓励和帮助学生应用已获得知识去解决所面临的问题。比如在教授人教部编版七年级上册《百家争鸣》一课时,教师可以创设问题情境:"如果你是春秋战国时期的诸侯王,你会选择哪家学派的思想来巩固你的统治?"这就要求学生不仅要对春秋战国时期各家思想的特点有所了解,还要根据本国的具体国情来选择适合自己发展的统治思想,这无疑加深了学生对百家争鸣时期各派观点的理解与掌握。

4.分析型问题

分析型问题作为一种高层次的问题类型,需要学生具备良好的逻辑思维能力。与上述三类问题相比,分析型问题对知识点的挖掘更进一步,注重学生对深层次知识的掌握和运用。教师在处理这类问题时,应注重灵活点拨而不是直接给出答案。比如在分析秦朝灭亡原因时,教师可引用语文课本中的《过秦论》,根据文中对秦朝强大的生动描述,引发学生对秦亡原因的思考:是什么原因导致强大的秦国仅仅二世而亡? ——"一夫作难而七庙隳,身死人手,为天下笑者,何也? 仁义不施而攻守之势异也。"这不仅锻炼了学生分析问题、解决问题的能力,更锻炼了学生知识迁移能力,让学生理解古人对秦亡的看法,再对比自己的看法,以此加深对知识点的理解与掌握。

5. 评价型问题

评价型问题主要用于对历史人物和重要历史问题的评价上,这类问题最有利于培养和训练学生的求异思维,要求学生具备良好的史学素养和科学的历史唯物主义观。比如下面案例中通过鲁迅对拿破仑的评价分析,表现了鲁迅的史学观。

鲁迅说:"有一回拿破仑过阿尔卑斯山,说:'我比阿尔卑斯山还要高!'这何等英伟,然而不要忘记他后面跟着许多兵。倘没有兵,那只有被后面的敌人捉住或者赶回,他的举动、语言都离开了英雄的界限,要归入疯子一类。"请结合拿破仑的事迹,评述鲁迅的史学观。

（三）教学提问的作用

1. 引起注意,激发兴趣。

2. 启发思维,主动学习。

3. 信息反馈,教学交流。

4. 深入思考,探究规律。

（四）教学提问存在的问题

1. 问题具有封闭性。比如一些教师设计的问题大多是判断式答案,学生只需用"是""不是""好""不好"等词来回答就完成了一个提问与回答的环节,这样的问题不能激发学生思维,长此以往,还会使学生失去回答问题的兴趣。

2. 问题难度把握不当。比如某教师在教授人教部编版九年级上册《第一次工业革命》一课时这样提问:工业革命是"革命"吗? 问题提出后无人应答,因为学生对"革命"一词的概念不明确,所以一时不知从何答起。

3.对学生的回答处理不当。比如某教师在教授人教部编版七年级上册《百家争鸣》一课时，提问："为什么'百家争鸣'局面出现在春秋战国这个动荡不安的年代？"问题提出后，只有一位学生从政治方面做了回答，但是这个问题还可以从经济等其他方面来进行思考，但该老师没有抓住时机进行适当的启发和引导，见无人再回答后直接给出了答案。

4.问题设计不准确。

5.用问题惩戒学生。

（五）教学提问提升策略

1.提升教师专业水平。

2.问题应坚持面向全体。

3.问题要有启发性。

4.问题要有层次性。

5.问题要精确鲜明。

6.要把握提问的节奏与频率。

7.要给学生必要的思考时间。

举例：问题设计的层次性可从两方面着手设计：第一，可以对要解决的问题进行由易到难、由浅入深的分层设问。比如分析某一历史事件可以先问事件发生的时间或内容，再问该事件的意义，最后让学生谈谈由此得到的启示。第二，可以把一个相对较难的问题分解成若干个较为容易的小问题来进行设问，最终达到突破难点的作用。比如，对于"有人认为，既然阻止不了内战爆发，以毛泽东为代表的中共代表团为何还要前往重庆进行谈判"这一问题，就可通过问题分解的方式解决：(1)抗战胜利后，人民最大的心愿是什么？国民党的想法又是怎样？(2)如果中共不派代表前往重庆进行和谈，人民会怎样想？国民党又会怎么做？(3)毛泽东决定前往重庆进行谈判是基于怎样的考虑？通过一个个小问题的解决，学生的思维不断深化，最终达到解决难题的目的，同时也有助于学生思维的锻炼和发展。

（六）提问技能训练

人教部编版八年级上册《北洋政府的黑暗统治》一课，请分别运用知识型问题、理解型问题、运用型问题、分析型问题、评价型问题进行问题设计。

注意事项：一是问题设计要以学情为基础，所提问题要适合学生认知水平，有差别地进行提问;二是问题设计要精确鲜明,要有层次性;三是问题设计应激发学生兴趣,启发学生思维,具有思维价值。

四、板书技能

(一)板书技能定义

板书技能是指教师根据教学的需要,在黑板(或者幻灯片、投影仪)上用文字、线条、图形、符号等要素再现和突出教学主要内容的技能。

传统板书一般由两部分组成,即正板书和副板书。正板书是板书的主体,是教师根据教科书内容按逻辑顺序排列,系统完整地展现教学的主要内容和知识点,是教师教授知识的提纲,也是学生学习和复习的提纲。正板书一般写在黑板的中间或左侧。副板书是对正板书的补充和说明,是教师在讲授知识点时对正板书的细化,其内容一般是正板书没有列出的人名、地名、数字、年代、概念及难字等。副板书一般写在正板书的两边或右侧,可根据课堂授课情况选择是否擦除。

举例:人教版高二历史必修三《辉煌灿烂的文学》一课板书设计

```
                第9课 辉煌灿烂的文学
一、诗词歌曲                                    副板书
1.春秋末年《诗经》                    第一部 300多首,风雅颂
2.战国时期 楚辞                      屈原 浪漫主义
3.汉朝 楚辞、赋(半诗半文)
4.唐朝 诗歌黄金时期,词出现            李白"诗仙"浪漫主义;杜甫
                                    "诗圣""诗史"现实主义
5.宋代 词(适应市井生活需要) 散曲      词为主流形式和标志
6.元代 元曲(散曲、元杂剧)            关汉卿、马致远、白朴、郑光祖"元曲四大家"
                                    《窦娥冤》《汉宫秋》《梧桐雨》《倩女离魂》
二、小说
1.魏晋南北朝:《搜神记》等志怪小说
2.唐朝: 短篇小说传奇  宋朝: 话本
3.明清: 繁荣时期                     《三国演义》《水浒传》《西游记》《红楼梦》
  原因: 中央集权强化;市民阶层扩大
  表现: 数量、体裁、表现手法丰富
```

(二)教学板书分类

1. 提纲式板书

提纲式板书是教学中最常见的板书格式。这类板书以教学内容的内在逻辑联系为线索,按照教学内容的先后顺序,通过不同序号按教学本身的层次含义标示相应的知识点,以此展现知识之间的内在联系。

举例:人教版高一历史必修一《罗马法的起源与发展》一课板书设计

> 一、罗马法的发展历程
> (一)产生(表现形式):
> 1.公元前509年,罗马共和国早期,习惯法(无文字)
> 2.公元前5世纪中期,《十二铜表法》,罗马成文法诞生(有文字)
> (二)发展(适用范围)
> 1.罗马共和国时期 目的:调整罗马公民之间的关系
> 　　　　　　　　　范围:罗马公民
> 2.罗马帝国时期　　目的:适应扩张与巩固统治的需要
> 　　　　　　　　　范围:罗马统治范围内一切自由民
> (三)完备(法律体系)
> 6世纪,东罗马帝国皇帝查士丁尼时期,《民法大全》,罗马法体系最终完成
> 二、评价
> 作用:稳定社会秩序,巩固统治
> 影响:1.欧洲历史上第一部比较系统完备的法典,奠立近代欧洲大陆法律体系基础
> 　　　2.资产阶级革命的思想武器,对中、日的法律制定产生影响
> 局限:维护奴隶制度,妇女地位低下

提纲式板书具有逻辑性、概括性、系统性、突出重难点等特点,但这类板书缺乏新意,学生易产生疲倦。在实际教学过程中,教师可配以其他板书类型,以此增加新意,调动兴趣。

2.数轴式板书

数轴式板书是画一条或数条数轴,根据历史事件的先后顺序将连串的历史事件陈列在数轴上。教师通过数轴之间的联系把各历史事件连在一起。

举例:人教版高一历史必修二《中国民族资本主义的曲折发展》板书设计(19世纪六七十年代)

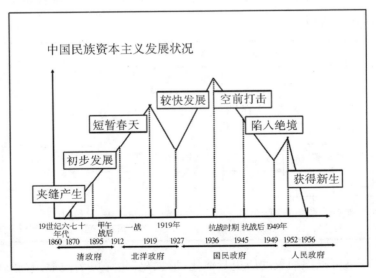

这类板书适合线条清晰的教材内容,但容易忽略其他教学内容,不能将所

有知识点都呈现在数轴式上,故并不适用于所有教学内容。

3. 表格式板书

表格式板书是教师根据教学内容设置表格,引导学生填写关键字词,简明直观地呈现教学内容。比如教师在总结近代中国一步步沦为半殖民地半封建社会时,板书设计可以如下:

	鸦片战争	第二次鸦片战争	甲午中日战争	八国联军侵华
国家	英国	英、法	日本	英、法、美、意、德、日、俄、奥
原因	打开中国市场(根本) 虎门销烟(直接)	扩大侵略权益	实施对外扩张,打开中国市场 东学党起义(导火索)	扩大侵略权益(根本) 镇压义和团运动(直接)
时间	1840.6—1842.8	1856—1860	1894.8—1895.4	1900.6—1901.9
结果	《南京条约》《望厦条约》《黄埔条约》	《北京条约》《天津条约》	《马关条约》	《辛丑条约》
影响	中国开始沦为半殖民地半封建社会	半殖民地半封建社会化程度加深	半殖民地半封建社会化程度大大加深	完全沦为半殖民地半封建社会

这类板书具有鲜明直观、信息量大、条理清晰、简洁美观的特点。

4. 图示式板书

图示式板书是以图示意,以图形、图表、图像、箭头、线条等为符号方式,简明扼要地揭示历史事件的现象和本质,是教师在对知识体系和结构把握基础上进行的艺术创造与加工。

人教版高一历史必修一《从汉至元政治制度的演变》,教师在讲解三省六部时板书可以设计如下:

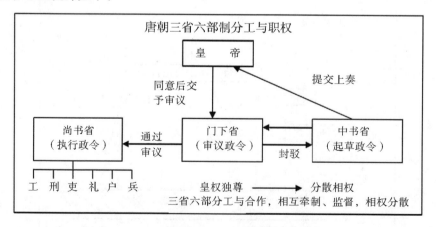

这类板书可以把抽象的历史具体化、形象化,化深奥为浅显,有较强的直观性,有利于激发学生的求知欲,发挥学生的想象力,调动学生学习的积极性。

5.问题式板书

问题式板书是教师在对教材深入了解的基础上,按教学内容顺序设置一系列问题,引导学生根据问题阅读教材,师生合力共同解决问题,完成教学目标。这类板书有利于培养学生独立思考、分析解决问题的能力。所设计问题层层递进,有利于学生突破重难点,有利于学生把握事件发展脉络。

人教版高一历史必修二《罗斯福新政》,可以让学生自主探究进行合作学习,教师适时进行引导,板书设计如下:

> 1.假如你是美国公民,在1932年总统大选中,你会投票给胡佛还是罗斯福?为什么?
> 2.如果你是罗斯福,面临美国当时的情况,你会怎么做?为什么?
> 3.为何新政首先从整顿金融入手?以工代赈和社会救济、《工业复兴法》是否损害了资本主义利益,新政是为了维护无产阶级利益?这些措施在当时有何影响?
> 4.新政为何称为"新",与"旧"有何差异?
> 5.新政对美国产生何种影响?美国社会有何变化?
> 6.罗斯福是马克思主义者吗?请说明你的理由。
> 7.你怎样评价罗斯福。

这类板书适合逻辑性较强、内容简单、富有条理的教学内容。

(三)教学板书原则

1.概括性原则。板书语言不同于描述语言,板书语言要简洁、精练。比如汉初的休养生息政策是:"让士兵复员生产,免除若干年徭役,让战争期间逃亡的人回家,恢复原有的田宅,把因饥饿卖身为奴的人释放为平民,减轻田租,规定十五税一。"板书时可概括为"兵、民、奴、税"四个方面,简化为"兵复生产免徭役,战逃回家复田宅,释奴为民减田租",书写省时省力,学生记忆清晰。

2.启发性原则。比如,人教部编版七年级上册《秦统一中国》一课的板书设计,教师可以将秦确立中央集权的措施展现出来,启发学生思考秦朝迅速灭亡的原因。

3.灵活性原则。

4.美观性原则。首先,板书整齐、布局合理,同一层次的标题序号和字体要相同,如果需要画图,文图配合要得当。其次,字体工整、书写规范、行距一致也是最基本的要求。如果需要彩色粉笔,颜色要搭配合理,力求鲜明美观。

例如:人教版高一历史必修一《甲午中日战争和八国联军侵华》,教师在讲授甲午中日战争时板书可以设计如下:

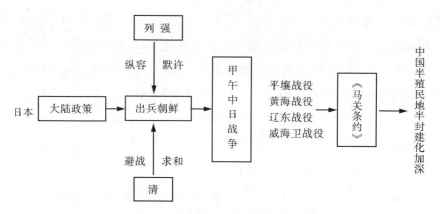

(四)教学板书的作用

1. 强化学生记忆。

2. 激发学生兴趣。

3. 培养学生审美能力。

4. 概括教学内容。

(五)教学板书存在的问题

1. 教师对板书不够重视。

2. 以教学要点代替板书设计。教学要点虽具有一定的概括性,但知识点之间是分散的、零碎的,不具有系统性和整体性,除了能令学生记忆外,与教学目标的关系不大。比如,某教师在教授人教版七年级下册(旧版)《中外的交往与冲突》一课时,板书设计如下:

《中外的交往与冲突》

一、郑和下西洋

　1.目的:炫耀国威、加强联系

　2.经过:刘家港(出发地)—红海沿岸和非洲东海岸(最远)

　3.意义:交流、友好

二、戚继光抗倭

　1.背景:倭寇侵扰

　2.抗倭:戚继光 ——民族英雄

三、葡萄牙攫取在澳门的居住权

　1.时间:1553 年

　2.方式:欺骗、贿赂

从表面上看,这是典型的提纲式板书,但其实这仅仅是教学要点的罗列。本课的课题是"交往"与"冲突",但从板书来看,要点并未体现。同样一课,有的教师的设计就完全不一样。

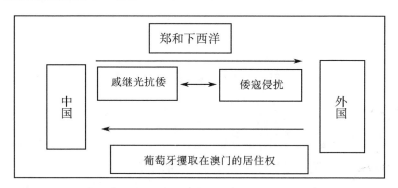

这个板书形象直观,符合学生的认知特点。从教学内容看,中外间的交往与冲突展现得一目了然。

3.板书的展现方式不当。

4.忽视学生的参与。黑板不仅仅是教师的"私有土地",也可以是学生展现自我的"公共舞台"。教师在设计板书时,要适当留有余地,主动给学生留出"填补空白"的思维机会,使之产生发现和创造的乐趣。

5.板书生成缺乏灵活性。

(六)教学板书提升策略

1.全面提升教师素养。

2.加强教师板书技能训练。

3.实现板书与现代多媒体手段的有效结合。

4.尊重学生在板书生成过程中的主体地位。

(七)板书技能训练

1.人教部编版八年级上册《中国工农红军长征》一课,请分别运用提纲式板书、表格式板书与问题式板书进行板书设计。

2.人教部编版八年级下册《对外开放》一课,请分别运用数轴式板书、图示式板书与问题式板书进行板书设计;

注意事项:一是要层次分明,条理清晰,布局合理;二是要突出重点,简明扼要,具有概括性;三是尊重学生在板书生成中的主体地位;四是注意传统板书与现代信息技术的有效结合。

第七章 教学实施技能（中）

第一节 复习课技能

一、复习课的定义

复习课是指在教学过程的某一阶段（一般是各种考试前，特别是中考、高考前），通过对相关知识的再一次学习，以巩固、梳理已学知识，达到知识整合、构建知识框架、提高学生运用所学知识解决实际问题能力的一种课型。

复习课有三大基本任务：第一，使学生能够全面、准确掌握基础知识；第二，使学生将各个分散的知识点进行系统化，构建起知识框架；第三，使学生提高综合运用所学知识解决问题的能力，换个角度说就是要提高学生考试得分的能力，因为我们现在的教学评价主要还是通过考试分数来体现。

二、复习课的特征

1. 知识性：复习课是对已学知识的归纳总结，课堂容量大、涉及内容多，所以知识性大大增强，学生学习压力增大，枯燥性明显增加。在这种情况下，如何调动学生兴趣，保持对旧知识的新鲜感，对历史教师提出了更高要求。

2. 针对性：复习课要突出重点，更要注重实效，有针对性。在复习过程中，老师要注意全班学生普遍存在的问题，同时兼顾少数学生存在的问题，紧扣学生的薄弱环节和知识的易混点、易错点，做到有的放矢，对症下药。

3. 系统性：由于学生之前在各节课里获得的知识是零散的，在复习过程中，必须对所有知识加以系统整理。历史教师需要在众多的史实中找出一条主线来统领所授知识，清理线索，然后再根据基础知识之间的相互联系，梳理归类，分块整理，使学生所学的分散知识系统化。在复习之后，学生能将平时相对独立的知识点串成线、连成片、结成网，形成一个比较系统完整的初高中历史知识网络。

4. 应试性：复习是为应试做准备，考什么，就复习什么；怎么考，就怎么复习,所以复习课除了对基础知识的复习,还包括解题能力的训练。教师要注意加强对学生答题方法的指导,指出各类题型审题、答题步骤及技巧,规范答题模式。

首先要培养审题技巧。审题能力是各类考试能力考查的基本内容。"慢审题,速做题"是实考的通用战术,学生在复习阶段必须养成良好的审题习惯和规范的审题、解题技巧,才可能减少考试过程中非智力因素失分。其次是培养解析材料的能力。针对现在考试材料题型为主的形势,学生在做题时要完整把握材料信息,带着问题阅读材料,这样不但能使思路清晰明确,便于从材料中找寻有效信息,而且节省时间。重视材料两头,不要忽视材料的出处。根据标点符号(特别是句号、分号、省略号)判断段落结构,确定信息源。最后是答题的规范化。选择题的作答完成之后,要及时把答案规范填涂到答题卡上。主观题作答要做到"六化":答案要段落化;段落要层次化;层次要要点化;要点要序号化;文字要简练化;书写要规范化。将这些内容贯穿于复习教学中,对提高分数有较大帮助。

三、复习课的课型

1. 按复习阶段分为毕业年级复习课与非毕业年级复习课。

(1)毕业年级复习课。

由于中考、高考影响重大,所以初三、高三的复习课对学生和教师都意义重大。初三、高三的复习时间也都比较长:初三历史总复习的时间一般有 4 个月;高三历史复习时间就更长了,有 12 个月。这么长的时间,怎样安排复习才合理呢? 目前我们的初三、高三复习,一般都是安排三轮复习。第一轮复习一般是课本复习(案例1),按课本顺序巩固基础,第一轮复习要扎扎实实,忌赶进度。所以初三的第一轮复习一般在 3 个月左右,高三的第一轮复习有 8 个半月左右。第二轮复习往往是在第一轮复习的基础之上打破教材原有框架、打破模块界限[高中课本因为是按政治、经济、思想三个模块,所以第二轮一般是通史(案例2);初中课本人教部编版是按通史顺序,所以第二轮一般是专题],加强对照比较、纵横联系,形成历史发展阶段的知识网络,增强分析和解决问题的能力,同时加强训练,总结答题技巧,提升得分能力。初三的第二轮复习一般有 3 周时间,高三的第二轮复习一般有 3 个月左右。第三轮复习则关注时政热点,综合复习,同时查缺补漏,回归课本。所以时间一般不长,初三的第三轮为 1—2

周,高三的第三轮为2—3周。从第一轮到第二轮再到第三轮,是一个不断递进的复习过程,也是全面提升学生综合能力的过程。

【案例1】人教版高一历史必修一

第19课　俄国十月革命的胜利

[知识梳理]

一、十月革命的历史条件

1.客观条件:帝国主义链条上最薄弱的环节

①物质基础:20世纪初的俄国已进入帝国主义阶段,垄断组织在俄国经济生活中已经占据支配性地位。

②政治基础:社会发展相对落后,使俄国成为各种矛盾的集合点,从而使俄国成为帝国主义链条上最薄弱的环节。

③催化剂:"一战"使俄国国内的各种矛盾空前激化。

④有利的国际环境:主要帝国主义国家卷入战争。

2.主观条件

①阶级基础:无产阶级革命性较强,且力量强大。

②组织基础:有成熟的无产阶级政党——布尔什维克党领导。

③群众基础:有广大农民的支持。

④杰出领导:列宁。

二、十月革命的经过

1.二月革命:资产阶级民主革命,推翻沙皇统治,形成两个政权并存局面

2."四月提纲":革命的方向、口号、方式

3.七月流血事件:两个政权并存局面结束

4.十月革命:推翻临时政府,成立工农苏维埃

…………

[问题探究]

1.十月革命有哪些特点?

2.多角度认识俄国十月革命的意义。

3.比较巴黎公社与十月革命的异同点。

[课堂练习]

1.1917年4月,列宁根据当时俄国政局的特点,不赞成立即推翻临时政府,

主张首先争取全部政权归苏维埃,然后再把小资产阶级正当排除出苏维埃,建立无产阶级专政。列宁提出这一主张的重要依据是( )

A.存在着两个政权并存局面 B.世界大战尚未结束

C.红军取得了国内战争的胜利 D.尼古拉二世已经宣布退位

【案例分析】本教案为吉安市第一中学胡全俊老师的江西省教育厅线上教学复习课摘录,由知识梳理、问题探究、课堂练习三部分构成。知识梳理主要是对课本主干知识进行回顾,突出重点;问题探究是通过三个问题的分析来突破难点;课堂练习主要是对复习内容进行进一步的巩固运用。

【案例2】高三的第二轮复习(人教版通史模式)

明清时期

一、新课标卷考情分析

年份	题号		考查内容
2020	Ⅰ	27	儒家思想在清代宗谱修篡中的体现
	Ⅱ	27	明代官营手工业的发展
	Ⅲ	27	明朝内阁的权力
		41	新中国与清朝关于河流治理的比较

[备考重心]

(1)中枢机构及地方机构的变革;

(2)商品经济发展的表现及影响;

(3)儒学社会影响;

(4)与西方同一时期或不同时期的对比。

二、通史概览

[知识定位]

必修一 第一单元 古代中国的政治制度

宰相制度的废除

内阁的出现

军机处的设立

必修二 第一单元 古代中国的经济的基本结构与特点

…………

[通史概览]

1.政治方面:君主专制程度空前加强;统一多民族国家进一步巩固。

(1)君主专制加强的表现:

①明:废丞相,置内阁;设立特务机构。

②清:增设军机处,创立密折制。

③八股取士,大兴文字狱。

(2)强化国家统一的主要措施:

①明:废行省,设三司;创立督抚制。

②清:改土归流;盟旗制度;金瓶掣签制度。

2.经济方面:农耕经济高度繁荣;资本主义萌芽出现并缓慢发展。

3.文化方面:程朱理学依然占据主导;早期民主启蒙思想产生。

传统科技依然走在世界前列,但总体落后于世界发展潮流。

文学艺术成就突出,具有高度的思想性和时代性。

4.对外关系方面:逐步放弃了对海洋的经营,对外交往趋向封闭。

[时空定位]

三、时代特征(史料探究)

1.材料:明清时期,中国社会的各个方面在原有的体系框架下达到极致。康熙时,全世界超出50万人口的大城市有10个,中国占6个。到乾隆末年,中国经济总量居世界第一位,人口占世界1/3,对外贸易长期出超。在此期间,社会稳定,经济快速发展,人口增长迅速,疆域辽阔,被誉为"康乾盛世"。

表现:

(1)政治:统一多民族国家进一步巩固和发展。

(2)经济:经济总量领先;手工业、商业发展,城市经济繁荣。

(3)思想:儒学在传承中创新,出现反封建民主思想。

(4)科技文化:传统科技仍然居世界前列;文学艺术异彩纷呈。

…………

四、重难点强化

1.一组剪不断、理还乱的关系:君相之间的长期博弈。

2.一种不容忽视的经济现象:商品经济发展。

3.一个令人深思的对比:17—18世纪的东西方世界。

五、链接高考

1.(2014 课标卷Ⅰ,27)明初废丞相、设顾问性质的内阁大学士,严防权臣乱政。明中后期严嵩、张居正等内阁首辅操纵朝政,权倾一时。这表明( )

A.皇权渐趋衰弱　　　　　　　B.君主集权加强

C.内阁取代六部　　　　　　　D.首辅权力失控

【案例分析】本教案为吉安市第一中学刘德洋老师的全市高中第二轮复习示范课摘录,复习内容为明清时期。"通史概览""时空定位""时代特征""重难点强化"等环节,打破了教材的模块界限,按通史模式复习构建知识体系,有利于进一步加强学生对相关知识的掌握。"考情分析""备考重心""知识定位""链接高考"等环节,则是通过对高考真题的分析,让学生了解之前的考查情况,应该如何应对,侧重于提高学生的应试能力。

(2)非毕业年级复习课。

非毕业年级以讲授新课为主,所以一般也就考试前花几个课时来进行复习,也不可能复习几轮。那要怎样才能尽快将知识点巩固一遍并建立知识体系呢? 在初高中教学实践中,一般采用单元复习或者专题复习的方式。单元复习就是以一个单元的内容为复习的重点,注重单元内知识点之间的相互联系,形成单元知识体系。专题复习则是以某一个方面的内容为主线,把整本教材的相关内容全部串联起来,形成这方面知识的体系。

【案例1】人教版高二历史必修三单元复习

第一单元　中国传统文化主流思想的演变

一、主干知识梳理

(一)春秋战国时期的百家争鸣

1.百家争鸣

(1)含义:春秋战国时期知识分子中代表各阶层、各派政治力量的学者或思想家,按照本阶层或本集团的利益和要求,对当时社会上和学术上的各种问题,发表不同见解,展开争论,这种局面被称为"百家争鸣"。

(2)"百家争鸣"局面形成的背景或社会条件是什么?

①春秋战国时期,我国正处于社会大变革时期(或社会转型时期)。

②生产力的发展促进了井田制的瓦解和封建经济的迅速发展,奠定了物质基础。

③(政治上)周王室衰微,分封制和宗法制渐趋崩溃,阶级关系出现新的变化;各国纷纷进行变法。

④(军事上)诸侯分裂割据,战争十分频繁。

⑤(思想文化上)私学兴起为学术繁荣提供了舆论阵地。

(3)"百家争鸣"的历史影响或意义:

①是中国思想史上第一次思想解放高潮,有力地推动了当时的社会变革和文化发展。

②对后世文化学术的发展也产生了极大的影响,共同构造了中国传统文化的基本精神。

2.孔子、孟子和荀子与儒家思想的形成

(二)汉代儒学成为正统思想

(三)宋明理学

(四)明清之际的儒学

二、重难点分析

(一)儒家思想地位的演变及原因。

(二)对儒家思想的综合认识。

(三)对董仲舒的"新儒学思想"的评价。

(四)程朱理学和陆王心学的相同点和不同点。

[链接高考]

1.(2016课标Ⅰ,24)孔子是儒家学派创始人,汉代崇尚儒学,尊《尚书》等五部书为经典,记录孔子言论的《论语》却不在"五经"之中。对此合理的解释是(　　)

A."五经"为阐发孔子儒学思想而作　B.汉代儒学背离了孔子的儒学思想

C.儒学思想植根于久远的历史传统　D.儒学传统由于秦始皇焚书而断绝

【案例分析】本教案是传统的单元复习教案,先通过"主干知识梳理"来复习课本内容,然后通过"重难点分析"来进一步加强对相关内容的掌握。比如通过"儒家思想地位的演变及原因"的分析,就可以帮助学生将整个单元内容构建知识框架;"程朱理学和陆王心学的相同点和不同点"可以提升学生的分析比较能力。"链接高考"则可以通过做题来达到巩固知识的目的。

【案例2】经济史专题复习

中国货币的演进历程

一、夏商

首先展示"贪财贩购货贷赊贡贼贾贺赠费贿",让学生找共同点,得出"贝"是中国最早的货币。然后让学生思考为什么最早是用"贝",得出是因为贝类坚固耐磨,便于携带和计数。

随着商品交换的迅速发展,货币需求量越来越大,海贝已无法满足人们的需求,人们开始用仿制海贝。铜贝的出现,是我国古代货币史上由自然货币向人工货币的一次重大演变。

二、秦

秦之前的春秋战国时期已确立布币、刀币、蚁鼻钱、环钱四大货币体系(PPT地图展示),严重阻碍了各诸侯国之间的经济贸易往来。秦统一中国后,秦始皇于公元前210年颁布了中国最早的货币法"以秦币同天下之币",规定在全国范围内通行秦国圆形方孔的半两钱。圆形方孔的秦半两钱在全国的通行,结束了我国古代货币形状各异、重量悬殊的杂乱状态,是我国古代货币史上由杂乱形状向规范形状的一次重大演变。秦半两钱确定下来的这种圆形方孔的形制,一直延续到民国初期。

"圆形方孔"应对的是古人所说的"天圆地方",对我们现代仍有重大影响,比如四大国有商业银行的标志(PPT展示)。

三、宋

交子不但是我国最早的纸币,也是世界上最早的纸币。之后的纸币还有南宋的会子,元明清的宝钞。

四、明清

元代曾铸行过少量铜钱,但货币主要流通纸币(钞)。原钞本不许挪用,纸钞发行量有严格限制。但元末政治腐败,政府只好靠滥发纸币来弥补,引起物价飞涨。大明宝钞不定发行限额,也没准备金,很快就导致通货膨胀,故明中叶嘉靖后,宝钞已不能通行,民间主要用白银和铜钱。

思考题:古代中国货币的发展有哪些变化?

答案:

1.由自然货币向人工货币演变;

2. 由杂乱形状向规范形状演变；

3. 由地方铸币向中央铸币演变；

4. 由文书重量向通宝、元宝演变；

5. 由金属货币向纸币演变。

可能还有学生会说手工铸币向机制货币，这里要提醒学生，这个是清朝后期，也就是到了中国近代发生的变化了。

五、民国

本阶段主要是讲述国民政府的币制改革，发行法币和金圆券。

六、新中国

PPT 分别展示五套人民币的发行时间、面额和票样。

最后还要提一提中国的移动支付（支付宝、微信）、电子货币、数字货币、虚拟货币的发展状况。特别是移动支付，走在世界前列。

【课堂小结】

本节课我们主要是讲了夏商、秦、宋、明清、民国和新中国这六个时期的货币发展状况，现在我们来填个表格（如下图），这六个时期的代表货币主要有哪些？

夏商是贝，秦是半两钱，宋是交子，明清是白银，民国主要是法币，新中国是人民币。通过本节课的讲述，大家应该对中国的货币发展过程有了一个基本的了解，也希望通过货币的发展历程使大家能进一步强化对中国经济发展阶段性特征的认识。

小结 中国货币的演进

时期	代表货币
夏商	贝
秦	半两钱
宋	交子
明清	白银
民国	法币
新中国	人民币

【当堂检测】

1.(2014课标Ⅱ,26)北宋中期,"蜀民以铁钱重,私为券,谓之交子,以便贸易,富民十六户主之。其后,富者资稍衰,不能偿所负,争讼数起"。这表明交子( )

A.具有民间交易凭证功能　　　B.产生于民间的商业纠纷

C.提高了富商的社会地位　　　D.促进了经济重心的南移

【案例分析】本教案为吉安市第一中学胡全俊老师的江西省教育厅线上教学复习课摘录。仅一节课就想把中国货币的演进过程完全讲清楚显然是不可能的,所以一定要对复习内容进行取舍,只能挑一些具有代表性的时期。通过夏商(货币出现)、秦(货币统一)、宋(纸币出现)、明清(机器铸币)、民国(法币)、新中国(人民币)这六个时期的复习,学生基本能够了解中国古代、近代和现代的货币发展历史,形成有关货币发展的知识体系。

2.按复习方法分为设置新情境复习、概念中心复习、导学复习、活动复习、纲要复习、小组合作探究复习……

(1)设置新情境复习:在复习过程中,教师提供新材料,设置新情境,让学生对旧知识的复习产生新意。

【案例】第10课　民族资本主义的曲折发展

作者创设了一个主题为"老人与梦"的情境,借主人公家族企业的兴衰暗喻中国民族资本主义,随后分设五个片段,分别对应民族资本主义产生、初步发展、短暂的春天、曲折发展等发展阶段,通过设置问题与回答,使得学生掌握中国民族资本主义在各阶段曲折发展的相关内容。

片段:1945年8月,50岁的老人哭了,继而露出了久违的笑容,高呼:"熬出头了! 有救了!"……两年后,老人提着一个简单的行李箱坐在了前往新加坡的渡轮上,深沉地望着扬子江,唠叨着:"爸,弟弟,振国对不起你们,振国不亡于鬼子,而毁于老蒋啊,振国对不起你们啊……"

1.1945年8月,老人为什么哭呢? 他高呼的"熬出头了"是指什么呢?

2.试想老人及其工厂的命运,并分析其原因。

(2)概念中心复习:先给出一个历史概念,然后再由历史概念展开来进行复习。学生只要把概念掌握到位,复习课效果肯定有保障。

【**案例**】洋务运动

教师先 PPT 展示:洋务运动是指 19 世纪 60 年代到 90 年代,清政府中的洋务派打着"自强""求富"的旗号,通过采用西方先进的生产技术,创办近代军事工业、民用工业、创建新式军队和培养新式人才,企图摆脱内忧外患的困境,维护封建统治的自救运动。

展示概念之后,顺其自然就可以把洋务运动的时间、背景、人物、旗号、具体史实、性质、结果、影响分解出来进行复习。

(3)导学式复习:教师先设计复习导学案,包括主干知识填空、难点突破、易混易错点、例题习题等内容,然后师生共同回顾,接着选择讲解。这种复习方法适合于难度较小或大家比较熟悉的知识的复习。

【**案例**】人教版高一历史必修一第 10 课《鸦片战争》节选

一、鸦片战争

1.原因

(1)根本原因:率先完成<u>工业革命</u>的英国意图<u>打开中国市场</u>,将中国变成其原料产地和商品倾销市场。

(2)重要原因:清朝<u>自然经济</u>占统治地位,政治腐败,军备废弛,对外<u>闭关锁国</u>。

(3)直接原因:1839 年 6 月,林则徐虎门销烟。

2.过程

(1)爆发:<u>1840 年 6 月</u>,英国舰队侵入广东海面挑衅。

(2)北犯:英军进攻厦门,攻占浙江定海,到达天津白河口,威胁北京。

(3)扩大:1841 年初强占<u>香港岛</u>,威逼广州;清军爱国将领海龄抗英殉国。

(4)结束:1842 年 8 月,英军入侵南京下关江面,清政府屈辱求和,战争结束。

3.结果

1842 年 8 月,清政府被迫与英国签订中国近代史上第一个不平等条约——<u>《南京条约》</u>。

…………

(4)活动复习:教师经过精心设计,就所复习的内容开展课堂活动,调动学生的积极性,从而达到复习的效果。

【案例】人教版高一历史必修二第5课《开辟新航路》

教师提前两天将全班同学分成四组，然后抽签命名为迪亚士组、达·伽马组、哥伦布组和麦哲伦组，任命船长（组长），再另外选出5名同学担任裁判打分。活动的内容就是每个小组将派出三个同学，分别以航海家家人、随行水手和五百年后子孙的身份进行演讲比赛。演讲内容也有要求：家人侧重于航行背景；随行水手侧重于航行的经过；五百年后子孙侧重于评价。具体的工作让船长协调本组同学去完成。演讲分三轮，评委分别打分，三轮分数相加，总分高者获胜。同时，教师在演讲前必须制定奖惩措施，通过分组对抗更能调动学生的积极性。活动最后，教师要进行点评，并梳理复习内容。

【案例分析】活动复习课能体现学生的主体地位，课堂气氛比较活跃，复习效果也比较好。但是课前准备一定要充分、细致，否则效果会大打折扣。

（5）纲要式复习：指导学生把知识概括成纲要、思维导图、表格、图示等，以加强理解和记忆。这种方法适合系统归纳、总结式复习和对重点知识的强化复习。

【案例】人教版高一历史必修一第一单元《古代中国的政治制度》①

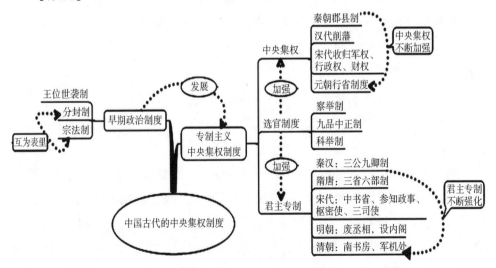

（6）探究复习：学生在复习过程中发现问题，教师通过引导学生通过自己的探究去解决问题、撰写小论文，从而深化学生对相关知识的认识，达到复习的效果。

---

① 《古代政治制度思维导图》，https://www.sohu.com/a/132130653_508425

【案例】人教版高一历史必修一第三单元关于欧美政治制度的三个问题

我们的学生在第三单元复习过程中产生了一些疑惑,课本上讲述的欧美国家的政治制度好像与现在的情况不太相符。由此,他们提出了三个问题:英国上议院如何发展? 美国总统选举制是怎么回事? 法国又是如何选举总统的? 经过一番资料的收集与整理后,他们终于找到了答案,并撰写了论文。

一、英国上议院:光辉与权力不复

在课本中我们了解了英国两院制中的下议院,但其实上议院的发展历程也颇为有趣。

英国上议院最早起源于13世纪末的御前会议,即最早的国会。上议院议员包括王室后裔、世袭贵族、上诉法院法官和教会大主教等,无任期限制,分为神职议员和世俗议员。上议院法官由首相任命、国王册封,且不能被撤职。上议院并不能制衡政府,但有提交法案的立法职能。

…………

【案例分析】本文的作者文弘、周艳娇、邓玉婷、邓良蕙是吉安一中2016届高三(11)班的学生,他们在复习过程中对相关问题产生了疑问,历史老师胡全俊引导他们查阅资料,最后解决了问题。探究复习的效果非常好,学生对相关知识的掌握深刻、牢固。但采用此模式一定要充分调动学生的主动性,还需要学生有一定的发现问题、解决问题的能力,所以这种复习模式不宜普遍使用,更适用于那些学习历史积极主动且能力较强的学生。

3.按复习内容来分,有知识型复习课、方法型复习课、习题型复习课和混合型复习课。

知识型复习课应该是最常见的一种复习课了,主要是对章节单元的知识进行整理和梳理。方法型复习课主要是注重对通用方法的总结,比如历史背景往往可以从经济、政治、思想等方面入手;两个历史事件的对比要从背景、经过、影响等方面入手;对历史人物的评价要注意其时代特征,辩证地评价。习题型复习课就是通过精选习题训练,强化对不同的题型形成相对稳定和惯性的解题思路,进而来增强考试分数的稳定性。混合型复习课顾名思义就是兼具前面几种课型。

四、复习课的实施

复习课与新授课一样,该有的教学环节都要有,比如:备课、导入、讲授、过渡、小结、板书等。但复习课跟新授课又有很多差别，因为前面已经有了新课讲授技能，所以这里更多的是强调复习课与新授课不一样的环节。

1. 了解学情。教师要尽可能准确地了解学生对相关复习内容的掌握情况，知道哪些知识点掌握得比较好，不足之处又主要在哪里。

2. 内容取舍。怎样取舍呢？我们可以根据课程标准、考试说明、教材还有我们了解到的学情来确定。重点难点要多讲，细枝末节可以少讲或不讲；薄弱环节要多讲，掌握到位的可以少讲或不讲。

3. 主干知识梳理。主干知识往往也就是高频考点，本身就应该是复习的重点内容。通过对主干知识进行梳理，一方面可以加强对重点知识的掌握，另一方面也有利于学生形成知识体系。此外就是，知识梳理往往费时较少，可以把宝贵的课堂时间留给其他环节。

4. 薄弱环节（重难点）突破。找到学生薄弱环节之后，我们首先要思考为什么这个知识点会成为薄弱环节，是新课讲授过程中的哪个环节出问题了，还是因为本身这个就是一个难点，超出了学生的能力范围；然后再思考如何来破解，提升学生对本知识点的理解掌握。史料教学法是突破薄弱环节的一个好办法，通过给学生丰富的史料，引导学生进行分析、思考，最后得出结论。这样既能帮助学生准确地领悟历史，突破薄弱环节，又能启迪学生的思维，培养学生的历史学科素养，实现复习的目标。

5. 典例分析（中考、高考真题）。复习是为了考出好成绩，所以我们要对复习内容所涉及的典型例题，尤其是对中考、高考的真题进行分析，要让学生了解对本课内容的考查点主要有哪些，命题的切入点又可以从哪些方面来。还要进行变式训练，让学生了解还可以从哪些方面切入，考查哪些点。

6. 知识延伸。当前我们的中考、高考都会涉及一些教材以外的内容，特别是初中实行开卷考试，所以我们在复习的时候，可以将教学内容合理地拓展和延伸，既能深化历史教学内涵、提升学生历史思维与素养，又能有效应对考试，提升成绩。

五、复习课实践中存在的问题

1. "炒剩饭"现象严重。

2. 忽视了学生的主体地位。

3. 复习课的课型单一。

六、复习课提升策略

1. 深入研究中考、高考真题,做到有的放矢。

2. 更新教学观念,落实学生主体地位。第一,掌握学生历史知识的薄弱环节;第二,了解学生希望有什么样的历史课堂。从学生主体出发,加强师生互动,激发学生兴趣,让学生积极主动地参与教学,让学生成为学习的主人,复习课效率肯定提高。

3. 深入研究教材,上出新意。单纯的旧知识复习总会让人乏味,教师必须想办法让复习课上出新东西。比如教师可以抛弃旧的顺序,重新构建知识体系;也可以设置新情境,挖掘新内容;还可以引入精妙的历史细节……总之教师在复习课上,要不断寻找新的着眼点,上出新意,才能重新唤起学生的注意力,使学生整节课思维活跃,复习课效率肯定提高。

七、训练项目

请完成部编版历史七年级上册第二单元《夏商周时期:早期国家的产生与社会变革》的单元复习教学设计。

要求:一课时;梳理第4—8课内容;突出重难点;建立知识体系;讲练结合;模拟上课。

第二节　结　课　技　能

一、结课及其特征、意义

所谓结课是指在下课前几分钟,教师用简练的语言,通过归纳总结、提炼升华和设置悬念等方式,引导学生对新授课所学内容进行系统的巩固和应用,以使新知识有效地纳入学生认知结构的概括性教学。

"编筐编篓,重在收口",在一堂课中,结课就好比是"收口",虽然只有短短的几分钟,却影响着整堂课的教学效果。一个好的结课,不仅能够有效总结一堂课的学习情况,而且能够给学生以"课有尽而意无穷"[①]之感,给精彩的课堂画上点睛之笔。

---

① 陈聪,《课有尽而意无穷——浅谈语文课堂中的"收官之战"》,《启迪与智慧(教育·中旬)》2013年第10期,第8页。

结课的主要特征有:结构完整,水到渠成;言简意赅,紧扣主题;首尾呼应,延伸拓展;学生主体,互动参与。

其意义在于:突出重点内容;构建知识体系;检查教学效果;提炼升华主题。

【案例节选】

下图是"中国民族资本主义的曲折发展"的结课PPT。通过师生共同完成的小结,使学生对中国民族资本主义的发展状况有了一个非常直观并且十分完整的印象,有助于学生对知识的系统掌握。

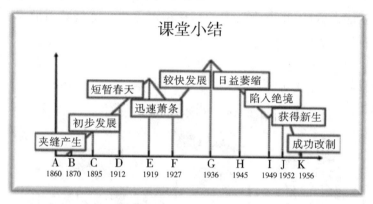

【案例节选】

"斯大林模式社会主义经济体制的建立"的结课:

在21世纪的今天,我们怎么看待斯大林模式? 由于时间关系,就不让同学在课堂上回答了,大家课后可以继续思考这个问题。

我的想法是这样的(PPT展示):

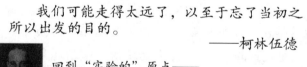

这是一个史学家,叫柯林伍德。他说:"我们可能走得太远了,以至于忘了当初之所以出发的目的。"什么目的? 当年为什么要搞这样的实验? 它的原点是什么? 它的原点只有一个——那就是人的解放!

【案例分析】本案例是郭富斌老师(陕西西安中学历史特级教师)2010年8

月20日在上海市晋元高级中学召开的全国历史教师教育专业委员会第二届年会暨学术研讨会上的公开课。最后的结课,郭老师的一句"它的原点是什么?它的原点只有一个——那就是人的解放!"引发听课师生的无限遐想。

二、结课的方法

1. 归纳总结法

教师在课堂教学结束阶段,通过准确简练的语言,把本节课所授知识内容做全貌式的纲要性总结,帮助学生梳理、浓缩知识,强化记忆,加深理解,培养学生总结概括能力,以提高课堂效率的一种结课方式。这是教师最常用,也是最基本的一种结课方式。

【案例节选】

如图是"新中国初期的外交"的结课。将这节课的内容简明扼要地归纳总结,形成完整的知识系统,有利于学生记忆、理解。

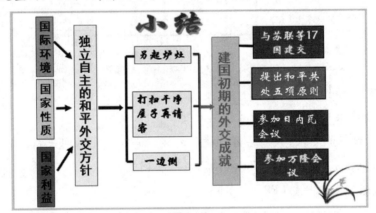

2. 首尾呼应法

此法是指教师在结课时考虑到导入的设置,结课能与导入有联系,或者结课回答课堂导入时设置的悬念,一方面是使得课堂结构完整,另一方面还能激发学生的学习兴趣,引发学生思考,巩固、强化对课堂内容的理解。

【案例节选】

"斯大林模式社会主义经济体制的建立"的导入

导入:站在21世纪的门口,回望20世纪,有一个特别引人关注的现象,那就是在世纪之初,人类命运的抉择中,集中出现了四大实验。(PPT显示)

一个世纪的回望——

20世纪人类四大实验

民主社会主义实验： （瑞典，1932）

法西斯主义实验： （德国，1933）

资本主义调整实验： （美国，1933）

社会主义的实验： （苏联，1936）

四个实验有一个共同点——就是对现存的资本主义制度不满:德国想用暴力手段改变资本主义的世界秩序;美国想在资本主义框架内进行自我调整和完善;瑞典则是在资本主义肌体上嫁接社会主义的因素;苏联的理想最高远,它要在推翻资本主义的基础上重建一个全新的社会。我们今天就看一看,这个直接影响了10多亿人命运的体制是怎样建立起来的。请同学们打开课本,看课题。

【案例分析】还是郭富斌老师的这节课,导入是一段颇具描述性的语言,展示了一个极富戏剧性的历史事实,那就是20世纪初出现了关于人类命运抉择的四大实验。而结课则强调所有的实验都必须回到一个"原点"——那就是人的解放。这样的结课不仅回答了该怎样进行实验,而且使得整堂课首尾呼应、结构完整。

3.比较异同法

教师对教学内容采用比较、讨论等方式结束课堂教学的方法,意在引导学生将新学概念与原有认知结构中的类似概念或对立概念,进行分析、比较,既找出它们各自的本质特征,又明确它们之间的内在联系和异同点,使学生对内容的理解更加准确、深刻,记忆更加牢固、清晰。

【案例节选】

"启蒙运动"的结课:比较文艺复兴和启蒙运动的异同。通过比较,一方面提升了学生的能力,另一方面又能加强学生对相关知识的掌握。

比较文艺复兴和启蒙运动的异同

相同:
性质、内容、作用……

不同:
背景、进程、兴起时的国家、中心、核心内容、方式、影响、与自然科学的关系……

4.新课铺垫法

在课堂教学结尾时,教师根据教材和教学的需要,在学生掌握新知识的基础上,提出新问题,诱发学生"知故欲求新",但又戛然而止,促使课后积极思维,从而为后面的教学埋下伏笔、做好铺垫的一种结课方式。

【案例节选】

"甲午中日战争"的结课:

自洋务运动以来,落后的中国虽然开始向西方学习,但政府、军队和民众,因为民族意识的缺失,加上制度和体制都没能跟上世界历史发展的潮流,因而遭受了列强的次次欺凌,民族危机日益严重,其教训是深刻的。与此同时,战争的失败,洋务运动的梦碎,深深刺激着知识分子和民众的思想和观念,客观上又推动了民族意识的初步觉醒,清政府不久之后推行了戊戌变法。反思自鸦片战争以来的中国近代史,民族国家观念长期缺位,造成了民族凝聚力的低下。一直到国共合作全民族团结抗战,形成"想象的共同体",中国才取得了抗日战争的伟大胜利。相关的问题我们后面再学习。

5.情感升华法

教师结课时可根据所学知识,或适当拓展,进一步培养学生的思维能力,提炼出源于教材又高于教材的思想,实现"情感态度和价值观"的目标,提高学生的历史核心素养。

【案例节选】

"挑战教皇的权威"的结课:

从希腊先哲的精神觉醒到文艺复兴,再到宗教改革,一位又一位的思想家、艺术家和改革者向我们展示他们对"人"的探索,对"人性"的肯定,对"权威"的挑战,给了我们深深的震撼。如果说希腊先哲对人自身的探索是少数人的觉醒,文艺复兴则将这种觉醒扩大到知识分子,而宗教改革则是将这种一以贯之的人文主义精神普及社会,其影响是深刻且广泛的,其体现的"挑战权威、勇于斗争、信仰自由"的精神必将会成为人类永恒的财富。

6.机智幽默法

教师在面对突发状况时,能利用当时特殊的教学情境,恰当使用机智幽默的语言,结束一节课。

【案例节选】

一个年轻历史教师的汇报课,讲"汉武帝巩固大一统",在准备小结时,刚出现汉武帝的头像,多媒体就突然黑掉了,大家都为他捏把汗。恰巧这时,下课铃声响起,这个教师比较从容地来了一句:"汉武帝下旨,让我们下课休息,那我们就只好谢主隆恩了,下课。"这个教师的应变能力顿时让我们刮目相看。

【案例分析】有人把"危机"解释为有危险,更有机会。工作时间一长,难免会碰到各种意外事件。平时上课还比较好处理,但如果是公开课、比赛课难免让教师惊慌失措,用机智幽默的结课方式既完成了结课,又展示了能力,可以说是转危为安。

7. 口诀结课法

教师在一节课的最后,把所学的知识,编成朗朗上口的口诀,既方便了同学的记忆,又能激发学生的学习兴趣。

【案例节选】

一位教师讲"北魏孝文帝的改革措施",结课时把所有的改革措施概括为一句话:"四子(制)都说通婚改籍幸(姓)福(服)"。"四制"指的是冯太后主持改革时实行的俸禄制、均田制、三长制、租调制,"都"就是指孝文帝巧设计迁都洛阳,后面的就全是孝文帝为缓和民族矛盾、推动鲜卑族封建化而采取的措施,"说"指的是说汉话,"通婚"指的是与汉族通婚,"改籍"指的是改户籍为洛阳,"姓"指的是改汉姓,"服"指的是穿汉服。

【案例分析】本节课的关键是教师编的结课口诀。第一,口诀必须通俗易懂,方便学生识记;第二,口诀还必须能够把课堂的相关内容概括完整,不遗漏;第三,口诀的联想要符合常理,不牵强附会。

8. 练习结课法

教师在新课结束后,可根据教学实际,精心设计一些口头或书面作业,作为课堂小结。练习设计要突出重点难点,一般不超出本节课的知识内容。

【案例节选】

如图为"古代手工业"的结课。通过设置"中国古代手工业发展有哪些特征?"可以让学生对本课内容进行回忆、思考,调动学生参与,达到巩固知识的效果。

中国古代手工业发展有哪些特征？

本课小结

1. 生产部门不断增多，分工日益细化。
2. 技术不断进步。
3. 生产规模不断扩大与工场手工业出现
4. 官营、民营、家庭三种手工业形态并存。
5. 布局随着经济重心南移相应变化。
6. 长期领先世界，产品不仅供国内消费还远销海外、享誉世界，广受欢迎。

9. 联系时政法

教师在结课时，可以把所学内容与时事政治相联系，使学生在现实中找到历史的影子，既有助于学生对历史的理解，也有助于提高学生对现实的认识。

【案例节选】

"新文化运动"的结课①：

张岂之先生在《中国历史十五讲》中为我们指明了方向："新文化运动的先驱者明确地告诉中国人，在世界近代化潮流面前，中国必须高举民主和科学的旗帜，从观念的层面接受西方的民主和科学，在法律上实现人权平等，在伦理上实现人格独立，在学术上破除迷信，实现思想自由。只有这样，才能实现中华民族的伟大复兴。"

10. 拓展探究法

教师在结课的时候，可以把教学内容做进一步延伸和拓展，把课堂内外的知识联系起来，以启发学生进一步的思考，提升课堂效果。

【案例节选】

"辛亥革命"的结课：

学习延伸：我眼中的辛亥革命。（要求有观点、有论据，论从史出，言之有理即可）

以下材料可能对你评说辛亥革命有用，供你研究时参考。（评课中，不少同行认为给材料让学生讨论，比凭空想象实在，能强化学生提取历史信息的能力，取得意想不到的效果，故保留以下史料）

---

① 文红、苏秀华，《岳麓版必修Ⅲ〈文化发展历程〉第21课"新文化运动"教学设计》，《中学历史教学参考》2014年第3期，第29页。

1. 政治方面

（1）1912年2月12日清帝退位，统治中国260多年的清王朝终于结束，持续2000多年的封建帝制结束了。

（2）当前舆论有一种观点，说武昌起义爆发时，孙中山先生尚在美国，他得知武昌起义也是来自美国报纸，因此，孙中山对辛亥革命并未有实际贡献。

（3）武昌起义，实际上就是在孙中山民主革命思想影响下爆发的。一个重要的标志是，武汉革命军没有告知孙先生起义的计划，但在起义中仍然高举孙中山的旗帜。

（4）美国当代著名历史学家斯塔夫里阿诺斯在《全球通史》中说："在中国长达数千年的历史上，有过三次大革命，它们从根本上改变了中国的政治和社会结构。第一次发生于公元前221年，……第二次发生于1911年，……第三次在1949年……"

2. 经济方面（略）

11. 设置悬念法

教师在结课时，可根据所学内容设置问题，让学生感觉课堂学习意犹未尽，使疑问萦绕在学生脑海、驻留在学生心间，引发学生长久的思考。

【案例节选】

"俄国的1917"的结课①：

最后，我请同学们仔细观察一幅令人百感交集的照片（PPT展示）。

这是人们在纪念十月革命90周年时的一瞬。人们表情中的无奈、怀念、离愁到底说明了什么？我不知道！而一位老者写道："人们在悄悄传说，革命已经

① 李惠军讲授、邹玉峰整理，《〈战争与革命——俄国的1917〉教学实录》，《中学历史教学参考》2010年第10期，第10页。

复活,生活在神圣天国里。据说天国并无上帝,那是卡尔(马克思)和伊里奇(列宁)的国度……他们必将重临,将审判一切死者和生者,并在人间建立普通大众的千年王国!"我每每读到这段话的时候,感情是复杂的。但是,当我临行下来时,一个问题似乎永远在我心中挥之不去:有天国吗? 有永恒的天国吗? 天国在哪里呢?

12. 声、像结课法

随着现代化电教手段的不断发展,课堂教学之中使用多媒体已经很普遍了。在教学即将结束时,采用声像结课,既可以生动形象地再现课文内容,还能通过调动学生的视觉、听觉,来充分调动学生学习的积极性,有利于学生对课文内容的理解和对所学知识的巩固。

【案例节选】

在讲"抗日战争"时,我们可以用习近平总书记的音频结课。

悲壮的抗战我们已经讲完了,从中我们又学到了什么呢? 学生发言后播放习近平总书记的音频:"中国人民抗日战争和世界反法西斯战争,是正义和邪恶、光明和黑暗、进步和反动的大决战。在那场惨烈的战争中,中国人民抗日战争开始时间最早、持续时间最长。面对侵略者,中华儿女不屈不挠、浴血奋战,彻底打败了日本军国主义侵略者,捍卫了中华民族5000多年发展的文明成果,捍卫了人类和平事业,铸就了战争史上的奇观、中华民族的壮举。"①

13. 活动结课法

教师在课堂结束阶段,可以开展学生活动来结课,通过活动来调动学生的学习积极性,从而达到增强记忆,巩固知识的目的。

【案例节选】

(1)猜谜语

一教师在讲完"戊戌变法"时,这样结课:"这节课,我们主要是学习了戊戌变法的相关内容,现在给大家猜两个谜语,谜面是分别是'身体好才能工作(打一历史人物)''乘客须知(打一历史事件)'。你们可以在课后猜一猜这两个谜语,下节课我请同学来回答。"

(2)连连看

---

① 习近平,《习近平在纪念中国人民抗日战争暨世界反法西斯战争胜利70周年大会上的讲话》,新华网,http://www.xinhuanet.com//politics/2015-09/03/c_1116456504.htm

黄玲老师(吉安市朝宗实验学校)的"百家争鸣"这样小结:展示春秋战国时期四大学派代表人物及主要观点,要求学生将它们正确连线。

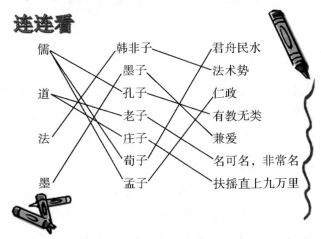

【案例分析】活动结课有利于调动学生积极性,让学生在一个比较活跃的课堂气氛中结束课程,学习的效果会比较好。活动结课的方式还有很多,这里只是举了两个案例来说明,所有的活动开展都是为了有效结课,所以要注意不能为活动而活动,更不能因为开展活动而影响结课效果。

三、结课实践中存在的问题

1.结课匆忙甚至没有结课。

2.对结课重视不够,结课方式单一。

3.忽视了学生的主体地位。

四、结课提升策略

1.牢牢把握结课特征。

2.博采众长,积极训练。

3.关注反馈,敢于创新。

五、训练项目

请根据人教部编版历史七年级上册第8课《百家争鸣》,完成至少三种不同的结课方案。

第三节　教学反思技能

一、教学反思及其特征

叶澜教授说过："一个教师写一辈子教案不一定成为名师,如果一个教师写三年反思就可能成为名师。"①美国学者波斯纳也提出了教师成长的公式:"成长＝经验＋反思。"可见作为一名教师,应该要经常性地、习惯性地开展教学反思。

教学反思是教师在教学活动结束后,根据教育教学的原则和所教学科特点,对自身的教学活动过程进行回顾、分析、总结,以期提升课堂效率和教师专业成长的一种带有研究性质的教学总结活动。

教学反思的主要特征:自觉性、超越性和独特性。

二、教学反思的内容

1. 按教学流程,教学反思可分为教学前反思、教学中反思和教学后反思。

2. 按反思对象,教学反思可分为纵向反思(即把自己的教学实践作为一个认识对象放在历史过程中进行思考和梳理)和横向反思(研究别人的教学长处,通过学习比较,找出理念上的差距,解析手段、方法上的差异,从而提升自己)。

3. 按反思时间,教学反思可分为课后反思、一周反思、一月反思、期中反思、学期反思、学年反思甚至一届(初一到初三、高一到高三)反思……

【案例节选】

"抗日战争"的反思:

时隔一年,同一课题的课堂教学有不同的课堂效果,使我对情感教育有了更深刻的认识。高中阶段是学生个体身、心两方面逐步走向成熟的重要时期,帮助学生正确认识和处理个人与社会的关系,是促使学生对今后人生道路做出正确选择的重要条件。如何才能让历史课堂情感教育真正走进学生的心灵深处呢?

第一,情由心而生,寻找情感教育的交汇点。

---

① 张凯,《教学高效,重在反思》,《基础教育研究》,2008 年第 12 期,第 33 页。

第二,润物细无声,寻求情感教育的适当方法。

第三,多管齐下,优化情感教育的手段。

【案例分析】反思不仅仅是近期教学的反思,还可以是更长时间的教学的反思。王涛老师就是以相隔了一年的"抗日战争"的教学为例来反思历史课堂的情感教育问题,王老师通过分析激发学生情感的方法、手段等,对情感教育有了更深刻的认识,对以后课堂情感教育的运用也能更得心应手,自己的教学水平也进一步得到提高。

4.按参与主体,教学反思可分为个体反思和群体反思。个体反思就是自我反思;群体反思可以是同伴互助合作,一群人听课、评课,相互探讨。

5.按反思的内容分:

(1)关于教学目标的反思。反思教学目标(知识与能力、过程与方法、情感态度与价值观)的制定是否合理、恰当,是否把教学目标融入课程教学内容中去,最后有没有达到预期的目标(特别是情感态度与价值观目标)等。

【案例节选】

"关于情感目标"的反思:

从教学效果看,上述目标的实施较为理想。在各个环节的讨论或设问中,学生们的回答很精彩,能感觉到那种被诱发的积极情绪的变化。如讨论一中四字校训对于学生个人成长的影响时,小文认为自己受校训中"勤"字鼓励最深:"只有养成了'勤'的良好行为习惯,才能受益终生并走向成功。"学生"思维空间是扩展的。它点燃你在相似领域里进一步取得更大成就的梦想……他们更有可能完成艰巨的任务",这将有助于转化为他们人生道路上克服困难的意志力,并在投身传承与弘扬母校优良传统行为中感受幸福与快乐。

(2)关于教学内容的反思。反思历史知识点是否有遗漏,有没有突出重点、突破难点,教学过程分为几个环节,还能不能进行更好的整合等。

【案例节选】

"从'师夷长技'到维新变法"的反思:

本课教学设计以全球史研究范式为视域,将"从'师夷长技'到维新变法"置于世界历史演进的大背景下来考察与解读。两次鸦片战争是农耕文明与工业文明之间的冲突与碰撞,洋务运动是在中国遭遇"千年未有之变局"的背景下,地主阶级对第一次工业革命以及第二次工业革命做出的本能反应。甲午中日战争是两国近代化初步成果的一场激烈较量,其结局又刺激了先进的中国人,将学习西方推向更高层次。从一定意义上说,近代中国就是在"冲击—反应"的模式下不断将向西方学习引向深入。

反思本课教学的得与失,总结课堂实践的利与弊,在以后的教学中,首先要吃透课标的要求,树立以课标为教学依据的思想,真正做到"用教材"教而非"教教材"。教材的内容不等于教学的内容,教师要思考如何建构课堂教学的内容,并从史实、方法和价值三个层面来思考这样的问题,既可删减、增加,也可替换、扩展;教师处理教材时,应遵循以学生为本、保持教材的整体性和连贯性两个原则。

(3)关于教学方法的反思。反思教学方法的运用是否合理,是否采用了启发式教学,是否突出了学生的主体地位,是否有利于提升学生的历史学科素养,教学方法多样还是略显单一等。

【案例节选】

"学案导学"的反思:

在实际的教学中,我们所面对的学生、学科、课型各不相同,因此也就不存在一种放之四海而皆准的"学案导学"模式。如果只是在行政的推动下被动接受或是把学案导学当作一种教学方法来模仿或照搬,很容易使教师失去尝试和创新的内驱力,失去以学定教的立足点,使"学案导学"成为负担,从而造成"阉割课堂"现象的产生,应该引起警觉。历史学科在运用学案导学时,要注意以下几点:

1. 不要把学案导学看作一种固定的教学模式。

2. 不能忽视学科教学的本质特点。

3. 教师要提高教育理论的素养。

【案例分析】本案例主要针对当前课堂比较盛行的"学案导学"模式进行反思,认为它仅仅只是众多的教学方法之一,不是每节课都要使用学案,也没有万能教学法,所有教学方法的运用必须考虑到学科特点与实际教学内容的需要。

(4)关于教学手段的反思。反思教学手段的运用是否合理,视听资料的播放是否恰当,传统教学、多媒体教学等教学手段如何结合能更好地实现教学效果等。

(5)关于板书设计的反思。要注意板书的设计是否合理,是否形成历史知识网络,是否有利于学生对重点知识掌握,主板书与副板书是否相得益彰,还有哪些应该板书而没有板书等。

【案例节选】

"辛亥革命"的板书反思①：

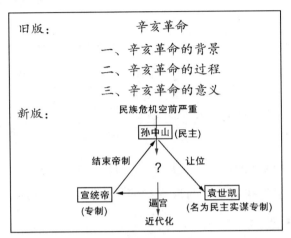

问：如果为这出贯穿着结束帝制,逼宫退位、让位的"戏"取个名,大家会取什么名? 理由是什么? 历史上把它称为辛亥革命,依据又是什么?（区分狭义的辛亥革命与广义的辛亥革命）

反思：旧版的板书其呈现方式为教学中的常规式,其优点在于清晰地交代了历史事件的来龙去脉,相当于老师为学生理出了一课的知识结构。此次板书的调整围绕教学设计,将明、暗两线贯穿其中,明线即为三位人物的活动及探究,暗线为专制与民主的斗争、较量,明中显暗,做到首尾呼应,回归主题,笔者自认为是一个比较有创意的板书。

(6)关于教学语言的反思。反思教学语言是否简洁、幽默、生动,是有抑扬顿挫、轻重缓急的变化还是一直波澜不惊,过渡自然顺畅还是生硬,是不是有很多的废话,有没有口头禅,课堂表达有没有注意使用历史的学科语言等。

(7)关于课堂提问的反思。反思课堂提问设计得是否恰当、合理,能否引起学生兴趣,对课本内容的学习能起到多大的效果等。

【案例节选】

关于师生互动的反思：

---

① 卢晓菁,《〈辛亥革命〉的教学设计及教学反思》,《中学历史教学》2015 年第 6 期,第 31 页。

教师在教学中应该关注学生的发展，重视教学中的生成。认真反思这一教学片段，我得出了以下几点认识：

1. 生成性教学应关注教学过程，留给学生必要的时间。

2. 利用错误，抓住契机，有效互动，促进生成。

【案例分析】纵观整个案例，教师作为教学中学生的引导者、对话者，关注学生学习的过程，重视人文关怀，利用"错误"，抓住契机，在课堂互动中促进生成，这些做法对学生的学习来讲是非常宝贵的，能促进学生在知识与能力、方法与过程、情感态度与价值观等多个维度获得真正的发展。简言之，课堂重生成，互动促成长。

（8）关于学生活动的反思。反思活动的形式（讨论、辩论、演讲、课本剧等）是否合适、恰当，学生在活动中的表现如何，活动的效果如何，下一次是否还愿意开展类似的活动。

【案例节选】

关于课堂讨论的反思：

什么样的课堂讨论是有意义的？这是我站在中学历史课堂的讲台上第一次组织学生讨论时就向自己提出的问题。对此，我站在从教者的角度做过许多的设想，也参考了不少前辈的观点，但总觉得难以解释。但是，当同样的问题从学生口中向我发出的时候，我却忽然得到了一点启发。从学生的角度来说：什么样的讨论对他们来说是有意义的呢？在这里，我尝试着回答：历史的讨论。我直到现在也不确定那些在历史上曾经引起过广泛争议的问题具有什么共同特征。但是在一段时间的尝试之后，我发现，这些真实存在过的讨论，确实是能够得到学生认同的。

1. 这些讨论常会让学生感觉到历史的重量。

2. 这些讨论也可能让学生感觉到历史的温度。

3. 这些讨论还可能使学生意识到历史的距离。

【案例分析】开展学生活动，能够突出学生的主体地位，激发学生学习历史的兴趣，提升学习效率。但在实际教学过程中因为活动形式设置不合理、学生参与积极性不高、活动难度太大等导致效果欠佳。本案例主要是反思了"课堂讨论"，让学生能够感受到历史的重量与温度，意识到历史的距离，这样的教学肯定是有效果的。

(9)关于突发事件的反思。还原整个突发事件的过程,反思自己的应对是否合理,还有没有更好的应对方式,如果再次遇到类似事件还可以怎么处理等。

(10)关于教学效果的反思。反思整堂课的效果怎么样,有效还是无效;要提升这节课的效果,还可以在哪些方面改进;假如我这样处理会不会更好等。

(11)关于作业布置的反思。反思作业的布置是否恰当;题目是否精挑细选,是否具有代表性;题量是否合适,有没有根据学生能力的差异布置个性化作业,学生需要花多长时间;作业的完成情况如何,能否提升学生能力等。

【案例节选】

对"中国传统文化主流思想的演变"作业布置的反思①:

不管历史教材的呈现方式如何改变,历史教师自身的知识积累、史学素养、人生感悟、个性魅力才是最有保障的东西,博学和明辨是基本的职业要求。因为文史哲的本质,触及的是人类自身的灵魂。作为一线历史教师,面对新课程改革,从我们自身来说,是否要多一份自我的期许和执着,多一些哲学史学文学的阅读,多几番自己的思考和思想,多几篇课后的反思和反省;同行之间,是否可以多一些开放的协商,多几次集体的探讨,多几回学科内问题的争论或相关学科之间的协作。对于历史课堂来说,是否可以多几套教学思路的构想,多几场新颖独到的快乐情境设计,多几步深入有效的兴趣探讨,多一刻繁重功课中的幽默轻松,多几阵领会信服其乐融融的欢笑。对于学生,是否可以多几道平等关切的目光,多几声由衷恳切的欣赏赞许,同时多几点认真恰当的合理建议,多几句准确负责的指导评价,只有真正运用多元智能理论去实践了、探索了,我们在应对新课程教学时,才不至于慌乱、怨艾、无措、回避,才不至于遭遇学生的沉默、偏激、不欢迎,才能既展示历史学科的精彩,不断收获惊喜,又服务于考试,服务于学生的成长!

(12)关于作业或者试卷讲评的反思。反思讲评是否针对了学生的薄弱环节,普遍性问题与个别性问题如何兼顾,是否针对学生暴露的问题再设置类似题目来巩固讲题效果等。

【案例节选】

关于"试卷讲评"的反思:

---

① 孙洁,《意外效果:我说史论式作业与文化史教学——以人教版必修3第一单元"中国传统文化主流思想的演变"为例》,《中学历史教学参考》2010年第3期,第51页。

经过一年多的实践,笔者对这种讲评方式,进行了深刻的反思总结,分析如下:

1.真正调动了学生的学习积极性。

2.合理补充历史知识,使高中学生掌握的历史知识结构更趋合理。

3.教师能更加清楚地了解学生的知识盲区在哪里。

4.生生、师生交流,碰撞出火花。

(13)关于反思的反思。每过一段时间,教师都应该回过头来看看自己的反思,对自身做一个纵向比较,对教学情况进行系统的回顾、梳理和剖析,总结自己的长处与不足,提炼教学思想,进行理论升华,打造自己独特的历史教学风格。

当然,在实际的反思实践中,多数教师并不会仅就其中的某一方面进行反思,而是多方面、全方位反思。

四、教学反思的方法

1.自我反思。这是教学反思的基本方法,也是教师使用最多的一种方法。

【案例节选】

关于"翻转课堂"的反思:

课中组织学生讨论、比较、评价、互补、修正;进行开放式的提问、情境、活动;学生联系自己的经验、体会、问题、想法进行交流;实现课堂教学过程中的学生资源的继续生成。课后,教师将课中生成的大量信息整理提升反思形成文字。学生努力学会不断地从不同方面丰富自己的经验世界,实现个人经验世界与社会共有的"精神文化世界"的沟通和富有创造性的转换;逐渐完成个人精神世界对社会共有精神财富具有个性化和创生性的占有;充分发挥人类创造的文化、科学对学生"主动、健康发展"的教育价值。正如《甲午中日战争》一课中,当学生从自己的兴趣出发,带着疑问去学习,中国为什么输,日本为什么赢,其实都不重要,重要的是学习变成了一件美妙的事情。你是一座灯塔,于是世界汇集在你周围。

2.学生反馈。它可以分为个别反馈和整体反馈。

【案例节选】

"洋务运动"的反思:

对我这堂基于"情景体验"与"探究问题"的"洋务运动"教学设计与实施的课,听课老师褒贬不一,但从学生评价来看,大多数学生还是认同这种教学方法的。下面是课后第一时间收回的调查问卷。

序号	问题	前者		后者	
		师	生	师	生
1	对"情景探究式"教学态度(满意和非常满意、一般和不满意)	14	40	12	0
2	"情景探究式"教学留下印象(深刻和非常深刻、一般与不深刻)	13	38	13	2
3	与传统教学比较更愿意接受("情景探究式"教学、传统教学)	18	35	8	5
4	认为"情景探究式"教学对学习历史的帮助(很有用和比较有用、一般与没用)	19	40	7	0
5	认为"情景探究式"教学对学习和理解课本知识(很有用和比较有用、一般与没用)	21	37	5	3
6	认为情景探究教学对拓宽学生知识(很有用和比较有用、一般与没用)	21	37	5	3
7	认为"情景探究式"教学对学生参加历史考试(很有用和比较有用、一般与没用)	17	40	9	0

3. 专家、同行评课。

【案例节选】

听郭富斌老师《斯大林模式社会主义经济体制的建立》札记①:

从教学研究者的角度提点反思性的意见。

本节课多处用了"实验"一词,引起了不少教师的质疑。主要的不解其实集中在"法西斯主义"能否称得上"实验"。"它是一个事实,特别是它是一种罪恶。"要阐明这个问题有两个基本路径:(1)找语义。"实验"的原意之一是"为了检验某种科学原理或假设而进行某种操作或从事某种活动"。显然,这是狭义的与科学实验工作相关联的"实验"解释、延伸理解。

…………

---

① 赵亚夫,《教师的学养与教学智慧——听郭富斌老师〈斯大林模式社会主义经济体制的建立〉一课札记》,《中学历史教学参考》2010 年第 10 期,第 32 页。

【案例分析】专家因为理论水平高,见多识广,看问题的角度也和中学一线教师不一样,评课往往更加深刻,意见与建议更符合课改要求,对教师水平提高作用更大。本案例是赵亚夫教授(国内历史学科教学论的权威之一)2010 年 8 月在上海召开的全国历史教师教育专业委员会第二届年会上的发言。他就郭富斌老师的课发表了自己的见解,首先就部分教师对郭老师使用"实验"的质疑进行探讨,赵教授有理有据,解答了大家的疑问。

4. 观摩反思。这是在换一个角度看自己。他山之石,可以攻玉,通过研究别人的教学长处,反思比较,找出差异与差距,从而提升自己。

【案例节选】

听卓恺返老师的高三复习课《罗斯福新政》有感:

⋯⋯⋯⋯

至此,大家明白了卓老师如此设计、如此呈现材料的良苦用心。如果只切入一个点,就等于是给了学生一个"显微镜",使他们能细致地窥探历史的精彩,但也容易让他们犯"管中窥豹"的毛病。所以我们还要注意从这个切入点辐射开来、扩散开去,还要给学生一个"广角镜",让学生能够全面理解历史的整体性特征。卓老师在这里就做得非常好!

⋯⋯⋯⋯

学生走了,在一片唏嘘赞叹声中,我又掩卷思索,如何能让自己也拥有如此精彩的课堂呢? 答案只有一个——就是需要我们历史教师去不断提高自己的学识和修养,以便能站在一个更高层次上来把握教材,引领教学。

5. 阅读文献反思。

6. 录像反思。

五、教学反思实践中存在的问题

1. 缺乏反思的意识。

2. 仅侧重教学问题的反思。

3. 反思不深刻。

六、教学反思提升策略

1. 提高观察与发现问题的能力。

2. 反思贵在坚持。

3. 写再教设计。

反思固然重要,但我们不是为了反思而反思,而应是为了改进而反思,要有改进、调整、行动的能力,反思出自己的问题后,要分析原因,思考改进的途径和方法。反思之后再写一次教学设计,然后再根据新的设计上课。这一点对我们历史老师来讲有优势,因为任教班级比较多,我们可以在第一天上完课之后,及时反思,修改教学设计,第二天就可以再次实践,检查反思效果。而任教班级少的老师,反思之后可能要一年甚至三年之后才有机会去检验,效果自然就打折扣了。

七、训练项目

请结合本章第一节《复习课技能》的训练项目1"《夏商周时期:早期国家的产生与社会变革》的单元复习教学设计",进行反思。

要求:自我反思与同学反思相结合;侧重教学内容、教学过程、教学语言、板书设计方面的反思。

第八章 教学实施技能(下)

第一节 说课技能

一、说课及其原则

说课是教师在新课程理念和相关科学理论的引领下,通过一定时间的准备,在较短时间(0—15分钟)内采用口头语言和有关的辅助手段,向同行或教学研究人员阐述学科课程或课题的教学设计和得失,并与听说课者共同探讨如何优化教学设计的教学研究活动。

说课主要把握以下原则:科学性原则、理论联系实际原则和专业性原则。

二、说课的类型与内容

(一)说课的类型

按照任务和目的,说课可分为研讨型说课、评价型说课和示范型说课。

研讨型说课主要对特定的说课内容进行研究、探讨。这一类型特别强调"研"和"讨",往往是参与者围绕一定的内容,按先后顺序说课,认真研讨,归纳总结,形成一个代表集体智慧的教学方案。

评价型说课具有非常明显的竞赛性质。这种说课类型通常会提前给出一定的课题,并要求参赛者快速组织说课稿,在抽选顺序后进行说课展示,有的还设置上课环节加以衡量考察,"最后由评委决定比赛名次"。

示范型说课是指由教育主管部门、教研机构或学校组织优秀教师或者专家进行的说课,目的是通过开展示范型说课为其他教师提供参考和学习借鉴。此类型说课规模大,受益面广,可以促使教师积极探索和研究教育规律,帮助更多的教师提高业务和教学水平,是全面提高教师素质的有效途径。这类说课因其强调"示范性",所以往往具备以下特点:说课内容全面、层次清晰、结构严谨,体现形式上的规范性、语言表述上的准确性、教学设计上的科学性和理论性。[①]

(二)说课的内容

一般而言,说课内容包括:①设想、效果及根据的内容,即教学设想、教学效果及理论依据;②两个表述的内容,即口语表述和非口语表述;③"四层"的内容,即说教"什么"、"怎样"教、"为什么"这样教及教得"怎么样";④"五说"方面的内容,即说教材、说学情、说学法、说教学程序和说效果。

1. 课标分析(说课标)

新课程标准,在新课程改革中起着提纲挈领的作用,体现了国家层面的要求。而中学历史课程标准在历史学科建设中也有相似的地位,其直接指导着中学历史教材的编写和相关选拔性试题的编制,也是衡量历史教学成果评价的重要准则。课标分析在说课中处于重要的纲领性地位。因此,"准确把握课程标准,是教师说课不可缺少的环节"。

2. 教材分析(说教材)

一般来讲,教材分析首先应该分析课题在教材中的地位和作用,说清自己对教材的结构和体例的分析,在此基础上正确地用教材,最后形成符合自己个人风格和色彩的教学构想。具体来讲,要点明课题在教材中的具体位置,在哪个教材版本的哪个专题第几课,进而从逻辑上说清课题内容与其他内容间的关系,以此凸显课题在教材中的地位以及课题在教材中的作用。另外,对教材内容的逻辑和体例要进行相应的阐述,点出教材编制的具体特点,展现自己对教材内容、教材编制的体例以及教材编者的编写意图的整体分析和认识,甚至在发现教材不足的基础上对教材处理提出自己的方案。阐述方式和语言要鲜明准确,干净利落。

3. 学情分析(说学情)

学情分析侧重于以下几个角度,避免主观、空洞和宽泛等问题。首先是分析学生已有知识和经验;其次是分析学生已有的学习方法和能力;再次是分析学生的心理认知特征和学习兴趣;最后是分析班级整体状况和学生个体差异。

4. 教学目标分析(说教学目标)

教学目标的主体应该是学生,而不是教师。因此,教学目标的描述方式不

---

① 刘开伦、翟平,《说课特点的分析》,《昆明师范高等专科学校学报》,2008年第2期。

应该是教师的活动和使学生做什么，而应该是通过学习，学生得到了哪些方面的提升。在新课程的要求下，我们通常从三个维度来描述所期望的教学目标，即教学三维目标。

教学三维目标的设定应该尤其注意层次性和可操作性。从层次性原则来讲，教学目标设计要考虑到教学内容的前后连贯性，以及学生身心发展的阶段性特点，另外教学三维目标自身也应该体现层次性。比如，布卢姆的认知目标，就体现了从知道、领会、运用、分析、综合再到评价的层次发展过程。教学三维目标的可操作性，即教学三维目标应该明确具体，便于观察和测量。说课教师应该用精练的语言从目标的操作主体、操作动词、操作条件和实现程度四个方面来阐述教学目标。

同时，说课教师要避免教学三维目标表述贪多求全、三维目标表述前后错位重复、三维目标表述与具体内容关联性不强和三维目标中的行为动词使用不当等问题，提高教学三维目标的层次性与可操作性。

5. 教法学法分析（说教法学法）

"教学方法是在教学过程中，教师和学生为实现教学目的、完成教学任务而采取的教与学相互作用的活动方式的总称"。[1] 教学方法的选择主要考虑对历史课程标准、相应的教学内容以及具体学情的分析，再综合考虑已有的教学条件和自己的教学风格加以选择。说课者不仅要明确说出准备采用的具体教学方法，还应适当阐述这样选择的理由和依据。说课者应注意教学方法的名称要规范，不能凭主观想象随意杜撰。各种教法各有其特点，不能故意标新立异，刻意地排斥讲授法。所谓"教学有法，教无定法"，适合的教学方法就是最好的。学法强调对学生的学法指导，即引导学生通过什么样的方法开展学习。

一堂课可以采用多种教学方法的组合，但是数量不宜过多。合理的教学方法搭配可以提高学生学习的积极性，提升教学质量。

6. 教学过程分析（说教学过程）

教学过程分析是说课中占据时间最多，也最需要花时间分析的部分。因为这一部分是前面课标、教材、学情、教学方法等因素的直接展示。也只有通过对教学过程设计的阐述，才能看到其教学安排是否合理、科学，是否具有科学性和

---

① 李秉德，《教学论》，人民教育出版社，1991年版，第197页。

艺术性。①

说教学过程不是对教案照本宣科，而是应该简略具体细节而重点阐述教学过程的关键部分，主要包括以下几个方面：

首先，分析教学思路和教学环节安排。说课者要把自己的教学立意和教学环节阐述清楚。教学立意就是说课者根据自己的理解确定的教学中心和教学灵魂。基本教学环节要说清楚，包括从开始的课题导入到最后的板书设计等内容。当然，内容只需要概括性地阐述，说清楚"教什么""怎么教""学什么""怎么学"，避免将说课变成上课。另外在说清教学内容安排的同时，还应适当点出其理论依据，如课程标准依据、教育学心理学依据等。

其次，应说清教师和学生的活动安排。说课者应重点阐述如何发挥教师的主导作用，如何调控课堂，又如何用学生的学习活动突出学生的主体地位。教学过程分析还应注重阐述采用何种具体步骤突出教学重点内容和突破化解教学难点。

最后，在教学过程中，板书是教师教学关键内容呈现的重要手段，它可以帮助学生理清思路、回忆知识，有利于提高教学效果。因此教学过程分析还应包括板书设计，主要说清正、副板书内容和板面安排，强调板书设计的直观、系统与简洁。

7. 说课反思

教师可以从下面几个角度来分析自己的说课反思：①教师在说课中的一系列动作能否起到激发学生学习探究兴趣和达到引领课堂的作用。②反思教学行为是否达到了教学目标（知识与能力、过程与方法、情感态度与价值观）。③反思是否正确合理地使用教材。④在课堂中是否存在教学错误。⑤新课程理念强调学生才是教学的主体，要注重关注学生之间的差异性。⑥在课堂教学中，提高多媒体在说课过程中的利用率。

三、说课要特别注意的问题

1. 说课内容的环节是否完整，是否涵盖了课标分析、教材分析、学情分析、教学目标分析、教学方法分析、教学过程分析、说课反思等说课环节。

2. 说课内容的环节是否处理到位。例如，课标分析是否仅仅局限于罗列课

---

① 周燕，《论教师的说课与评价标准》，《兴义民族师范学院学报》，2011 年第 6 期。

标关于课题的表述,是否"说"清教师对课标的理解和认识,尤其是对课标要求的关键词进行分析和解读;教材分析是否在整体把握教材和发现教材不足的基础上对教材处理提出自己的方案;对学生学情的分析是否客观具体,分析角度是否完整,分析方法是否单一;教学三维目标是否体现了层次性原则和可操作性原则。

3.教学重点是否切合在教材知识体系中所占的地位,教学难点是否吻合学生的认知水平和能力。

4.教学方法的选择是否恰当,是否与历史课程标准、教学内容、具体学情以及教学条件相匹配。

5.说课内容的环节是否符合正确的逻辑。

6.说课内容的各环节时间分配是否合理。

7.多种说课形式的优化组合,是提升说课效果的重要条件。

四、说课案例

以人教部编版历史九年级下册第3课《美国内战》说课稿为例。

尊敬的各位老师、各位领导:

大家好。今天我说课的课题是《美国内战》。我将从六个板块来向大家展示我对本课教学的认识和理解。(多媒体配合使用)

(一)教材分析

1.课标要求

讲述林肯在南北战争中主要活动,说出《解放黑人奴隶宣言》的主要内容,理解南北战争在美国历史发展中的作用。课标没有界定可能选择的具体的教学方式,但是其中关键词"讲述""说出"和"理解"规定了对学生认知性目标的不同要求,关键词"林肯"《解放黑人奴隶宣言》"和"南北战争在美国历史发展中的作用"体现了该教学的主要内容。通过分析,我们发现林肯是本课的主线人物,南北战争在美国历史发展中的影响则是重点。

2.教材地位

从美国史的发展历程来看,本课内容属于人教部编版九年级下册的第3课,上承九年级上册《美国的独立》《第一次工业革命》,下启本册第5课《第二次工业革命》,既解决了独立战争遗留的奴隶制问题,又为美国在第二次工业革命中取得辉煌成就提供了条件。

从革命史观来看,南北战争废除了美国的黑人奴隶制度,同时也是美国的资产阶级革命的延续;从近代化史观来看,南北战争为美国资本主义发展扫清了障碍,推动了美国近代化的进程;从整体史观来看,美国南北战争与俄国农奴制改革、日本明治维新同属于19世纪60年代资产阶级改革和革命的代表。

(二)学情分析

1.知识基础:通过上学期《美国的独立》和《第一次工业革命》的学习,为学生学习本课打下了知识基础。

2.认知特点:经过两年的学习,九年级学生的学习能力得到了一定的提高,学习自主性和创造性有了一定的发展。通过课前谈话和小问卷发现,他们有很强的求知欲,对美国历史充满浓厚的兴趣。但由于初中学生对知识的掌握缺乏整体、理性的认识,仍需加以引导和点拨。

(三)教学目标

1.教学三维目标(根据课标、教材分析和学情分析,我确定以下教学三维目标)

(1)知识与能力:知道美国南北战争爆发的过程和原因;讲述林肯在南北战争中的主要活动;理解其对美国崛起的重要意义。

(2)过程与方法:学生通过分析美国内战起因,学习区分主要矛盾和次要矛盾的方法;学生通过文字等材料的分析,学习从史料中获取关键信息的方法;学生通过分析林肯的梦想给美国带来的变化,学习评价历史事件的方法。

(3)情感态度与价值观:通过《宅地法》和《解放黑人奴隶宣言》的学习,学生感悟人心向背是战争胜利与否的关键因素;通过对林肯的梦想的学习,学生感受林肯的人格魅力,同时感悟自由、平等是不可抗拒的历史潮流;通过对黑奴解放艰难历程的学习,学生认识到事物的发展不是一帆风顺的,需要坚持不懈的努力。

2.教学重难点及依据

(1)重点:林肯和南北战争在美国历史上的地位和作用。

依据:首先,南北战争从制度和国家统一的层面,为资本主义发展扫清了内部障碍,也为美国经济迅速超过英、法,成为世界超级大国提供了条件。而林肯则是领导北方取得南北战争胜利的关键人物,他的梦想初步实现更是对美国影响深远。因此,将美国南北战争的影响作为本课教学重点。我将通过引导学生分析文字材料和图像材料来突出这一重点。

（2）难点：美国南北方两种经济方式的矛盾。

依据：南北方经济方式的矛盾这一内容相对抽象，学生在理解上存在一定的困难，需要运用主要矛盾和次要矛盾的方法来引导学生进行分析。我将通过引用辩论素材为载体，通过层层设问突破这一难点。

（四）教法学法

1.教法：讨论法、情境教学法、问题导学法、多媒体辅助教学法。

2.学法：史料分析、自主学习、探究学习、合作学习。

（五）教学过程

教学过程		教师活动	学生活动	设计意图
导入新课		展示奥巴马宣誓就职图片，引入林肯的梦想	观察图片	以现实事件引入新课，以图片为载体激发学生兴趣
		引导学生通过林肯的《葛底斯堡演说》（材料一）归纳林肯的梦想是什么	归纳材料，明白林肯梦想的内涵	
第一模块：梦之起源	梦想萌芽	由图片展现林肯青年时代的遭遇	通过图片了解林肯梦想的来源	培养学生从图片和材料中获取信息的能力
	过渡	设问：林肯如何才能废除奴隶制？引出林肯走上从政来圆梦的道路	学生思考问题	过渡到下一环节
	圆梦条件	介绍林肯从政过程中与道格拉斯的辩论，展示预设的辩论内容（材料二），层层设问，引导学生通过辩论透视南北矛盾	根据辩论找出涉及的矛盾，思考主要矛盾，理解矛盾的不可调和	以辩论为载体，展现南北矛盾，层层剖析，找出矛盾焦点，突破本课的难点
		引导学生阅读教材中美国领土扩张部分，提问：领土扩张与南北矛盾是什么关系	看书找出领土扩张情况，思考它与南北矛盾的关系	培养学生自主学习和探究的能力
		引导学生思考：南北矛盾激化与林肯当选总统的关系	学生思考并分析这个问题	引导学生认识林肯个人梦想与国家梦想、时代需求一致，林肯当选使之具备了圆梦的条件。进而培养学生分析能力

续表

教学过程		教师活动	学生活动	设计意图
第二模块：梦之道路	过渡	通过时间轴展现一条明线：搁置梦想、推进梦想、巩固梦想，即林肯实现梦想的道路历程，打破教材中战争的时序叙述，再利用三段材料加以解读，培养学生阅读、分析概括能力		
	搁置梦想	提问：林肯暂时搁置梦想的原因？引导学生从国家利益和战争形势角度分析，正确评价林肯的行为	学生分析各种可能的原因并谈自己的看法	评价林肯在战争初期没有废奴的行为是当今史学界研究的热点，学生理解上存在困难，通过给出角度，帮助学生正确评价
		展示战争初期南北实力对比图表和初期北方节节失利的结果，提问：北方失利与林肯搁置梦想的关系	学生思考作答二者的关系	通过北方实力与战争失利的反差，激发学生好奇心
	过渡	提问：北方继续失利的后果	学生思考作答可能出现的后果	引导学生认识林肯改变政策、坚持梦想的必要性，将学生带入下一环节
	推进梦想	展示《宅地法》和《解放黑人奴隶宣言》节选（材料四）	归纳两个法令节选的主要内容	培养学生阅读、归纳能力
		创设情境，将学生分为四组，分别作为北方资产阶级、南方种植园主、农民、南方奴隶的代表，讨论并扮演他们分别对两个法令的态度。在此基础上，引导学生总结两部法令对扭转战局的作用	学生以不同角色分组讨论对两部法令颁布的态度	通过角色扮演，引导学生合作学习，并认识两部法令的作用
		讲解林肯暂时只解放叛乱诸州奴隶的用意，点出战争的转折点和结束标志	学生看书，落实基础知识点	通过讲解，引导学生认识作为政治家的林肯决策的灵活性和务实性
	过渡	战争结束后，如何恰当地处置南方来巩固梦想，成为林肯面临的新问题		

续表

教学过程		教师活动	学生活动	设计意图
第二模块：梦之道路	巩固梦想	讲解南北战争给美国带来的重大损失，提问：学生处置南方的方式可能是什么	学生根据历史和现实经验说出处理南方的可能方式	结合现实，引发学生兴趣，同时将学生带入下一环节
		展示《大赦和重建宣言》节选和格兰特的话（材料五），引导学生归纳出林肯处置南方的实际方式，并询问学生林肯此举的目的	学生根据材料归纳、分析	通过林肯在战后对南方的宽容处理，使学生体会林肯的人格魅力以及维护国家利益和巩固梦想的努力
第三模块：梦的延伸	林肯遇刺	给出图片，讲解林肯遇刺，对比林肯维护国家利益和实现梦想的努力与林肯个人命运的悲剧	感受林肯的伟大和一代伟人逝去的悲痛	通过对比，引爆学生的感伤情感
		简介惠特曼纪念林肯的诗歌《啊，船长！我的船长！》	学生配乐朗诵	带动学生情绪，感知美国人民对林肯的深切悼念
		出示组图，讲解林肯在美国的地位	观察图片	突出林肯在美国历史上的地位
	金的梦想	出示马丁·路德·金和《我有一个梦想》节选，引导学生分析马丁·路德·金的梦想与林肯的梦想之间有何联系	分析两者联系	帮助学生认识到梦想的完全实现不是一帆风顺的，需要长期不懈的努力
	过渡	林肯的梦想虽有遗憾，但是给美国的发展带来了光辉		
	经济发展	给出材料六，引导学生结合教材分析归纳南北战争对美国经济发展的影响	学生分析归纳思考作答	培养学生获取和解读信息、分析归纳的能力，突出本课重点
	社会进步	出示材料七，询问图片中黑人的成就与美国宪法修正案的关系	分析二者关系，感知林肯的梦想给美国黑人带来的变化	突出林肯梦想推动美国民主化进程
课堂小结		通过时间轴，利用明线和暗线回顾本课内容	回顾本课知识	帮助学生梳理知识，加深学生对本课内容的理解
课堂小练		展示三个选择题	完成课堂练习	及时反馈学生的掌握情况
课后拓展		给出课后拓展任务	查阅资料，完成作业	深化学生对林肯的认识

(六)教学反思

本课的教学设计在深入分析教材的基础之上,以林肯的美国梦为一条明线,辅之以一条暗线,即南北战争的背景、经过和影响,实现对教材的合理整合。同时,本课以林肯这一人物进行教学,展现林肯在南北战争中始终坚持并协调维护国家统一和废除奴隶制度这两大梦想,始终为自己的梦想努力奋斗,以此对学生进行历史人文精神的教育。

以上就是我今天的说课内容,如有不当之处,恳请各位老师提出宝贵的建议和意见,谢谢!

五、训练项目

请围绕人教部编版历史七年级上册第 8 课《百家争鸣》,设计一份说课内容(12 分钟左右),需包含各说课环节内容。

第二节 微课(片段教学)技能

一、微课及其特点

微课的全称为"微型视频课程"(Micro – course),它是以教学视频为主要呈现方式,围绕学科知识点、例题习题、疑难问题、实际操作等进行的教学过程及相关资源的有机结合体。

微课的主要特点是:时间微,短小精悍(10 分钟以内);内容微,精练丰富;以视频为载体灵活共享;"碎片"串联,方便高效。

二、微课设计与制作

(一)设计原则

1. 精选内容

由于时间的限制,不可能阐述太多的内容,所以内容的选择就很有针对性,一般会选择一两个知识点或技能作为内容,进行详尽的阐述,从而形成一个微课视频。教师在制作微课时,为了发挥微课的优势,普遍会根据课标的要求和所教的学生选择重要的知识点或者学生不易理解的难点作为微课的主要内容。例如,要制作人民版高一历史必修一专题一第 2 课《走向"大一统"的秦汉政治》的微课视频,要先通过课标分析本课的重难点,再根据重难点设置讲解的主要内容。

　　课标对本课内容提出了两个层次的要求：了解层次，知道"始皇帝"来历与郡县制建立的基本史实，了解中央集权制度的形成过程；理解层次，理解中央集权制度形成的影响。通过对课标、学情、教材等多方面的分析，可确定本课的教学重难点。皇帝制度、中央官制、郡县制构成了秦朝中央集权制度的核心，对后世影响深远，体现课标精神，因此可将秦朝中央集权制度的主要内容定为本课重点。中央集权制度作为中国古代的基本政治制度，为历代所沿用，必须正确认识其影响，需要学生有较强的分析概括能力，有一定难度，因此可将秦朝中央集权制度建立的影响定为难点。依据以上分析，就可以分别以重难点制作微课视频，帮助学生理解重难点内容，提高教学效果。

　　2. 立意明确

　　"历史课灵魂可简称为'课魂'或'课时灵魂'，也称之为'教学立意'。""微课虽然短小精悍，但它并不是对传统课堂知识片段的机械截取，而是突出解决一个问题。因此，微课的教学设计和课堂的教学设计相似，除了要突出重点、教学思路清晰外，还要有高远的主题立意。"

　　例如，人民版高二历史必修三专题六第3课《专制下的启蒙》，可以思想的力量为立意，设置欧洲社会的进步——追寻启蒙之源、与先哲对话——感受理性之光、探索启蒙之影响——品味理性之精神三个篇章，在第一个篇章设计微课，微课需紧紧围绕思想这一立意，引导学生探寻社会的进步。

　　3. 趣味性强

　　"设计富有趣味的微课资源是激发学生兴趣、提升学习热情、提高学习效率和推动高中历史教学方式转变的关键。"例如，人民版高二历史必修三专题六第2课《神权下的自我》，设计"文艺复兴思想"的微课，讲解文艺复兴时期的思想，可以补充当时文艺作品中通俗易懂的故事、画作，直观地让学生体验人性的解放。听故事、看图画有利于增加学生的兴趣，比单纯的思想内容讲述更能吸引学生的注意力。

　　4. 以学生为主体

　　制作微课时不能一味地关注考点的讲解，忽略了学生的感受，一定要从学生的角度出发，根据学生的年龄、认知程度等要素设计合适的教学环节。例如，《鸦片战争》这课设计"探寻战争爆发原因"的微课，为了启发学生主动学习，可设计环环相扣的四个问题:中英相隔甚远,为何会爆发战争?中英正当贸易出现了什么问题?鸦片贸易给中国带来了什么?面对鸦片问题,应采取什么措施?通过四个问题启发学生自主学习,探寻鸦片战争爆发的原因。

5.重视拓展延伸

微课延伸了传统课堂,将传统课堂没有时间讲的部分补充出来,有效地补充了学生的历史课外知识,方便学生全方位地了解历史人物、历史事件,构建完整的历史体系。例如,人民版高一历史必修一专题一第2课《走向"大一统"的秦汉政治》,制作皇帝制度的微课视频,需要补充"皇帝"的由来,促进学生理解皇帝的含义,更加深刻地理解皇帝制度的特征。

(二)微课制作技能

微课的制作要按照不同的种类进行讨论。微课有讲授类、演示类、实验类、练习类、表演类、讨论类、班级活动类、问答启发类、合作学习类、自主学习类、探究学习类等。[①] 最常用的是讲授类和演示类。

1.讲授类

以教师制作PPT或者呈现画面为主,辅以配乐和配音。一般针对教师在课堂中的某个重难点,为了尽可能节省时间提高课堂效率或者丰富课堂知识,使用这种教学方式。在传统的微课教学设计中,这是最常用的方式,80%参加微课比赛的微课都是这种形式,我们又可以称之为嵌入式微课,因为其一般被大量地使用于教师的课堂教学过程中,或者翻转课堂的先学后教预习中。这一类型微课的制作流程是:

(1)选题以及确定微课主题。

(2)设计微课。

步骤一:搜集在微课制作过程中可以使用的材料。

步骤二:设计微教案。

步骤三:设计微练习。

(3)微课画面制作。

要使微课的画面精美,需要耗费老师们大量的精力,对教师的审美也提出了很高的要求。

---

① 胡铁生,《微课:区域教育信息资源发展的新趋势》,《电化教育研究》2011年第10期。

表5　制作微课常用的工具或网站

项目	推荐工具或者网站
字体美化	汉仪字库、毛笔字在线形成
图片美化	AI 拍照扫描、全能扫描王、PS、PPT、美图
视频下载或剪辑生成	硕鼠、iMovie、八角星视频、小影、爱剪辑、快剪辑、Camtasia Studio、狸窝、PR
音频	狸窝、Cool Edit
动画	PowerPoint 动画、万彩动画大王、flash、After Effect
字幕	爱剪辑、Camtasia Studio、Arctime

（4）后期录制剪辑（以教师常用 Camtasia Studio 为例）

步骤一：讲课录制

①设置屏幕分辨率设为 800×6000。

②打开 PPT 课件（或 Flash 课件、手写板显示区、图画等需要展示的内容），打开 Camtasia Studio，点击录制屏幕，选择工具栏中的 Full Screen，如果需要同时录制头像，还要点击 Settings 中的 Camera，然后点击 rec，软件将在 3 秒钟之后开始录制屏幕。切换到 PPT，播放 PPT 并开始讲解，讲解过程中如有错误，可将错误之处重复正确讲解一遍，后期处理中可以将错误之处删除（在这里推荐首先用手机按照逐字稿录制好，再插入新的轨道，可减少录制次数同时保证所录制音频的质量）。内容讲解完毕后按 F10 键停止录制。

③录制完成后，会自动进行回放，点击 Save 将录制的内容存在选定的位置。

步骤二：视频编辑

①自定义设置屏幕分辨率。

②在添加视频中导入媒体，选择刚才保存的文件（amrec 文件）导入。

③将导入的媒体文件拖至下面的时间轴，在确认框中选择录制的分辨率为 800×6000。

④使用剪切功能剪掉多余或错误的部分。

⑤使用批注功能对重点内容进行批注。

⑥使用缩放功能进行局部放大。

⑦如有需要，增加转场效果。

⑧如果使用了摄像头录制头像，还可对头像的大小、位置等进行调整。

⑨增加片头(标题剪辑),并拖入视频最前端,增加音频轨道,导入媒体片头音乐,并拖放到音频轨道20(选中音频片段后,也可设置淡入、淡出)。

⑩可以直接使用 Camtasia Studio 制作字幕,但是不推荐,推荐在视频生成之后使用 Arctime 软件制作字幕,操作更为简便,具体教程可以去网上搜索。

步骤三:生成视频

点击生成视频为选择自定义生成设置,大小自定义,下一步中选择 WMV 格式(WMV、AVI、MP4 都是比价常用的格式,其中推荐 WMV 格式,因为它最便于插入 PPT 使用),下一步中选择第一项 camtasia studio best quality and file size,下一步按默认的自定义分辨率800×6000,后面的按默认设置,注意不要忘记设置视频存放的位置和文件夹。最后点击完成开始生成视频。

2. 演示类

课后复习、习题讲解常用这种微课类型。这种微课的制作往往比较简单便利(如图)。过程同样是先选择好教学内容,然后组织设计好微课要讲述的内容,再进行录制以及后期剪辑。

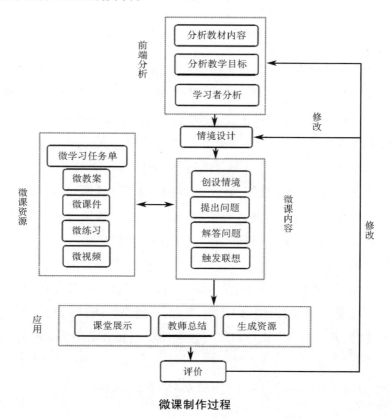

微课制作过程

因为是现场录制,为保证微课录制的效果,最好要准备三脚架和 DV 以及白板,在录制过程中尽可能排除杂音,但是大部分老师在自身录制的时候缺乏设备支持。简易版的演示类微课,需要准备一个手机支架、录制效果较好的手机以及带话筒的耳机。如果录制过程中出现了问题,不需要重录,可以导出后使用 Camtasia Studio 或者其他软件进行剪切。

（1）前端分析

在设计制作微课之前的阶段,有必要对教学实际做出前端分析,即教学内容分析、教学目标分析和学习者分析。

（2）情境设计

情境设计是教学中的重点部分,经过学习者分析、教学内容分析、教学目标分析,在教学目标指导下根据知识点内容进行情境设计。而情境的设置需要与教师优美的语言相结合,以带领学生在观察与思维想象的同时,促进学生的认知活动。历史情境教学应以生活为源泉、以活动为途径、以思维为纽带、以情感为核心、以求真为境界,实现历史教育的本质功能,培养出有志于民族复兴的一代新人①。

（3）微课内容设计

创设情境是微课内容中非常关键的步骤,鲜活丰富的情境可以在播放微课的开始就激发学生的学习兴趣,有助于刺激学生的个体能动性;趁着学生置身于创设的充满美的情境中,找到合适的机会提出问题,在该部分学生已经对之前的情境有所感知的基础上,教师引导学生通过问题探究深化情境;然后在学生探究的基础上,通过微课进行问题的解答,学生在此期间不仅可以对知识有深入的了解,而且可以收获自信;最后在学生明白该微课所呈现的内容后,抛出下一章节相关的历史问题或者历史情境,触发学生的联想,强化学生对该微课所呈现的知识点对接下来的课程可能也有某种联系的想法。

（4）微课资源设计

一个有价值的微课,不只是微视频那么简单。微课的资源构成为"非常 4 + 1","其中"1"是指微视频,即微课的核心资源,一般为 5 到 10 分钟,"4"是指微学习任务单、微教案、微课件、微练习等与教学知识点和教学环节相配套的辅助教

---

① 冒兵,《高中历史情境教学略论——从边缘性参与到主体性融入》,《当代教育科学》2014 年第 24 期。

与学的内容,这五部分资源构成一个相对完整的微型教与学应用生态环境。

①微学习任务单设计

学习任务单应该站在学生的角度进行内容设计,学习任务要参考学生的普遍学情,不能超过学生的学习能力,应把握好学生认知的"最近发展区",使学生通过自己勤奋学习,就可以达到学习目标。

②微教案设计

微教案设计指微视频教学设计,即微课程教案的编写。不同于传统教案,它具有"内容精选、设计精心、活动精彩"的制作特点和"短小精悍、使用便利、应用面广、效果良好"的应用特点。教师在准备微教案时,不但需要依据课程标准,而且要结合"三维"目标,思考课程内容,细化课标于课堂教学之中,注意挖掘课程资源,设计出创新教学内容。

③微课件设计

运用微课资源进行课堂教学,说明该教学活动是微型学习,即微学习。微学习的信息基础是微内容,而微内容的表现形式是微课件。作为微课体系辅助教与学的内容,微课件可以通过创设互动问题或者活动而具有与学习者进行互动的互动型多媒体学习资源①。微课件的设计需遵循以下基本原则。

第一,微型化原则。微课件适宜以 10 张以内的 PPT、3 分钟以内的音视频、15 帧以下的 Flash 等为宜②。

第二,目标导向原则。设计微课就是为了突破教学重难点,因此微课件的设计不能过于宽泛,而应围绕微课所要解决的知识点进行设计。只有微课件本身具有很强的目的性,才能为学习者提供合理的信息和有效的参考。

第三,兴趣需要原则。要根据学生的需求,通过多种途径逐步帮助学生感知历史,形成历史概念,认识时代特征和发展趋势。

④微练习设计

考虑到学生的认知水平和学习能力,微练习应由易到难、由浅入深,练习要有梯度;微练习应该与生活相结合,学生可以根据生活经验比较轻松地完成学

---

① 况姗芸、宋诗海、周国林等,《基于微课件的家长在线培训活动设计》,《中国电化教育》2015 年第 9 期。

② 王寿斌,《基于"微课件"的高职生项目化学习模式设计》,《高等工程教育研究》2013年第 6 期。

习任务;将微练习与课堂讲授相结合,把"习题"变成"议题",能够更好地抓住学生的反馈,引导学生抓住史实的要点,更好地达到学习目的。

⑤微视频设计

微视频是微课资源的核心内容。微视频的设计要遵循实用性、创新性、交互性和趣味性的原则。

（5）应用

在传统的以教师的教为主的教学里,学生的个体能动性一直很难得到激发,学生的很多方面的内容难以得到释放。由于教授对象的主体是中学生,而其应用方式主要是课堂教学,因此通过微课这种有效的教学形式可以在有限的课堂时间中,使学生有针对性地进行个性化的学习。首先,学生通过阅读微学习任务单,明确下节课的学习目标、学习任务和学习形式,利用课余时间完成微学习任务单上的预习任务,有能力者可以对问题导学部分的材料题进行深层次的探索;其次,课堂教学中可以通过微课情境和教师的语言情境查漏补缺,深化了解。

（6）评价反馈

目前,我国不同的学者站在不同的角度对微课的评价方法持不同的观点。李鹏鸽等在《微课评价指标体系的构建与实施》中以微课评价指标体系的构建来考虑微课的评价标准,从选题、教学过程、作品规范、辅助资源、效果效益五方面构建微课评价指标体系;黎加厚老师通过对微课的特征进行分析,认为需要从"聚焦、简明、技术、创新"四点来评价微课;孙聘在《基于用户体验的微课评价指标体系设计》中从微课的内涵入手,从教学有用性和微课可用性两个维度出发,指定了八项二级指标,分别为选题设计、内容选择、活动设计、易于学习、使用高效、易于记忆、低错误率和高满意度。

表6　初中历史微课设计模板

微课信息	
系列名称	
本微课名称	
所属课程	
微课类型	

续表

微课制作方法			
教学目标			
视频教学过程			
一、片头 (20秒以内)	内容	画面	时间
二、创设情境 (2分钟以内)			
三、提出问题 (30秒以内)			
四、解答问题 (3分钟以内)			
五、触发联想 (1分钟以内)			
教学反思			

四、微课设计案例

人教部编版九年级历史下册第13课《罗斯福新政》

微课信息	
系列名称	基于情境教学法的人教部编版九年级历史下册系列微课
本微课名称	理解罗斯福新政的内容
所属课程	人教部编版九年级历史下册第四单元第13课《罗斯福新政》
微课类型	讲授型
微课制作方法	混合型
教学目标	理解罗斯福新政的内容; 通过小组讨论、合作学习培养学生的自主学习能力; 使学生认识到资本主义社会的本质

续表

视频教学过程		
	内容	时间
一、片头（20秒以内）	介绍本系列内容以及本节课的内容：初中历史系列微课之理解罗斯福新政	10秒
二、创设情境，动画再现（2分钟以内）	1. 资本主义经济危机爆发前的场景 （1928年的一天） 男一：哎，最近物价上涨，我家都快吃不起饭了。 男二：物价升升升，资本家兴风作浪，我们工资却不涨，很难啊。还好股票市场一直不错，我把全部积蓄都投进去了，一定能赚。 男一：股票价格狂涨估计不是好事，你还是多注意点吧。	25秒
	2. 资本主义经济危机爆发后的场景 （1929年10月下旬，美国股票突然暴跌，资本主义世界有史以来最严重的、时间最长的经济危机爆发，许多家庭一夜之间失去住房，只能住在临时搭建的"胡佛村"） 男二：哎，我好惨啊。 男一：嗨，哥们，你怎么了？ 男二：公司破产了，我失业了，房子也抵押还债了。 男一：我们近况相同，现在只能靠胡佛政府的救济勉强度日。再这样下去，我们就要住进用木板、铁皮和纸盒搭成的胡佛小屋了。 男二：资本主义制度已经出现了严重的裂缝，胡佛的自由放任政策只会加剧危机。 男一：走吧兄弟，一起去领免费的面包吧。救济的队伍已经排得很长了	1分钟
	3. 资本主义经济危机的表现方面	1分15秒
三、提出问题（30秒以内）	面对经济上企业大批破产，工人大量失业，工业生产大幅度下降；财政上世界货币秩序遭到破坏，金本位制崩溃，如果你是美国总统，你会提出什么样的政策？	15秒

续表

四、解答问题 (3分钟以内)	1.创设情境 (1933年3月,罗斯福就任美国总统,实行国家干预的新政策) 男一:有大事发生了! 总统大选中主张实行新政、对经济进行干预的罗斯福击败胡佛,成为新总统,他在就职演说中说:政府首要的任务,就是使人民有工作。 男二:太好了,希望他说到做到。 2.详细解说 我们一起来看下罗斯福新政的具体措施,1933年3月,富兰克林·罗斯福就任美国总统,他的新政措施可以用"3R"来概括,即复兴(Recovery)、救济(Relief)和改革(Reform)。罗斯福新政首先是从整顿金融体系开始的;工业方面,通过《全国工业复兴法》,加强对工业的计划指导;社会保障方面,通过《社会保障法》,建立社会保障制度,利用过剩物资救济失业家庭;救济方面,推行"以工代赈",就是国家政府通过投资兴建大量的公共设施,如水库、发电站、公路、桥梁、机场、运动场、公园等,为失业者提供就业机会;最后通过《农业调整法》,调整农业政策。	1分 50秒
五、触发联想 (1分钟以内)	面对资本主义经济大危机,美国依靠罗斯福走出困境,那其他国家走上了怎样的道路? 让我们一起跟随老师学习第四单元的内容吧。	12秒
教学反思		

　　※以上案例节选自王艳飞老师《基于情境教学法的初中历史微课设计与应用研究》一文。

五、训练项目

　　请根据人教部编版七年级历史下册第22课《中国传统节日的起源》相关内容,设计一堂适合七年级阶段学生特征的微课。

第三节 见习实习基本技能

一、相关概念

教育见习、教育研习与教育实习,都是师范教育实践的形式,其开展内容、阶段、实践侧重点各有不同。

(一)教育见习

教育见习是一种替代性学习,教育见习是指师范生在积累了一定的教育科学理论以及专业学科知识的基础之上,进入教育现场,实地感受、观察、体悟基地学校的教学情况,为教育研习和教育实习做好心理、精神和经验上的储备。教育见习以一周的形式,分别在不同学期开展多次,逐次积累经验,为师范生创造理论联系实际的机会,也使师范生切身感受教师生活,强化师范生的教育信念和敬业精神。

见习内容包括了解和熟悉班级或学校管理岗位的基本流程与工作重点、听课、做好随堂课的听课笔录和评价、写教案,并尝试在见习时进行一次讲课。其目的在于使师范生通过用眼睛看、用耳朵听、用心感受,自主获取丰富的感性认识,初步了解中小学的日常教学活动,熟悉学校的活动组织和课程安排,感受学校文化,感知教师职业,了解教学改革现状,接触和了解中小学生,产生教育热情等。见习是实习的前奏,是实习不可少的步骤。

(二)教育实习

教育实习是教师教育专业的重要组成部分,是对师范生进行实际教育和教学工作能力初步训练的基本形式。本讲中的教育实习,是指师范生在教育见习、教育研习项目确定的基础之上,在校内外导师的专业指导下,通过学科教育教学、班主任工作、教育管理等相关工作的综合实践与探索,获得对教育教学的基本认识,提高对教师职业的认识水平,进一步培养专业情感,加快专业知识和教育理论知识向教学技能的转化,基本完成由师范生向教师角色转变的实践过程。

实习内容一般包括听课、评课、课堂教学工作、班级管理工作等,实习结束后由基地学校指导教师及高校指导教师共同评价。其主要目的是使师范生在实际环境中通过备课、说课、上课、评课、教研活动、班主任工作、辅导员工作等实践训练,形成教师的专业态度,具备专业素养。

二、见习、实习的作用与意义

教育见习在教育实践中具有奠基作用。

第一,见习可以帮助师范生通过观察获取新的经验和知识,正确理解理论知识和教育现象,形成积极、正确的职业价值观。

第二,见习有助于师范生反观自身的知识结构和储备,增强学习兴趣,自觉丰富自身的知识结构。

第三,见习还有利于师范生从心理、言语和行为等方面转变角色,初步养成专业胜任力。

第四,见习中的观察有助于师范生进行动作再现和模拟演练,为教育演习做准备。

总而言之,教育见习体验唤醒了职前教师实践意识,为师范生走向教师岗位进行教学实践做了第一次的铺垫与准备。

教育实习是教育实践的关键环节,对师范生能力养成和专业发展有着重要作用。

第一,教育实习是理论见诸实践的学习环节,有助于师范生在实践中深入理解和巩固理论知识,丰富实践性知识[1]。

第二,在教育实习中,师范生可以获得阅读、书写和表达等基本能力和备课、上课、评课、课堂管理、班级管理等专业能力的提升。

第三,教育实习是师范生学习教师道德规范、养成良好教师行为、产生教师角色认同和教育热情的关键时机。师范生可以在教育实习中体验教师角色。

总而言之,教育实习是师范生实现自身角色转变的"缓冲区"和"适应期",此阶段可以促使师范生更好、更快地适应中小学教师角色。

三、见习、实习实施策略

要扎实有效地落实见习环节,需要综合高校、教师、师范生本身三个方面共同作用,其实施策略主要有以下几方面:

第一,做好见习准备。高校要做好对师生见习前的培训,帮助师生明确见

---

① F. Elbaz, *Teacher Thinking:A Study of Practical Knowledge*. London:Croom Helm,1983.

习目的、任务和主题,避免盲目见习。

第二,保证见习的有效性。一方面,每次见习都要设定与当前所学课程相关的见习主题,使师范生在见习中有的放矢地将理论与实际联系起来;另一方面,要求师范生撰写见习日志,做好见习中期检查和终期总结及思考与交流。

第三,遵循循序渐进的原则。教育见习不是一蹴而就的,而是多次进行并逐步深入的。师范院校应将教育见习纳入教学计划和课程安排中,可每学期1—2 次,每次一周左右;也可每学期几周,每周1—2 天。

而关于教育实习的策略,与见习一样,需要高校、教师和师范生三方面的融合,尤其需要做好以下几点:

第一,做好实习准备。师范院校要在师范生教育实习之前通过集中培训等方式帮助师范生做好"明确实习任务和目的,了解实习学校,解读相关课标"等实习准备。

第二,及时评价和指导。布鲁纳的认知结构教学理论提出,教学中应遵循强化原则,即通过反馈让学生了解自己的学习结果并不断矫正,强化有效学习[1]。因此,在实习过程中,导师要及时给予师范生指导和评价,帮助师范生及时纠错,达成实习目标。

第三,做好记录与总结。在实习过程中,师范生要做好实习日志。实习结束后,做好实习总结工作,保证实习的质量和有效性。

四、见习、实习过程易存在的问题

师范生在见习、实习过程中要注意规避以下几方面问题:

1. 见习之前准备不足

在见习之前准备不足,对见习学校缺乏基本的了解,则无法带着问题进入教学现场,所收获的也仅仅是主观上的感受,并无更多深刻的教学体验。师范生在见习前需要了解上课将使用的教材、学科的课程标准、学生状况等,在听课期间所记录的不仅仅是教师讲课的流程,更要将其作为讲课后小组讨论的准备。

2. 见习过程缺乏主动意识

有的师范生在见习过程中可能不会主动和见习学校的老师交流,主动意识

---

① 黄忠伟,《杰罗姆·布鲁纳的教学原则在高职英语教学中的应用》,《中国成人教育》2010 年第 13 期。

非常欠缺。有的师范生在见习过程中由于缺乏问题意识，出现了少听、不愿意听课、宁愿在见习学校安排的办公室里休息等情况，见习这样宝贵的了解教学实践的机会，反而成了一种形式。

见习过程中，有的师范生比较倾向于停留在和同伴交流的阶段，不愿意直接主动与在职教师进行交流互动，既不是"互动的主动发起者"，也没有在日常交流中表达自己的想法，很难让在职教师发现师范生身上新的想法和理念。

3. 见习后缺少反思

有的师范生在见习期间没有主动进行角色转换，仍然只注重教学内容而非教学过程，不会主动记录课堂上学生的反应、师生互动效果等，无法将理论知识与现实的教育现场联系起来，在听课时表现出思维定式。这样的听课效果，将直接阻碍课后小组更深层次的讨论。

4. 实习阶段主动精神未得到提升

知识只有在它产生和应用的情境中来解释，才能产生意义。在职前教师教育过程中，"准教师"必须尽可能地置身于真实的教育教学情境中，并通过实践活动去学习如何教学。教育实习阶段，是教育见习的升华，是教育研究的实地开展阶段，其实践功能和价值更为显著。

其实，师范生在教育见习期已经对教学场所有了一定的认识，部分师范生也有写教案和讲课的经历。而从实践模式递进的角度来说，师范生已具备了教育实习中所要求的初步教学能力的基础。但在实习阶段的师范生如果并未总结反思教育见习过程中所获得的实践性知识，仍然容易在教育实习过程中出现准备不足、缺乏主动探索精神等情况。

综上所述，教育见习、实习对提升教师教育质量具有重要的作用，教育实践过程的完善和探索不是一蹴而就的工作，而是要在实践中不断检验和改进的。当然，这并不是高校或教师教育工作者单方面的责任，而是政府、高校、中小学等多方面的责任和义务；同时，这也不是单纯理论或实践上的探索，而是理论与实践循环往复地相互检验与共同推进的过程。作为师范类学生，除了学习基本的教学技能之外，在见习、实习阶段需要主动进取、多沟通，树立正确的职业信念，适应不同实习学校的文化差异，如开放型与封闭型的差异，避免在此阶段出现"上手慢""困惑多"等问题。

第九章 教学评价技能

第一节 学业评价技能

一、历史学业评价及其原则

学业评价是以教学目标为依据,运用科学可行的方法和途径,系统地收集学生在历史学习过程中认知行为上的变化信息和证据,并对学生的知识和能力水平进行价值判断的过程。它是历史课程实施的重要环节。通过学业评价可以全面了解学生学习历史的过程和结果,激励学生学习,促进学生的学业进步和全面发展,以及改进教师教学方式和提高教学质量。从历史学业评价角度看,中学历史课程标准就是一个完整的评价体系,它不仅罗列了评价内容,还提供了评价标准、评价方式、命题建议等一系列指导性原则。

历史学业评价的主要原则:

1. 整体性原则。在教学过程中,教、学、评是一个不可分割的整体,评价时要从学生整体发展的角度进行评价,不仅要考查学生在课堂上运用历史知识的能力,解决学科内的问题,还应该检测出学生将历史与现实联系起来的能力。

2. 多元化原则。要注重学习过程评价和学习结果评价相结合,注重反映学生发展状况的过程性评价,实现评价目标多元化、评价手段多样化和评价标准的多元化。

3. 发展性原则。学业评价要体现"一切为了学生发展"的教育理念,重视评价对个体发展的建构作用,体现以人为本的教育理念。

4. 反思性原则。目的在于对是否达到既定目标和质量做出判断。

二、历史学业评价的方式

关于评价的基本方式,《课程标准(2019 版)》主要列出历史习作、历史调查、历史制作、纸笔测验、教师观察、学生的自评与互评等。

(1)历史习作。通过撰写历史习作重点考查学生收集和处理信息的能力、历史思维能力、语言文字表达能力等。历史习作主要包括学生撰写的历史小论文、历史影视作品观后感、历史书籍读后感、历史演讲稿、历史短剧剧本，以及课后作业等。

（2）历史调查。历史调查主要包括学习调查和社会调查。它既是一种活动方式，也是一种学习评价方式。教师可在教学中结合教学内容的需要和学生的实际，为学生提供适当、必要的历史调查活动的机会，拉近他们与历史的距离，使学生从多种角度了解历史，由此考查学生综合运用历史知识分析和解决问题的实践能力。

（3）历史制作。通过制作历史模型、编绘历史图表、制作历史课件等活动，可以考查学生动手与动脑的综合能力。在评价时要注意考查学生在历史制作过程中的心理感受和收获，教师应和学生一起设计可行的评价标准对学生的作品进行公正、合理的评价。

（4）纸笔测验。在测验时要注重对课程目标的全面考查，可采取闭卷、开卷或者两者相结合等形式。考查的内容应体现历史课程的目标和课程内容的要求，确保考试的信度和效度，适当注意试题的开放性与探究性。

（5）教师观察。它是指教师对学生在学习历史过程中的行为表现进行观察，做出记录，从而评价学生参与学习活动的状态、进展与成效。如观察学生如何提出问题、分析问题，对历史的感知、理解的状态，怎样对历史进行论证，历史学习方法的运用情况，以及学生在情感态度与价值观方面的真实表现等。教师观察的记录可作为期末评价学生学习状态的参考。

（6）学生自评。学生可对自己的学习态度、策略、方法和效果等方面进行评价，以更清楚地了解自身的学习特长与不足，逐步学会调控自己的学习习惯，提高自主学习与评价的能力。

三、历史学业评价目标的选择与确定

清晰的教学目标和评价目标是有效评价的关键。对学生历史学习的评价，包括"知识与能力""过程与方法""情感态度与价值观"三个部分。这三个部分是一个密切联系、相互交融的有机整体。

（1）关于"知识与能力"的评价

对历史基础知识和历史学习能力的评价，既包括考查学生对有关史实、概念、观点等方面的掌握程度，又包括考查学生对历史问题进行判断、分析、论证和解决问题的能力。要以各学习模块的具体目标和要求为标准,准确地把握"了解""理解""运用"的不同层次要求,注重学生是否全面、准确地掌握重要历史事件、历史人物、历史现象以及历史发展的基本线索,并能够对有关的历史信息有效地进行获取、解读和运用,对历史事物正确地进行分析和判断,对历史问题做出合理的、客观的解释等。

例如:人教版高一历史必修二第三单元《近代中国经济结构的变动与资本主义的曲折发展》的课程标准中关于"知识与能力"的评价试题。

课程标准:

①简述鸦片战争后中国经济结构的变动和近代民族工业兴起的史实,认识近代中国资本主义产生的历史背景。

②了解民国时期民族工业曲折发展的主要史实,探讨影响中国资本主义发展的主要因素。

③探讨在半殖民地半封建社会条件下,资本主义在中国近代历史发展进程中的地位和作用。

学业评价试题示例:19世纪六七十年代,中国民族资本主义产生后,多集中于沿海地区,主要原因是(　　　　)

A.商品经济发达,工场手工业得到发展

B.西方列强入侵,自然经济解体较早

C.沿海地区官僚地主首先接触西方,创办近代企业

D.最早与西方进行贸易,思想比较开放

(2)关于"过程与方法"的评价

在对历史学习过程进行评价时,应注重学生对历史的感知、理解、探究等方面的发展变化,发现并鼓励学生在学习过程中的进步。评价要注重对学生学习过程的整体评价,既包括学生的认知发展水平,也包括学生在情感、态度、意志、信念等方面的进展。对学习方法的评价,要与对知识与能力的评价结合起来,不仅注重学生对历史学习方法的运用程度,还要注重学生在学习态度、学习习惯和学习策略上的进步。对这方面的评价应采取灵活多样的方法,将定性与定量结合,并以定性评价为主。

例如:人教版高一历史必修二第三单元《近代中国经济结构的变动与资本主义的曲折发展》中关于"过程与方法"学业评价试题。

请你采用适合自己的方式或进行小组合作,搜集和整理民国时期民族工业曲折发展经历的相关历史资料,探讨影响中国资本主义发展的主要因素。

(具体要求:记录搜集、整理资料的过程和合作交流的过程;撰写研究报告。)

(3)关于"情感态度与价值观"的评价

这部分的评价既要坚持正确的思想导向和价值标准,又要尊重学生的个性表现,关注和把握学生在情感、态度以及观点、信念上的变化与发展的趋向,注重学生通过历史学习对正确的思想、道德、观念等方面的感悟、理解和认同程度。对情感态度与价值观的评价主要在平时教学的过程中进行,注重考查和记录学生在不同阶段的状态和发生的变化。

例如:人教版高一历史必修二第三单元《近代中国经济结构的变动与资本主义的曲折发展》中关于"情感态度与价值观"学业评价试题。

"在夹缝中求生存、在斗争中求发展"是近代中国民族资本主义生存状况的真实写照,你如何看待民族资产阶级为了救亡图存所做出的努力? 从中你得到了哪些历史启示? 联系当今中国社会主义现代化建设事业的国际、国内环境,谈谈你对中国坚持走中国特色社会主义道路的看法。

四、历史学业评价标准的制定

评价标准一般包括评价维度、评价水平以及不同表现层次水平方面。评价标准制定的程序包括:根据教学目标和内容以及学生水平确定评价指标和内容;选择重要的内容作为评价的维度;为每一个维度划分水平;确定每个评价维度水平的评价标准,并用清晰、简要的语言进行描述。

表 7　北京教科院张静老师设计的评价体系表

评价项目	评价指标	水平			
		4	3	2	1
知识的掌握和运用	能运用已有知识获得新知识、新技能,并加深对已有旧知识的理解				
	运用多学科方法解决问题时,表现出整合能力				
批判思维和创新思维	能对社会现象和历史问题质疑和反思				
	合理评价社会现象和历史,提出自己见解				

续表

评价项目	评价指标	水平			
		4	3	2	1
社会探究技能和实践能力	通过观察、调查的方式获得对历史和社会问题的了解				
	对所探究问题收集和整理材料并提出观点				
	运用恰当的方式呈现研究成果				
交流与合作	清晰而有目的地与听众交流并理解对方思想				
	对所探究问题收集和整理有关材料并提出自己观点				
	运用恰当的方式呈现研究成果				
情感态度价值观	自尊、自信、尊重、理解和关爱他人				
	热爱家庭、学校、社区(家乡)和祖国				
	具有开放的世界意识				
	具有正确的历史意识				

五、评价的实施

评价实施是保证评价公平、有效,发挥其激励、促进功能的重要阶段,根据评价的任务和对象采用多样化的评价方式,强调评价信息来源的多样化。在评价的实施过程中应注重评价主体的多元化,注重教师评价、学生自我评价与同伴评价的相互结合。学生不但要明确评价的目标,还应参与评价标准的制定,主动参与评价信息的收集和评价结果的交流,真正成为评价过程的参与者。教师在评价中要考虑到学生个体的差异,要真正使评价能够促进每一个学生的发展。

六、评价反馈

教师要将评价结果及时反馈给学生,学生根据反馈情况及时调整,明确学习目标的达成度。反馈形式要多样化,过程性评价结果可采用等级制,为学生提供有针对性的描述性评价结果。对于缺乏信心的学生,评价反馈中要有适当的鼓励和支持。终结性评价是对学生历史学习结果做出的评定,应关注评价的信度和效度。反馈要尊重学生的心理感受,这一环节重在引导学生对学习成果进行反思,要更多关注学生的进步,关注学生在历史知识掌握、能力发展、思维水平、探究能力、历史核心素养等方面的提高，以及学习过程中的合作交流等方面的变化，以促进学生自我认识、建立自信，发现和发展学生多方面的潜能，激发其内在的学习动力，及时调整其学习行为。

第二节　观课评课技能

课堂教学是课程实施的主要手段。课是教学的基本单位，观课评课既是教学工作的重要组成部分，也是教学研究的一种有效手段。

一、观课评课的定义

观课是把课堂教学活动作为观察对象，通过观察与思考，去获取关于课堂教学的有关信息，以便做出相应的判断和评价。传统的观课活动主要在教学现场进行，随着现代多媒体技术的应用，观课活动可以通过录播方式进行，一般是借助多媒体技术手段去呈现事先录制好的课堂教学视频资料，供观课者观摩。

评课是对在课堂教学观摩中获得的信息进行分析、综合，并在此基础上对课堂教学的优劣得失做出判断和评价，并提出改进的意见。

评课的前提是观课，其关键在于有目的性地从观课中获取与课堂相关的信息，然后根据一定的教育理念和评价标准，对课堂教学的质量做出科学判断，并对课堂教学的改进提出合理的意见。

二、观课评课的特点

1.日常性。观课评课已成为中学一项常规教研活动。

2.互动性。在观课评课活动中，观课者和被观课者以平等的身份参与其中，展开平等对话和交流沟通，教思并重，共同进步。

3.探究性。新课程理念下的观课评课是一个学习和思考的过程，不仅要关注教师的教学行为，更应该关注学生在教师引导下的各方面的发展，通过对教法和学法的探究实现教师教学理念的更新。

4.一线性。观课评课是教师改善自己课堂教学的有效手段，也是教师实现专业发展的有效途径。一线教师主体参与，也是观课评课的主要特点。教师不是作为一名旁观者和外部观察者的角色进入对象，而是以一名参与者和研究者的角色与对象融为一体，在课堂评价的互动交流中不断地通过体验、反思来发现自己教学中存在的不足,以修正自身的教学行为、领悟教学的技艺、体味教学的乐趣。

5.反思性。课堂观察与评价在平等对话的基础上,从"教"和"学"的行为入手,帮助教师认识教育理念、教学设计、教的行为、学的行为、学的效果之间的联系。课堂观察与评价是对他人的课堂进行"指点江山与激扬文字",通过对问题和困惑的讨论,发掘问题行为背后的视角、观点和价值追求,建立"观念—行为—效果"三者之间的联系,进而改进教学,促进教师专业发展。

三、观课评课的目的和意义

(一)观课评课的目的

一是改进教学实践。课堂教学有一定的教学规律,经验丰富的教师已形成了自己的教学风格和教学模式,但与新课程改革理念和实践存在一定的冲突和矛盾,通过观课评课,促使教师不断地反思教学、总结优点、发现不足,从而改进教师教学方法,提高教育教学质量。

二是促进师生成长。学生是课堂教学的主体,也是观课评课重点关注的对象。观课评课通过评议内容、评议方式、评议主体等方面的创新和优化,促使学生在学习情感、学习方法、学习能力等方面进步和发展。教师通过课堂观察、对话讨论等方式对教学理念、行为和效果进行整体研究、反思和总结改进,以促进自身的专业成长。

(二)观课评课的意义

1.观课评课是一次学习,是初为人师的起点

观课是教师走上讲台的基石,评课是教师的基本功,是教师走向专业成长的重要路径。教师亲自带班上课和坐在教室里观他人上课,体会是不一样的。"不识庐山真面目,只缘身在此山中"。有时自己上课自己看,不容易发现什么问题,不易突破自身的框框、模式。如果你以局外人的身份去观别人的课,目睹别人的课堂,你就自然会有"旁观者清"的感觉。这里既可以领略别人成功的妙处,又可以吸取别人失误的教训。应该说,相互观课,切磋教艺,是教师相互学习、提高教学能力的一种重要方法,是初为人师的起点。

2.观课评课是一门艺术,是教学相长的过程

观课评课交流是教师提高教学艺术的重要方法,是培养青年教师的一个重要环节。观课不仅指观其他教师讲课,还包括请其他教师观自己讲课。教师之

间相互观课的过程是一门艺术,它讲求一定的方法和技巧,观其他教师讲课更是如此。因此,教师要学会观课,学会在观课中思索,学会在思索中成长。

观课不仅仅评价教师,更重要的是评价学生,学生的表现是衡量教师教学能力、教学智慧和教学艺术水平的准绳。

3. 观课评课是一项技术,是教师成长的阶梯

观课评课是一种立体性综合技术,有效观课评课以高度集中的注意力为前提,以原有的教育思想和教学经验参与为基础,以看、听、想、记多种观课活动协调作用为保证。观课者在课堂上不仅要听、要看、要想、要思考,还应进行反复的琢磨及评价,因为对课堂教学的分析、评价不能仅停留在表面现象的观测上,更需要透过现象去分析它的本质,这样才能做出正确恰当的评价。

四、观课技能

(一)观课前,要有"备"而来

俗话说"有备无患""不打无准备之仗"。教师在观课前应该了解观谁的课,观哪堂课,应带哪些相关材料去观课,要对所观课的内容了然于胸,知道本课的教学重点、难点,做到先备后观,观后再认真思考、对比、交流、反思。因此,教师在观课前要做到:

1. "备教材"——熟悉教材,了解这节课在教材的地位,弄清新旧知识的内在联系,熟知教材知识结构,明确教学内容的重点、难点。

2. "备目标"——明确这节课教学的三维目标,观课时只有明确教学目标,才能看出教师教学的完成情况。

3. "备教案"——针对这节课在头脑中设计出课堂教学初步方案,试想如果是自己上应该如何处理。粗线条地勾勒出大体的教学框架,为观课后的评课提供一个参照体系。

4. "备方向"——观课前要回忆自己是否教过这节课的内容,有什么困惑和问题,再回忆是否观过这节课。要明确观课目的、计划和要求,对所要研究、需要解决的问题做到心中有数,锁定观课的重点和主观方向,带着思想进入课堂。否则,面面俱到、包罗万象,就可能得不到有效、真实的观课信息,也就达不到观课的目的。

(二)观课中,要做到"四到"和"五心"

在课堂教学阶段,听课老师应该集中精力,坚持"四到":

1."耳到"——认真仔细聆听师生对话。

2."眼到"——认真观察教师教态、表情、肢体语言、板书、所用教具及学生的反应和表现。

3."心到"——边听边认真思考,把授课者的理解、感悟及教法与自己的做比较。

4."手到"——记录教学流程、重点、难点、板书、师生交流情况、教学"亮点"及自己触景生情碰撞出的"火花",填写观课记录表等。

教师观课中必须要做到"五心":

1. 留心——留心天下皆学问

教师在观课中要处处留心,既要仔细听、认真学,又要善于观察,要善于捕捉授课教师的语言、表情动作、眼神、手势,仔细观察学生的课堂表现,看学生参与课堂的情绪、学习习惯的养成,教师对知识的落实、能力的培养、情感态度与价值观的渗透等。

2. 细心——观课处处须细心

细节,往往是教师综合素质的流露,有经验的教师举手投足间都能体现出优良的教育意图。一个肯定的眼神,往往起到意想不到的效果。所以在观课时要特别细心观察授课教师在课堂上完成教学过程的各个环节。如某授课教师在课堂提问环节中,观课教师发现两个细节:

细节一:对学习有困难的那部分学生,有经验的授课老师经常用"试试看""还没准备好吗""还有没有要补充的""还能不能再完善些"等非常有人情味儿的言语,让这一部分学生积极参与。这体现了老师对学生的真心关爱,体现了面向全体、以人为本的真谛。

细节二:有的教师在叫学生时用"请",同时掌心向上,使用像托起太阳一样的手势。这一举动,透着老师对学生尊重和期待。

3. 虚心——三人行必有我师

作为一名观课教师,要有虚心学习的态度,只有放下架子,虚心向别人学习,才会有所提高。年轻教师不仅要观老教师的课,还不能忽视年轻教师之间互相学习的机会,多互相观摩,多切磋。不论教师的教学水平如何,都有其优点,都有我们可取之处。即便有漏洞和不足,大家共同商量、共同探讨,也能尽快提高自己、完善自己。

4. 耐心——耐心是一种修养

在观课过程中,教师需要有耐心,对教者在授课过程中的一些观点如果持不同意见,也不能焦躁、耐不住性子,这样既对教者不礼貌,也会失去捕捉课堂教学中精彩部分的机会。

5. 研心——学而不思则罔

教师在观课过程中要边观边思考,观完课后,要对照观课记录,仔细回忆,品味课堂教学实况,并进行反复琢磨,揣摩教者对教学过程设计的匠心独具。尤其是老教师的课,在征得对方同意的前提下,可以用观摩设备(录音笔、摄像机等)录下来,有时间再回过头去听一听,针对性就更强了。这样可以通过比较、分析、研究、归纳,取人之长,补己之短。

(三)观课后,要进行反馈交流

观完一节课后,其优劣得失尽收心中,其过程细节也皆记在本上,但并不意味着观课就结束了。我们观课的目的是借其长为我所用,见其短以之为鉴。我们还要将自己的观课体会、课堂教学的建议与授课教师进行反馈和交流,助其共同成长。

美国著名心理学家波斯纳说过:"没有反思的经验是狭隘的经验,只有经过反思,经验方能上升到一定的理论高度,并对后续教学行为产生影响。"即"经验+反思=成长"。

(四)观课应该重点"观"什么

1. "观"课的结构

课的结构是指一堂课的组成部分及各部分的顺序和时间分配。课型不同,课的结构也不同。新教师在观课时,首先要观看的就是授课教师如何安排课堂结构。如:教学目标在何时采用何种方式呈现,才能最大限度地引起学生的好奇,激发学生的学习动机;如何通过问题设计使学生有意识地从认知结构中提取相关的旧知识;怎样创设教学情境,导入新课的教学;采用何种方式完成对新内容的巩固;如何设计多种形式的练习,加强知识的应用与迁移等。

2. "观"教学重点、难点的突破

一节课的重点、难点能否突破,标志着这节课的成功与否。观课时特别要观看教师是如何深入浅出、化难为易、突破难点、突出重点的,这些往往是他们教学智慧和教学经验的结晶。

3."观"板书及教学资源运用

一般说来,教学板书要详略得当、重点突出,能起到提纲挈领的作用;观课时要注意结合课堂教学内容,观看教学课件设计是否合理,多媒体资源使用是否得当等。

4."观"课堂的气氛

课堂气氛是弥漫、充盈于师生之间的一种教育情景氛围。和谐、融洽、平等、民主的氛围能极大激发学生的潜能,树立学习的信心,培养学生的创新能力。

5."观"教师教态和语言

教师课堂上的教态应该明朗、快活、庄重、富有感染力、仪表端庄、举止从容、态度热情。教学也是一种语言的艺术,教师的语言关系到一节课的成败。教师的课堂语言要准确清楚、精当简练、生动形象、有启发性,语调要高低适宜、快慢适度、抑扬顿挫、富于变化。

6."观"课堂闪光之点

每一堂课都有闪光之处。因此,教师在观课时,要抱着一种虚心学习的态度,用自己敏锐的眼光去发现其他教师课堂上的每一个闪光点。

案例:一位教师在上公开课讲授《抗日战争》时遇到过这样一件事:他为了让学生理解当年敌后抗日战争时抗战的艰难和敌后人民的勇敢,播放了一段《游击队歌》,正当歌曲播放时,隐约听见学生轻轻的口哨声,而且还基本能跟上音乐的旋律。等音乐播放完,他问同学:"刚才谁在吹口哨?"有位同学马上把头低了下来,全班同学也都很紧张,以为要受批评了。但这位教师并没有批评他,反而表扬他吹得非常好,让他再把歌曲的旋律吹一遍。他开始很不好意思,老师让大家给他鼓掌加油后,他的精神一下子来了,于是较流畅地吹了起来。刚吹完,学生们就不由自主地为他再次鼓起掌来。这位老师顺势拓展,对同学们说:"这首歌曲其实很适合用口哨来表现,你们想想为什么?"于是,同学们七嘴八舌议论起来……最后经过归纳认识到这首歌曲表达了抗日战争时期游击队员的革命乐观主义精神,与口哨悠扬的特性存在着自然的切合点。在这个案例中,教学预设的改变,不但没有打乱教学秩序,反而成为课堂教学中的亮点。

所以,教师要善于发现教学的亮点,并很好地组织、融合这些元素,让亮点熠熠生辉,为课堂教学服务。

五、评课技能

(一)好课的标准

华东师范大学的叶澜教授认为,一堂好课没有绝对的标准,但可以从以下方面进行参考:

1.扎实的课(有意义的课)

有意义是一堂课最基础的评价标准,在一节课中,学生的学习首先必须是有意义的。初步的意义是学生学到了新的知识;进一步是锻炼了学生的能力;往前发展是在这个过程中有良好的、积极的情感体验,学生产生进一步学习的强烈要求;再发展一步,使学生越来越主动投入学习中去。如果教师讲的东西学生都知道了,那何必再上这节课呢?

2.丰实的课(有生成性的课,上课不能完全预先设计)

一节课不应该完全是预先设计好的,在课堂中应有教师和学生情感、智慧、思维和精力的投入,有互动的过程,有活跃的气氛。在这个过程中,既有资源的生成,又有过程状态生成,这样的课可称为丰实的课。如:老师在上课前根据教材预设很多问题,而这些问题是否能勾起学生的思考,促进学生思维能力的提升;在问答过程中,老师能不能接住学生的奇思妙想,能不能把学生创新的内容转化成课堂中宝贵的部分,这些都能考验授课教师的教学基本功。

3.真实的课(有待完善的课,不十全十美,留有遗憾)

教学是一门遗憾的艺术,一堂课不可能十全十美,只要是真实的课就会有缺憾。出彩的地方保存下来继续优化改进,不理想的地方就去掉或者改善,这才是一堂真正的好课,也是学生学习的动力值。叶教授的好课标准给我们教师评价一堂课提供了很好的借鉴和启示。

(二)评课的原则

1.避免"套话"

所谓"套话"式评课,就是根据授课老师的教学设计,按照教学目标、教学内容、教学程序、教学方法、教学手段、教学基本功、师生互动、教学效果进行套版式评述。这样的评课,缺乏主题性、典型性、思想性,是不可取的。例如有一位老师点评《美国联邦政府的建立》公开课时讲了八点:(1)目标明确;(2)内容充实;(3)井然有序;(4)方法灵活;(5)手段先进;(6)基本功扎实;(7)互动较好;(8)效果甚佳。这种点评不能使授课老师跳出庐山看庐山,不能使其他观课老师以"他山之石",获得共同成长之效。

2. 痛快淋漓

所谓痛快淋漓,就是不虚美,不隐恶,敢于直接评议公开课。例如有一位教师在点评公开课《鸦片战争》时,针对课堂上教师的教学问题毫不留情地点评道:"课堂结构虽然清晰,按照原因—经过—影响梳理知识结构,但显得老套,很难激发学生的兴趣,重难点、知识点也不突出,战争经过叙述过多,占用课堂时间较多,史料引用不够也缺乏针对性,对学生核心素养能力培养不够。要求学生对史料进行分析和所提出的问题进行自主探究时,没有给学生充分思考的时间,学生进行小组自主讨论时也没有给出相应的要求和方法指导学生。讨论后,教师更没有对相关问题及知识点帮学生进行梳理、升华。学生对材料和知识点只有一些支离破碎的肤浅印象。"很明显,这样的自主学习,由于缺少教师指导和引领,成了"放羊"式的学习。

3. 风趣幽默

有一位老师点评《辛亥革命》公开课时,针对课堂上教师满堂灌,讲得太多而学生参与活动较少的问题点评道:"在新课程理念下,我们应该学习《星光大道》的主持人,而不是效仿《百家讲坛》的主讲人。前者将星光大道让给'学生'去展示,而后者则'霸占'讲坛,逞一己之能。"这位老师通过幽默的语言一针见血地指出了授课教师的不足。

(三)如何评价课堂

1. 看教学目标

从教学目标制定来看,主要看是否全面、具体、适宜;从目标达成来看,主要看教学目标是否明确地体现在教学各个环节中,教学手段是否都紧密地围绕目标,为实现目标服务。

2. 看教学方法

教学有法,但无定法,贵在得法。评课时要看授课教师是否做到量体裁衣、优选活用;要看授课教师的教学方法是否具有多样化和灵活性;要看教学方法的改革与创新,如课堂上思维训练的设计、创新能力的培养、主题活动的发挥、新的课堂教学模式的构建和教学艺术风格形成等;要看投影仪、录音机、计算机、一体机等现代化教学手段运用是否得当。

3. 看教学过程

(1) 看教学思路设计

一看教学思路设计符不符合教学内容实际,符不符合学生实际;二看教学思路的设计是不是有一定的独创性,能否给学生以新鲜的感受;三看教学思路的层次、脉络是不是清晰;四看教师在课堂上教学思路实际运作效果。

(2) 看教材处理分析

既要看教师知识教授的准确性、科学性,又要注意分析教师对教材的理解把握是否准确科学,教材处理和教法选择上是否突出了重点、突破了难点、抓住了关键,同时还要看对教材的运用是否灵活巧妙,能否化难为易、以简驭繁。

(3) 看课堂驾驭能力

看教师是否准确掌控好教学的各个环节,能否管理好课堂秩序,能否应对来自学生或情景的突发事件及能否调动课堂氛围等。

4. 看教学效果

看课堂教学的效率是否高效,学生思维是否活跃,气氛是否热烈;看学生受益面有多大,不同程度的学生在原有基础上是否都有进步;看知识、能力、思想情感目标是否都达成;看课堂 45 分钟是否有效利用,学生学得是否轻松愉快,积极性是否高涨,当堂问题当堂是否解决,学生负担是否合理等。课堂效果的评价,也可以借助于测试手段,即上完课,评课者出题对学生的知识掌握情况当场做测试,而后通过统计分析来对课堂效果做出评价。

六、观课评课案例展示

某重点中学青年优秀教师执教的人教部编版八年级历史上册第 6 课《戊戌变法》一课获某市初中优质课大赛一等奖第一名,并在全市历史教师交流会上进行公开展示。

《戊戌变法》观课实录(节选)

环节一:课程导入

多媒体展示"时局图",学生观察图片,教师提问:中国面对被列强瓜分的局势,如果你是在 19 世纪末的一名有识之士,你会如何挽救国家?

环节二:公车上书

1. (创设情境)在 PPT 中展示康有为、梁启超起草的请愿书。设问:如果你是 19 世纪的一个有识之士,你签不签这个请愿书,为什么?预期学生在思考后回答:要签,在民族危亡的时候,要挺身而出。

2.紧接着抛出问题:当时康有为、梁启超为什么组织这个公车上书? 学生分成6小组,讨论戊戌变法发生的背景。(学生回答,教师点评)

环节三:百日维新

1.教师提问:公车上书后,康有为又多次上书光绪帝,请求变法。那么到底是变还是不变呢,为什么?

2.设计"我来演一演"的活动,请学生分角色扮演顽固派和康有为,进行辩论。(同学们演完之后,教师总结升华)

3.教师提问:光绪皇帝于1898年6月11日开始变法,变法的内容有哪些?(重点)

教师在PPT中给出表格,要求学生阅读教材,从经济、政治、文教、军事等方面总结出变法内容。学生填完表格之后,教师再提出问题:变法有哪些进步性和局限性?

环节四:戊戌政变

1.变法如火如荼地进行,它的结局又如何呢? 教师出示幻灯片介绍慈禧太后发动戊戌政变、戊戌六君子的故事。学生聆听老师的故事讲解,感受变法的巨大阻力。

2.教师提问:戊戌政变标志变法失败,那为什么变法会走向失败呢?(难点)

教师在PPT中出示一段材料,请学生通过合作探究的方式思考:戊戌变法会走向失败的原因是什么? 学生们讨论并回答。

3.教师提问:戊戌变法的失败给了当时的国人什么教训? 在学生回答的基础上总结:在半殖民地半封建的中国,改良主义是行不通的。

环节五:课后实践

戊戌变法失败了,那中国革命的前途在哪里,中国将何去何从? 要求学生思考,并预习下一课。

《戊戌变法》评课实录(节选)

观评课教师1:"我来演一演"等设计的几个活动,在有效突破重、难点的同时,把课堂氛围推向了高潮,学生反应积极热烈,课堂气氛热闹不失和谐。有待商榷之处:课堂中设计的小组讨论,教师最好与学生一起讨论和探究,鼓励他们主动自由地思考、发问,发挥学生的主体和老师的主导作用,打造更高效的课堂。

观评课教师2:从整个课堂实施和气氛来看,这是一节非常成功的课,成功之处体现在以下三个方面:1.整体设计新颖独特,整合教材,主线突出,整个课堂的组织与实施一气呵成,有序幕,有高潮,有结局。2.教态自然从容,作为一名年轻教师,在100多个老师面前上示范课,紧张不可避免,但授课老师能在保持激情的同时克服年轻老师的青涩,难能可贵。3.授课老师在课堂驾驭方面也表现出较强的能力,既能尊重学生,又能恰当地引导学生。作为一节示范课来说,还有需要改进和提高之处:教学活动的开展上要更多关注、引导学生参与进来,要脱下表演的装饰,更注重活动的实效性。

观评课教师3:积极引导学生思考,体现了老师的主导作用和学生的主体作用;基本功扎实,语音清晰,教态自然,具有较强的教材处理能力、应变能力;注重课堂起伏,采用多种形式,利用学生的心理特点设置问题来激发学生的思维活力。但在环节三的讲述上略显单薄,如果能加入视频,效果可能会更好。

观评课教师4:敢于展示,善于展示,展现了青年老师的风采;始终体现着"互动、合作与探究"的教学理念,师生互动、生生互动的课堂探究意识较强;图文并茂,语言流畅,课件制作比较精美。但要提高的地方还有很多,如:课堂的驾驭、语言的丰富、板书的加强等。

【案例分析】从上面教师所执教的人教部编版八年级上册第6课《戊戌变法》课堂实录及课后评课实录,我们可以看出,在一次全市教研活动展示课上,几位观课教师对课堂的观察非常细心,对课堂结构设计、教学内容、教学方法等方面都有自己的思考。评课时,几位教师能紧扣课堂主题,就事论事,既非常客观地指出了课堂的优点,又毫不避讳地指出了课堂的不足及需要改进之处。4位评课教师分别从不同角度剖析课堂,点到为止,具有很强的针对性,对授课教师及其他观课教师都有着很强的指导和借鉴意义。

八、训练项目

1.在网上分别选一节初中和高中历史录像课,各完成一篇观课记录和观课反思。

2.根据网上观摩录像课及观课记录,撰写一篇评课实录。

第三节 考试及分析技能

一、试题命制

中学历史教师还要承担一项重要的工作就是试题的选择和试卷的命制。每学期除了平时课堂检测、课后练习和限时练习之外,还会有周考、月考、联考、期中、期末、模考等诸多考试。考试的试卷既可选择借鉴他人的试题,也需要教师自己改编或原创命制,尤其是一些大型的模拟考试和联考。

试题命制是一次教学相长的过程,它是教师的一种教学基本功,也是教师的一种自觉进修,更是教师的一种职业必需。教师要根据学生的阶段特点、认知层次和学科能力水平等情况进行试题的选择和命制。

(一)试题命制指导思想

2019 年 12 月,教育部考试中心正式发布《中国高考评价体系》(人民教育出版社出版),重新表述和阐释了"一核四层四翼",指出"高考评价体系是高考命题、评价与改革的理论基础和实践指南,主要供高考命题人员、高考研究人员、教育考试管理人员以及广大师生学习参考使用"。"一体"是指高考评价体系,也就是"为什么考",强调立德树人,服务选拔,导向教学;"四层"强调了"考什么",要求考查学生的必要知识、关键能力、学科素养和核心价值;"四翼"强调了"怎么考",要求考查学科的基础性、综合性、应用性和创新性。

(二)试题命制立意

试题命制立意可以决定一份试卷的境界和高度,其立意高远直接影响到育人效果。新中国成立后,我国命题范式经过了政治立意范式向知识立意范式,知识立意范式向能力立意范式的两次转变。随着新高考改革,《教育部关于全面深化课程改革 落实立德树人根本任务的意见》表示:"教育部将组织研究提出各学段学生发展核心素养体系。"由此,命题范式开始了新的转变,即坚持立德树人的前提下,强调学科素养立意范式。

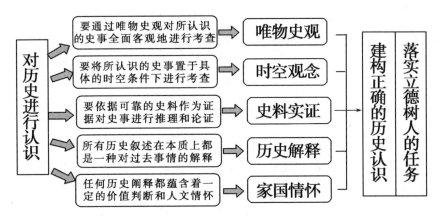

图2　历史学科素养

从近年高考命题来看,历史试题注重考查"唯物史观、时空观念、史料实证、历史解释、家国情怀"等五个方面核心素养,提高学生在不同情境下综合利用所学知识和技能处理复杂问题的能力,同时要求学生具有扎实的学科观念和宽阔的学科视野,并体现出自身的实践能力、创新精神等内化的综合学科素养。

[例题1](2017·全国卷Ⅰ)下表为不同史籍关于唐武德元年(618)同一事件的历史叙述。据此能够被认定的历史事实是(　　　)

记述	出处
"秦王(李世民)与薛举大战于泾州,我师败绩。"	《旧唐书·高祖本纪》
"薛举寇泾州,太宗(李世民)率众讨之,不利而旋。"	《旧唐书·太宗本纪》
"秦王世民为西讨元帅……刘文静(唐朝将领)及薛举战于泾州,败绩。"	《新唐书·高祖本纪》
"薛举寇泾州,太宗为西讨元帅,进位雍州牧。七月,太宗有疾,诸将为举所败。"	《新唐书·太宗本纪》

A.皇帝李世民与薛举战于泾州　　　B.刘文静是战役中唐军的主帅

C.唐军与薛举在泾州作战失败　　　D.李世民患病导致了战役失败

【命题立意】本题以表格材料切入命题,形式新颖,以史料实证的视角考查考生甄别史料的能力,并考查考生对历史事实和历史叙述这两种不同史学概念的理解和辨别。题干提供了官修史书中关于唐代初期唐军与薛举泾州之战的四种不同叙述,要求考生确认能够被认定为历史事实的部分。

(三)试题命制的原则

1.依据课程标准及考试说明,依托教材

高考历史要求考查考生对基本历史知识的掌握程度,考查学科素养和学习潜力;注重考查在唯物史观指导下运用学科思维和学科方法发现问题、分析问题、解决问题的能力;考查考生的人文精神与素养,引导其实现德智体美劳全面发展。

从近些年的历史高考题来看,无论何种题型,都在《课程标准》上有相应的考点对应,知识点的考频,也可以在《课程标准》上查到。同时,试题的题意、描述、问题、解答都能够在教材上找到援引,而且试题的命制既依托教材又不拘泥于教材,试题运用新材料、创设新情境,古今贯通、中外关联,把握历史发展的基本脉络。

2. 体现科学性和规范性

科学性是指试题内容无科学性错误与学术上的争议,题干与参考答案相对应,题目的测试目的、所涉及的知识范围在参考答案中有相应的表述。历史概念、历史材料引用正确不能含糊或有误,图表清晰,包括标点符号、字母的正斜体使用都要准确,语言表述尽可能采取历史学科术语。题干不能庞大而答案狭窄,也不能题干要求少而答案要求多。

规范性是指试题的设计应符合历史学科的特点;在表述上有相对固定的形式;在格式和语言的运用上符合国家规定的标准,原则上不出怪题、偏题。

3. 体现选拔性和层次性

高考是选拔性考试,目的是把考生按成绩分层,便于高校挑选。平时的测验或模拟基本上是测试性考试,目的是检测掌握知识的程度,查缺补漏。能让多数学生感到为难的题恰恰抓住了多数学生在某一知识点上的短处,即所谓"软肋",目的是让优秀的学生脱颖而出,这也就是试题的"区分度"。

根据学生认知结构的差异性、教材内容的难易程度,命制的试题必须要有一定的梯度。一方面,试题本身要具有层次性,这主要体现在非选择题的材料题中,每一题的每小问难易程度要有区别和梯度;另一方面,整张试卷难度的分布要有层次性,通常是由易到难,由浅入深排列。

4. 试题要有创新性

创新性主要体现在试题的新奇性上,而试题的新奇性主要体现在取材的新奇性、创设情境的新奇性、设问的创新性以及考查角度的独到性等方面。严格来说,一份试卷中,至少要有20%到30%的试题是原创题才能较好地体现创新性。一般而言,一份考试卷不能完全采用他人的试题,必须要有一定的改编题或原创题,而高三的模拟试卷或大型联考试卷则要求全部为原创试题。

(四)试题命制程序与技能

1.命题程序

(1)明确考试性质

学生学业评价考试中有多种类型考试,周考主要是平时的单元练习,试题的选择和命制以选择他人试题为主,也可根据学生情况对试题进行重组或改编,但试题必须要起到考查和评价学生的作用。段考则是阶段性测试,一般以一月左右的时间为周期,所以又称为"月考"。月考试题的命制要求相对更高,试题要能考查学生的学科知识和能力,要能检验出学生在某阶段学习的成果,并使其发现在学习上的漏洞以便及时查漏补缺。题型和题量可根据教学情况而定,以总分值 100 分、考试时间 100 分钟的段考卷为例:选择题命制 25 道题,非选择题命制 4 道题;也可选择题命制 30 或 40 道题,非选择题命制 3 道题等。模拟考试主要是在高三进行,包括一些省内(际)的联考,它是对整个高中所学知识的检验,通常难度较大,但高考前最后一次模考相对要简单,主要为增强学生信心。模考试题命制要求与高考接轨,试题题型、题量、分值和考试时间都应与高考一致,而且试题尽量全部原创。

(2)确定考试范围

考试范围不只是确定哪一册哪几课,不同的历史内容、不同的考试方式对学生的要求都不相同。

例如七年级历史的主要内容是中国古代史,《课程标准》中对这部分内容的要求更多的是了解和知道层次。七年级的学生刚从小学升上来,年龄较小,又是刚刚接触历史学科,对历史的学习方法和领悟能力都才刚刚起步。命制试卷时就要考虑到这些因素,降低试卷难度,篇幅较长的史料阅读分析应尽量减少,试卷的趣味性要有所增强。

再如,八年级上册的主要内容是中国近代史,从开始的几场侵华战争,到近代化的探索,再到后来的新民主主义革命的开展,这里面需要理解分析的内容很多。学生到了八年级,历史的学习能力已经有所加强,命制试卷的时候应适当增加难度,适当命制考查学生灵活分析运用的题目。

到了九年级下学期,历史考试由之前的闭卷改成了开卷,命制要求就更不一样了。九年级下学期的试卷是总复习的试卷,贯穿初中 6 本历史书,内容跨度要大,要适当增加一些前后知识的对比、中外知识的对比等综合性较强的试题,且不能出现太多只要翻教材就直接能找到答案的试题;要适当增加拓展学生思维的开放型试题。

(3)研讨课程标准

历史《课程标准》是我们历史教师日常教学的准绳。因此,在命制试卷时,我们应首先阅读《课程标准》对相关考试范围的内容要求,紧扣课标,尽量不出现超出要求的题目。比如,八年级下学期期中考试的范围是第 1 课到第 10 课,那么我们就应该先阅读这部分的要求:

"讲述开国大典,认识新中国成立的意义。认识抗美援朝、保家卫国的正义性,了解土地改革运动。了解'一五'计划和'三大改造',知道中国 1956 年进入社会主义初级阶段。了解人民代表大会制度和政治协商会议制度,知道中国特色社会主义的民主政治。知道'大跃进'和人民公社化运动的失误,了解这一时期以王进喜、雷锋、邓稼先、焦裕禄等为代表的广大干部群众艰苦奋斗的精神。了解'文化大革命'的严重危害及主要教训。了解中国共产党十一届三中全会、农村改革和深圳特区的发展,认识邓小平对改革开放所起的重要作用。"

我们看到大部分的要求是"了解""知道""讲述",只有"认识新中国成立的意义,认识抗美援朝、保家卫国的正义性,认识邓小平对改革开放所起的重要作用"这三处是认识层次的。教师在命题的时候可以在这三处增加理解性的试题,其余的内容则以知识再现为主。

(4)制定双向细目表

命题双向细目表,简单来说是为了科学地安排考试内容,对即将命制的试卷进行科学规划。最常用的考试命题双向细目表是一种考查内容和考查目标之间的关联表,实际上就是教材内容和学习结果两个维度,其中一维反映教材的内容,另一维反映学生应达到的学习水平。在双向细目表中,每道试题都已确定了相应的位置,只要命题人严格按双向细目表去做,其命出的试题,就在教材的范围之内,不会偏离或超出教材。而且它只规定了试题的题型和知识点,没有提供现成的题目,这为命题教师灵活地选择考查角度、材料背景和语言表达留下了无限的空间,有利于命题教师聪明才智的发挥。

表 8　双向细目表样表（命题教师可根据实际需要对样表提供的项目进行增删）

题号	题型	考点（知识点）	分值	能力要求	材料呈现方式	难度	备注
1							
2							
3							
……							

（5）收集并选取试题素材

《高考历史考试说明》中提到"命题不拘泥于教科书,试题运用新材料,创设新情境",要求试题选取好素材,不拘泥于课本,创设新的情境来命制试题。命题教师可依据先期制定的双向细目表和考查的主干知识点去选取新的素材。历史试题素材来源非常广泛,可从教材、历史文献、考古实物图片、历史漫画、数据统计图表、新闻报道、时政材料、科普文摘及日常生活中提取和挖掘。但选取时一定要注意素材的权威性和可信度,例如权威的学者的最新著述、论文,期刊,年度十大考古发现,年度学术热点及史学经典论著（司马迁《史记》、钱穆《国史大纲》）等都可作为素材选用。

［例题1］(2019全国卷Ⅰ·24)据学者考订,商朝产生了17代30位王,多为兄终弟及;而西周产生了11代12位王。这反映出（　　）

A.禅让制度的长期影响　　　　B.王位继承方式的变化

C.君主寿命的时代差异　　　　D.血缘纽带关系的弱化

【案例分析】该题取材于《史记·殷本纪》和《史记·周本纪》,且西周"11代12位王"的记述得到了考古学资料的印证:2003年1月19日,陕西省宝鸡市眉县杨家村的5位村民在村北砖厂取土时,发掘了窖藏27件西周青铜器,有鼎、鬲、壶、盉、盂、盘等,每件都铸有铭文。其中《逨盘》上的铭文最长,连重文达370字,记录了11代12位王的世系及8代贵族世系。这是重要的出土文献,在历史学、考古学、古文字学等方面都占有独到地位。该题以二十四史之首的《史记》的内容入题,且运用了夏商周断代工程的最新研究成果,回溯了王国维先生的"二重证据法",集权威性与科学性于一体,堪称经典。

虽然案例的素材只有寥寥数语,但能做到选材有据、转化有理,集学术性、专业性、权威性和时代性于一体,这为教师日常教学中科学选取教学及命题素材提供了明确的方向。

（6）命制试题内容

根据双向细目表的考点和选取的试题素材，确定试卷的题型、形式，开始对试卷的内容进行命制，先从非选择题开始，接着再命制选择题。非选择题一般采取从宏观到微观、从笼统到细致的原则进行。选择题填补试题中非选择题没有涉及的考点，试卷内容上要有文字题、漫画图片题、数据图表题等多种形式，以防止试题形式单一。

（7）拟定参考答案

试卷内容编制好后，开始拟定参考答案，选择题答案 A、B、C、D 四个选项的正确答案分布要相对均匀，每个选项作为正确答案出现为四分之一左右，且 A、B、C、D 四个答案尽量交替出现。非选择题答案表述要尽可能严谨、规范、简洁、由浅入深；答案的要点及设问分值要科学，避免答案要点多、分值少或答案要点少、分值多的现象。

（8）试题审核定稿

命制试题初稿成型后，要会同多名教师进行集体讨论试题设问内容、设问方式以及答案表述的完整性、条理性。全体命审题人员应该逐题打磨，不少于 3 轮。审题人负责挑刺，命题人负责辩解或修改。从试题立意到取材、从题干到选项、设问、语法、概念，从文字到标点等都要仔细地推敲；除此之外，还要对新命制的试题进行试做，通过试做，填补新试题的漏洞，如客观题在材料选取、设问方式、选项设置等方面是否还有瑕疵，试题是否有科学性的错误和模棱两可的话语等。最后，命题人在此基础上对试题进行修改、完善，最后定稿呈现给学生。

2.试题命制技能

（1）选择题命制技巧

①设置问题新情境

在《课程标准》中，"情境"一词出现了 26 次，对情境教学和命题的重视程度前所未有，同时"史料实证"成为五大核心素养之一。从近十多年来的历史高考题来看，"新材料新情境"已经成为重要的命题思路。而在纸笔考试中，立足学科素养和立足学科能力的题目的最大差别就是有没有设置问题情境。例如，同样是考查工业革命：

[例题 1]英国第一次工业革命时期，出现了下列哪一重要现象（　　　）

A. 手工工场建立　　　　　　　B. 城市化进程开始

C. 垄断组织产生　　　　　　　D. 资本全球扩张

【案例分析】例题 1 只是对工业革命的相关基本史实进行一个简单地回顾，缺乏情境，很难考查学生的能力素养。

[例题 2]（2014 年全国高考 II 卷）有人描述 19 世纪初英国的情景时说，妇女和女孩们曾从黎明到深夜整天不断地使用的嘤嘤作响的纺车，如今已被弃置屋隅。那些打着拍子砰然作响的手织机也多半闲置无闻。这说明（　　）

A. 生产领域出现革命性变化　　　B. 工业革命推动妇女解放

C. 重工业成为国民经济主导　　　D. 家庭手工业已不复存在

【案例分析】例题 2 题干中设置了 19 世纪初英国纺车使用的变化情境来考查工业革命对英国社会发生的变化和影响，注重了学生的核心素养考查。

"新材料"与"新情境"既有差异又有交叉，我们所说的"新材料新情境"命题，并不是有些题目属于"新材料"，有些题目属于"新情境"，更多的是要力图通过"新材料"来营造"新情境"。一般来说，新情境的题目肯定是新材料的题目，因为情境必须通过材料来营造。因此，这两者是相互统一的，不能完全分开。

②选定和设置设问词

选择题的设问词一般根据题干载体、求答方向及解答方式的限定等方面分为若干类型。从高考命题角度看，主要有"现象—本质型"（历史结论型）和"原因—结果型"两种类型。"现象—本质型"选择题的设问大都使用"这反映了""这表明""这说明""这体现了"等字眼，这类试题旨在考查学生对材料的准确解读，特别是对该历史事物或现象的本质、实质、特征的认识和把握，题目难度通常较大。下面以"现象—本质型"选择题的设问为例：

a. 表明——对材料的表象进行分析归纳，比较确切地指出。

[例题 1]（2014 海南卷·6）文献与考古表明，唐代中后期，"波斯锦""胡锦""番锦"通过丝绸之路，不断输入中国，内地也生产"胡式锦"。这表明（　　）

A. 外来文化改变了唐代的社会生活　B. 唐代中后期手工业趋于衰落

C. 外来的丝织技术超过了唐朝　　　D. 中外文化交流互动日益深入

b. 说明——对材料的原因进行解释。

c. 反映——材料所处的社会状态，即背景分析，考查对某一历史现象、历史问题的深层次理解。

[例题2](2019 全国Ⅰ卷·34)1947—1948 年,美国部分印第安人部族面临饥荒,美国政府拒绝提供救济,因为有人指控他们部族公社的生活方式是共产主义式的而不是美国式的。这反映出(　　)

A.三权分立体制存在重大缺陷　　　B.意识形态影响政府政策

C.执政者力图重塑国家精神　　　　D.国家对经济的干预加强

③题干围绕一个中心,选项和题干的关系一致

选择题选项的表述要符合高中生的认知能力和中学教学实际,要尽可能做到双向对应,既要对应材料又符合日常教学。题干和选项之间是逻辑联系(相对于正确选项而言)和非逻辑联系(相对于干扰项而言)的关系。选择题的题干必须要有一个相对完整的中心,且题干本身不能产生歧义。

[例题1]1961 年 5 月,肯尼迪向国会建议美国在十年内实现登月,并要求国会为载人航天计划补充拨款 5 亿美元。国会几乎没有经过讨论就批准了肯尼迪的要求。这表明(　　)

A."分权与制衡"原则遭到破坏　　　B.美国放弃了国家干预经济政策

C.冷战局势推动了美国科技发展　　D.欧共体冲击了美国的霸主地位

【案例分析】例题 1 的命制存在两个缺陷,一是该题所给的正确答案 C 项与题意不吻合。如将 C 项答案修改为"冷战影响了美国的国内政治"可能更贴近题干主旨;二是 B、D 两个选项的表述与材料缺乏针对性,很难构成干扰选项。因此,在选择题命制中不能先确定考查的具体知识点,即不能先确定正确选项的意向,最好先确定该题落在哪个单元或哪一课,然后查找相关的材料;命题教师要准确、完整地理解和领会材料的核心信息,根据题干材料的中心意思编制选项;错误选项也要尽可能围绕材料,以学生最容易出现的错误思路来表述,这样才能取得最大的考查信度。

[例题2]1933 年,美国总统罗斯福在就职演说中说:"行政权和立法权之间的正常平衡完全足以应付在我们面前的史无前例的任务。但是采取刻不容缓的行动,这种史无前例的要求和需要,也有可能要求暂时背离公共秩序的那种正常平衡。"材料表明罗斯福新政重在(　　)

A.协调美国社会各阶级的关系　　B.通过立法加强国家对经济的干预

C.维护资本主义基本政治制度　　D.保障劳工阶层基本的政治和经济权利

【案例分析】例题 2 所给的答案是 B,其解题要求是"材料表明罗斯福新政重在"。命题者以罗斯福在就职演说(新政还未启动)的一段话,来论证新政的特征,不符合逻辑。题目把罗斯福准备做的事,当成已经做的事了。若要以此段材料来考查新政的特点或途径,必须在题目要求上表述准确。比如将设问改成"上述材料最能反映罗斯福意图的是"或"材料表明罗斯福试图",并且将正确答案 B 改成"推动立法以加强国家对经济的干预",因为"通过立法"不准确,总统是行政机构不能立法,但可以推动议会立法。所以,教师在命题过程中一定要吃准材料的意向再编制出相应的选项。

通过以上例题分析,命题教师在命制历史选择题时要尽可能以材料入题,避免根据课本和参考书的知识及知识结构来编题,要避免试题的琐碎化、平庸化;材料要尽可能新颖、简洁,有意蕴、耐咀嚼,并且要有核心信息,不能杂乱、晦涩、空乏;引用表格、数据材料勿太复杂。同时,命题时要尽可能不设置细微的知识陷阱,知识方面不超纲超本;题目语义要凝练、准确,要与题目要求连贯(题干最后一句与每一个选项连读,没有语法错误);选项必须要设置干扰项,绝不能把选择题出成填空题(没有选项也知道答案);选项表述要同质化(政治立场、语意色彩等类似),且句子长短要一致或接近(真正难以做到,一般采取两长两短,以达到排版的美观);试题尽可能不出组合题和逆向思维题,答案分布要相对均匀。

(2)非选择题命制技巧

高考历史非选择题包括大综合题、开放性试题、选做题三部分。大综合题的分值为 25 分,通常考查历史古今贯通或中外关联,其特点是围绕一条主线或一个主题,也就是通常所说的主题型材料解析题或中外链接比较型材料解析题等,一般由 2—3 段材料和 2—3 个问题组成,要求考生"根据材料并结合所学知识"回答问题,个别问题只要求"根据材料"回答问题。从近年命题看,中外链接比较型材料解析题有加大考查的趋势。

开放性试题分值为 12 分,它是一种没有固定形式的题型,一般也不提供参考答案,只有评分标准,旨在考查考生的独立见解,发现问题、提出问题的能力。一般说来,开放性试题多为观点评论型、信息对比说明型、观点论证说明型等题型。

选做题有三道题,每题共 15 分,一般由 1—2 段材料、两个问题组成,学生可从三道题中任选一道。

除此之外,关注热点,不回避热点是近年来历史高考的一大特点。用历史的问题隐性考查当下的社会,体现以史为鉴和发挥历史学科的功能。在试题命制中,尽量让历史问题热点化,热点问题历史化。

历史非选择题是以新材料、新情境的方式对历史进行考查。命题教师要尽量采用学生了解的知识背景的材料;材料太多可以在尊重原意的基础上做文字的简化处理,不能出现太多对解题无用的材料;古文材料要尽可能减少学生的阅读障碍,命题者都很难看懂的材料一般不入题。非选择题的设问既不能太过直白、浅显,又不能使学生产生歧义,设问必须指向既是命题者的立意,又是中学生能够承受的认知水平。答案表述要尽可能严谨、规范、简洁,有条理地由浅入深;答案的要点及设问分值要科学,避免答案要点多、分值少或答案要点少、分值多的现象。

二、解题方法与技能

(一)选择题解题方法和技巧

历史高考的选择题,共计 12 道,每题 4 分,分值较高,总共 48 分,占据了历史高考的半壁江山。教师和学生对选择题的重视是十分必要的,故有人说历史选择题是历史高考的生命线。

近年来,历史高考选择题的命题越来越有规律,题型丰富,难度适中,设计精巧合理又有区分度。选择题做得好,容易得高分甚至满分。但高考毕竟是选拔性考试,有一些小陷阱和小套路,也容易导致丢分。因此,如何突破历史选择题障碍,获取考试高分成为广大中学教师和中学生的一大重要课题。

1. 选择题审题技法——三步审题法

一是审设问,审清设问词要求,明确答题方向。选择题有多种类型,不同的题型运用不同的解题方法,做到心中有数。

二是审材料,审清材料时间、空间信息、关键词和主旨信息(主体或重心)。如果材料较长,一定要对材料进行简化,概括为一句简单的陈述句,或一个逻辑推理关系,甚至一个关键词。

三是审选项,审清选项与题干材料之间的关系,审清选项与选项之间的关系。(特别注意:边审题边用笔画出有效信息,防止遗漏)

[例题1](2013新课标全国Ⅱ卷·30)抗日战争期间,湖北省政府曾发布

《湖北省减租实施办法》,在农村推行以"减租"为内容的土地改革并取得一定成效,但未得到国民党中央的肯定。这表明当时国民党中央(　　)

A.放弃了对农村原有土地制度的保护

B.阻止地方政府进行土地政策的调整

C.无力控制地方政府的行为

D.无意改变农村的生产关系

【案例分析】文字材料型选择题都有材料的中心信息,即材料的主旨。对那些材料比较长的选择题,我们特别要静下心来认真去阅读,而且要读完,读的过程中要注意材料的关键词、关联词、标点,以及语境、语气等。本题如果我们能注意材料中"并""但"这两个关键词,就能体会到材料的主旨信息是在后半部分,土地改革已经取得成效,说明政策已经调整,国民党中央政府未表态,表明不想改变地方政策。所以本题正确答案为D项。

【陷阱】材料长,信息多,把握不准主旨信息。而其他选项看似正确,却不符合材料的主旨信息。

2.万能解题法——排除法

(1)选项错误,即选项不符合史实。有些选项本身是错误的,也就是不符合史实,这类的选项首先要排除。

(2)选项正确,但不符合题干要求或材料信息。有些选项符合史实,但是不符合题干的设问要求,或者不符合材料的意思,"风马牛不相及"。

(3)选项正确,符合题意,但不能全面反映材料信息,即不符合材料主旨。有的选项符合史实,也符合题干要求,但是只符合材料中的某一层意思,不能全面反映材料信息。

因此,我们在做选择题时候,在准确审题的基础上综合运用以上三原则,可以提高答题的正确率和速度。

选项正确,但不符合题干的设问要求:

[例题1](2019 全国Ⅰ卷·33)有研究认为,美国独立后不到半个世纪,拉丁美洲经过独立战争,推翻了殖民统治,但拉美国家并没有像近邻美国那样独立后进入现代化的快车道,而是发展停滞,究其原因,殖民统治难辞其咎。"难辞其咎"主要是指殖民者在拉丁美洲(　　)

A.奴役掠夺土著居民　　　　　　B.建立的殖民统治最早

C.进行了大量的移民　　　　　　D.移植了本国生产方式

【案例分析】在做选择题时,当剩下两个选项举棋不定时,这时一定要注意选项和题干的关系,看看是否符合题目要求。本题的设问关键词是"主要是指",如果我们能注意这个词,就不会举棋不定了。本题正确答案为 C 项。

【陷阱】四个选项史实都正确,不注意设问关键词,导致选择了其他选项。

3. 文字材料型选择题解题技法

文字材料型选择题主要以历史典籍、碑刻、史志、文学作品以及最新的考古发现报告截取的文字材料为载体,主要考查学生阅读材料、获取历史信息,判断、分析、评价历史问题的能力。它符合高考"三新"(新材料、新情景、新问题)的考查理念,由于命题灵活、考查面广、材料新颖,是全国卷高考历史试题中比较常见的一种题型。

[例题1](2018 年全国Ⅰ卷·32)古代雅典的梭伦在诗中写道:"作恶的人每每致富,而好人往往贫穷;但是,我们不愿意把我们的道德和他们的财富交换,因为道德是永远存在的,而财富每天在更换主人。"据此可知,梭伦(　　　)

A.反对奴隶制度　　　　　　B.主张权利平等

C.抨击贫富差别　　　　　　D.具有人文精神

【案例分析】注意题干材料中的关键词——表示转折意思的"但是",题干重心就在"但是"之后,即梭伦特别强调在财富和道德比较中,道德非常重要。梭伦不再迷信神是衡量一切的尺度的传统认识,而是转向思考人与现实的关系、人的地位和作用,梭伦说的话具有人文精神。本题正确答案为 D 项。

【陷阱】找不准材料的关键词,加之其他选项迷惑性较大,导致误选。

4. 图表型选择题解题技法

图表型试题以图片或表格等形式为载体,考查考生"理解试题提供的图文材料和考试要求;整理材料,最大限度地获取有效信息;对有效信息进行完整、准确、合理的解读"。近年来,图表型试题在高考试题中出现的比例越来越高,分值也逐渐增加。据统计,2019 年高考考试说明"题型示例"的 12 道题中有 5 道题就属于图表类试题,比例达 41.7%。

图表型试题可分为图片类选择题和计量史学类选择题。其中,图片类又可分为历史图片、地图、美术图片或漫画等类型;计量史学类又可分为表格、柱状图、饼状图、坐标(曲线)图等类型。解题口诀如下:

图片类:里里外外看信息。

表格类:纵横驰骋看变化。

饼状图:阴晴圆缺看大小。

柱状图:高低起伏看趋势。

曲线图:边边角角看拐点。

[例题1](2019年全国Ⅲ卷·31)如图是1953年创作的年画。该作品(　　)

《数他劳动强》

A. 继承了中国传统文人画作的基本风格

B. 描绘了农民参与社会主义生产的场景

C. 体现了"双百"方针提倡的创作精神

D. 倡导了适应国家建设需要的社会新风

【案例分析】解答图片类型选择题时,对图片信息的提取很关键。有的图片有文字补充信息,有的却没有,这时更要注意观察图片的信息,如景物、人物等。本题的关键信息一是题干信息"1953""年画",二是这幅年画的名称"数他劳动强"。这幅图片作为年画,带有一定的寓意,宣传了崇尚劳动的社会新风尚。所以本题正确答案为D项。

【陷阱】不能全面把握题干材料所给的信息,对图片解读不到位,导致无法选出正确答案。

(二)非选择题解题方法与技巧

1. 大综合题解题方法与思路

高考历史综合题的命制遵循"命题不拘泥于教科书,运用新材料,创设新情境"这一基本原则,其解题方法一般要遵循五个步骤,即"四读一写",如下:

(1)读分值——根据问题所给的分值确定回答几个要点。如问题4分答2点、6分答3点、7分答3点、8分答4点、9分答3点、10分答5点等。(平时考

试分值设置不一)

（2）读问题——找出命题设问中的状语、谓语、定语、宾语。全国高考卷综合题命题设问一般有6类：

第一类，根据材料并结合所学知识，说明……趋势及背景（原因）。

第二类，根据材料并结合所学知识，简析……主要原因。

第三类，根据材料并结合所学知识，概括……变化，并简析其原因。

第四类，根据材料并结合所学知识，简析……特征和意义。

第五类，根据材料并结合所学知识，概括……异同。

第六类，根据材料并结合所学知识，简析……意义。

①找状语确定答案的来源。

状语	答案的来源
根据材料	答案在材料中（概括材料，抄关键词）
根据所学知识	答案在教材中（概括教材，语言准确）
根据材料并结合所学知识	答案在材料和教材中（概括材料和教材）

②找谓语确定答案的思路。如"概括"，即运用全面、准确、客观、简洁的语言描述历史现象，考查学生获取和解读史料的概括能力。

③找定语确定答案的时空。如"过渡时期""新时期"，诸如此类的时间定语，确定答题的时空角度。

④找宾语确定答案的类型。如"特点"，就可确定此题为特点类试题，即对某历史事物或人物进行分析、比较，找出其本质属性或区别。

（3）读出处——确定答题的时空主题。如"摘编自×××主编《简明清史》""据《建国以来重要文献选编》"等。

（4）读材料——确定答题的要点层次。如运用分值划分段落层次，"9分划3个层次"等；关注标点符号，标点符号是重要的信息层次；找主题句、关键词等。

（5）写答案——确定书写要规范整洁。卷面书写要做到：序号化、要点化（点要多、面要宽、话要短）、整洁化、层次化。

【案例分析】2018年高考全国Ⅱ卷综合题（阅读材料，完成下列要求。）

材料　中国是大豆的故乡，甲骨文中就有关于大豆的记载。先秦时期，大豆栽培主要是在黄河中游地区，"豆饭"是人们的重要食物。《齐民要术》通过总结劳动人民长期的实践经验，认识到大豆对于改良土壤的作用，主张大豆与其他作物轮种。唐宋时期的文献中都有朝廷调集大豆送至南方救灾、备种的记录,大豆的种植推广到江南及岭南……从古至今,各式各样的豆制品是中国人喜爱的食物,提供了人体所需的优质植物蛋白。1765 年,大豆引入北美,最初作为饲料或绿肥。19 世纪 60 年代,豆腐在美国开始被视为健康食品。19 世纪末,大豆根瘤的固氮功能被发现,在美国干旱地区推广种植。至 1910 年,美国已经拥有 280 多个大豆品种。

1931 年,福特公司从大豆中开发出人造蛋白纤维,大豆成为食品工业、轻工业及医药工业的重要原料。1954 年,美国成为世界上最大的大豆生产国,种植面积超过一亿亩。大豆在南北美洲都得到广泛种植,美洲的农田和中国人的餐桌发生了紧密联系。

——摘编自刘启振等《"一带一路"视域下栽培大豆的起源和传播》等

(1)根据材料并结合所学知识,概括我国历史上种植利用大豆的特点和作用。(12 分)

(2)根据材料并结合所学知识,说明大豆在美国广泛种植的原因。(8 分)

(3)根据材料并结合所学知识,简析物种交流的积极意义。(5 分)

解题思路及思考路径:

①认真审读设问主语,准确把握设问要求。

②获取解读材料信息,确定答题要点层次。

③符合逻辑思考方向,全面列出答案要点。

例如,第 1 问第 1 小问,种植利用大豆的特点。逻辑思考方向为:

何时开始(商朝,历史悠久);从哪儿开始(黄河中游);扩展至哪儿(江南及岭南)。

如何利用?(开发各种豆制品);借助了什么?(实践经验、政府推动)

例如,第 1 问第 2 小问,种植利用大豆的作用,逻辑思考方向:

主要用来干吗(食物来源,改善食物结构);还有何其他用途?(备荒,推动农业发展)

例如,第 2 问,大豆在美国广泛种植的原因。逻辑思考方向为:

怎么来的?(世界联系、世界市场);为什么会选它?(品种优良、适宜种植);广泛种植的保证(技术进步)

例如,简析物种交流的积极意义。逻辑思考方向为:

交流的好处(促进世界文明交流);好到什么程度?（人类命运共同体)

2. 开放性试题(小论文题)解题技巧

开放性试题分值为 12 分,旨在考查考生运用判断、比较、归纳的方法论证历史问题,独立地对历史问题和历史观点提出不同看法等两个方面的能力层次。一般说来,开放性试题多为观点评论型、信息对比说明型、观点论证说明型等题目。

(1)历史小论文应具备三要素

①论点(观点):观点应明确、清楚。

②论据(证明观点的证据):证据要准确求真,要选择能证明论点的典型史实。

③论证(用证据证明观点的过程):

a. 论证过程逻辑要清楚、严密,经得住推敲,做到证据与观点之间的无缝连接。

b. 论证过程应有"历史味",用学科语言,做到言必有据,论从史出、史论结合。

(2)表述成文应结构完整

应以文章的形式呈现,包括开头、正文和结尾三部分,缺一不可(它决定了考生的答案是不是一篇小论文)。在段落上,不得少于三个自然段,即开头为第一段,要简明扼要地提出论点。正文至少一段,运用论据论证论点。结尾为最后一段,要呼应开头,但在语言上不能与开头重复,最好能对观点进行总结和升华。

(3)语言精练

历史小论文一般有字数限制,应抓住材料中的关键信息,在充分理解材料和命题意图的基础上,先打草稿或腹稿再动笔,以保证语言精练,切中要害。要使用专业术语,尽量回避生活化、文学化的语言。

【案例分析】(2016 年新课标全国Ⅱ卷·41)阅读材料,完成下列要求。(12分)

材料　玄奘(602—664),为寻求准确的佛经文本,西行"求法",历经艰辛,十余年中,行程数万里,游历百余国。回国后,他译出佛经 1300 多卷,精练而准确。由他口授而成的《大唐西域记》一书,是研究中外文化交流的重要典籍。

鉴真(688—763),深明佛学,50 余岁时,受日本邀请,发愿东渡。他排除千难万险,历时 12 年,经 6 次努力,最终到达日本。鉴真东渡,对日本的佛学、建筑、雕塑、医药、艺术乃至日常生活,都产生了很大的影响。

——摘编自袁行霈等主编《中华文明史》等

解读材料,提炼出一个观点,并结合中国古代史的其他相关史实,加以论述。(要求:写出观点,观点合理、明确,史论结合。)

解题思路:

第一步,从材料中提取信息,概括主题词。依据材料玄奘西行,"他译出佛经 1300 多卷,精练而准确。由他口授而成的《大唐西域记》一书,是研究中外文化交流的重要典籍""鉴真东渡,对日本的佛学、建筑、雕塑、医药、艺术乃至日常生活,都产生了很大的影响"归纳概括,提炼出其中心观点:中国为世界文明的发展做出贡献。

第二步,结合具体史实,史论结合进行论述。根据观点选取中国古代史的相关史实,注意题目要求选取玄奘西行、鉴真东渡之外的其他相关史实进行论述。

第三步,补充关键词,务必补充与主题切合的自己相对熟悉的主题词,论证充分,逻辑严密。运用相关史实对所提炼的观点进行论证,论证时要注意观点明确,论据准确、引用合理,论证充分,逻辑严密。

答案示例:

观点:中国为世界文明的发展做出贡献。

论述:中国古代的火药、指南针、造纸术和印刷术四大发明经丝绸之路传到欧洲。这一传播促进了欧洲的社会发展,火药的传入推动了欧洲火药武器的发展;指南针促进了地理大发现;造纸术和印刷术促进了欧洲文化的发展,为文艺复兴运动和宗教改革提供了条件。

可见,中国文明对世界影响深远,推动了人类社会发展和进步。

三、试卷分析技能

(一)试卷分析的目的和意义

考试是一个教学过程中不可缺少的组成部分,是对教和学的质量的检验。无论哪种类型的考试,都包括:命题—考试—试卷分析—试卷讲评。在这个过程中,试卷分析起承上启下的作用。命题者可通过试卷分析,找到命题中的不足,提高命题的质量。教师可通过试卷分析了解学生对于课标内容的掌握情况,分析学生答题中的问题,确定试卷讲评的内容和方法,更重要的是可以不断调整教学思路和方法,提升教学专业技能。

(二)试卷分析的内容

1.试题分析

(1)试题的结构——题型。如选择题、非选择题(材料综合题、开放性试题、选做题)题型所占分值比重是多少,哪些内容为考查的重点,所占分值较大。

(2)试题涵盖的知识点及分值分布——如可按通史结构、教材模块(必修和选修)等方面进行分析;各种题型在教材中的章节分布,是否覆盖所有章节,有哪些章节中的内容在试卷中所占比例较大;考试内容是否超出课程标准范围,与课程标准的要求是否一致;基础知识题与基本技能题的考查是否能够兼顾到等。

(3)试题质量分析。衡量考试的质量通常有四个重要的指标,即效度、信度、难度和区分度。效度是指通过考试能够确实测量到的所要测量内容的程度;信度是指考试结果的可靠性程度,即学生答题情况能反映学生知识、能力水平的程度;难度即试题的难易程度,可用通过率或得分率来表示,一般来说,试题的难度以适中为宜,试题太难或太易都会影响区分度,其信度也会降低;区分度是指试题对不同被测试者鉴别其能力的程度。在试卷分析过程中,要看学生在规定时间内是否能完成试卷的全部内容。除此之外,还要分析试卷中基本题、有一定难度题、拔高题(难度较大的题目)所占比重是否合理,有无偏题、怪题等。

2.学生答题分析

(1)分数统计——平均分、优秀率、及格率、各分数段。平均分能够反映出本班与其他班级掌握知识层次的对比。各分数段能够看出本班中不同学生在各个层次上的分布,方便教师在今后的教学中因材施教,让不同的学生在原有基础上有一个提升。优秀率和及格率能够帮助教师确定今后的教学方法,优秀率低——"培优",及格率低——"扶差"。

(2)各小题在学生成绩中的体现——每小题的正确率是多少,各分数段中这种题型失分的情况,是否带有普遍性问题等。

(3)学生卷面情况分析——通过学生答题分析诊断出学生学习存在的问题:是知识的问题,还是能力的问题;是教师的问题,还是学生的问题;是教的问题,还是学的问题;是共性问题,还是个性问题。从卷面的整洁度来看,还可以看学生的学习态度、学习习惯等。

3.后期教学方案与策略(改进措施)

主要针对学生存在的问题,今后通过什么方法改进和纠正,主要从"教"的方面和"学"的方面改进,要对症下药,有思考,可操作,避免说大话、套话。

(三)模拟(联考)试卷分析案例

江西省吉安市某年高三历史期末考试试卷分析

一、试题分析

本次高三历史期末考试命题,主要依据考纲、课标要求,按高考题型设计试题。其试卷结构和内容分析如下:

试卷必修部分考查了25道选择题、3道材料解析题,共85分。选修部分出了3道材料解析题,考生三选一,每题均为15分。

从通史结构来看,必修部分考查了中国古代史14分、中国近现代史39分、世界史32分。选修部分三选一,第29题为中国古代史,第30题为世界史,第31题为中国古代史,每题均为15分。知识覆盖面和比例总的来说还是比较合理的。

从教材模块来看,必修部分:必修一考查了38分;必修二考查了26分;必修三考查了21分。选修部分:三个选修分别各出了1题,15分。比较注重知识的覆盖面,基本符合高三上学期注重考查学生基础。

历史试题考查知识点范围统计表(以通史结构)

考查知识点范围		题号	分值	占必修考查内容比重	占试卷比重
必修	中国史	中国古代史	1、2、3、4、26(1)	14	16.5%	85%
		中国近现代史	5、6、7、8、9、10、11、12、13、14、26(2)、27	39	45.8%	
	世界史	世界古代史	15	2	2.4%	
		世界近现代史	15、16、17、18、19、20、21、22、23、24、25、28	30	35.3%	
选修	选修一	中国古代史	29	15	15%	
	选修三	世界近现代史	30			
	选修四	中国古代史	31			

历史试题考查知识点范围统计表(以教材模块)

考查知识点范围		题号	分值	占必修考查内容比重	占试卷比重
必修	必修一	1、3、7、9、10、11、12、13、15、17、19、21、23、26	38	44.7%	85%
	必修二	4、5、8、14、18、20、22、24、28	26	30.6%	
	必修三	2、6、16、25、27	21	24.7%	
选修	选修一	29	15	15%	
	选修三	30			
	选修四	31			

考点知识内容分布情况统计表

		中国古代史	中国近现代史	世界古代史	世界近现代史
必修	选择题	分封制 宋明理学 科举制度 古代小农经济	中国卷入资本主义 世界市场 洋务运动 八国联军侵华 近代服饰变迁 辛亥革命 抗日民主政权 抗日战争 新中国民主政治 新中国外交	罗马法	文艺复兴 法国共和制 工业革命 十月革命 苏联社会主义建设 美苏冷战 第三产业 美国对外政策 科技革命 印象画派
	非选择题	唐朝边疆政策	新中国的边疆形式 康有为的思想 孙中山的民生主义		世界经济全球化
选修	非选择题(三选一)	清朝顺治帝时的垦荒政策 施琅收复台湾			二战莱特湾海战

二、成绩分析

(一)全市统考成绩概况

全市统考成绩平均分为 58.73 分,难度系数为 0.58;最高分 86 分,为××中学的邹××同学;80 分以上优秀数 37 人,优秀率为 0.3%。

全市平均分前十名的学校是:

1. ××中学:65.93 分;

2. ××中学:65.91 分;

3. ××中学:65.91 分;

4. ××中学:64.17 分;

5. ××中学:64.01 分;

6. ××中学:63.89 分;

7. ××中学:63.24 分;

8. ××中学:63.20 分;

9. ××中学:63.11 分;

10. ××中学:62.89 分。

(二)学生答卷中存在的问题分析

1. 基础知识掌握不牢固,再认、再现历史知识的能力尚待提高。

主要表现在对课本基本知识点、基本史实的记忆不清晰,理解不够准确,混淆相似的历史知识。如第 1 题对分封制概念的理解、第 16 题文艺复兴等。这都反映学生对教材不熟悉,基础知识没有过关。

2. 运用所学知识分析和解答历史问题的能力存在差距,部分学生学科素养能力不高。

首先,表现为从材料中获取有效信息的能力较差。如第 2、5、18、20、28 题等,学生不能从中获取有效信息,这些题失分相对较多。

其次,学生迁移历史知识能力差。历史试题一般设置新情境,从新角度提出设问,但都以教材或所学的知识点为依托,然后换一种方式提问,换过新的材料,有些学生就无从下手,如第 7 题、第 17 题等。这些题得分普遍较低,这反映学生迁移知识能力差。

再次,学生之间概括、归纳、分析历史问题的能力存在差距。

3. 审题能力差,答题不够规范。

不少学生不能认真、仔细审题，导致不应该出现的失误。如看错题目要求，误解命题人的意图，不能抓住题目中的关键词、条件限制词，不能筛选要点，确定不了答案要点，所以答题时往往存在很大的随意性和盲目性，写到哪算哪，缺乏严密的逻辑思维，答案杂乱无章，重复、啰唆、欠简洁。

三、期末试卷的命题特点

(一)整体较好、难易适中

1. 充分考虑了考查内容的覆盖面。本卷内容涵盖了必修一到必修三和选修一、选修三、选修四的所有内容；选择题中，基本做到了每个单元有一个选择题。

2. 重视对学生能力的考查。本试卷灵活性强，在重视基础的同时，特别加大了对学生能力的考查。比如第2题"科举制度"题，第13题"新中国外交"题，第15题"罗马法"题，都是考查学生的知识理解能力和知识迁移能力。

3. 重视对历史概念的考查。高度重视对历史概念的考查是近几年来高考的突出特点。因为历史概念是根据历史背景、存在的表现和产生的影响三部分概括而形成的。由于历史概念是史实的抽象和概括，它上承史实，下联规律，反映着错综复杂的历史发展过程，因此，它既能考查知识水平的高低，又能在一定程度上考查出考生学科的发展潜能。本试卷考查历史概念的题有：第1题"分封制"题、第16题"文艺复兴"题、第25题"印象画派"题。

4. 体现学科核心素养。全卷基本以新材料、新情境的形式来考查学生的知识迁移能力和对材料的理解与分析能力：渗透时空观念，如第10、18、22题等；体现史料实证，如第1、3、7题；历史解释，如第2、4、6、8、9、12题等；唯物史观，如第5、21题等；彰显家国情怀，如第11、14题等。

5. 引用材料丰富多彩，试卷显得清新活泼。本套试卷引用的材料有文字材料、表格材料、图片材料等，图片材料中有图表、漫画等，丰富了材料的内容。

(二)不足之处

1. 整套试卷陈题太多，新情境、新材料的题目非常有限，试题创新性不强。如第1、3、5、13、26题等。

2. 部分知识点和模块重叠考查，非选择题缺少"中外关联"知识点考查。如第26题的边疆政策和非选择题(三选一)的收复台湾都是我国的政策；再如非选择题(三选一)中有两道同为古代史部分。

3．部分题目校稿不严谨。如第 5 题表格第一栏第 4 列"茶出口量"应为"茶出口价格"；答案双向细目表中题号与知识考查点不相符合，如第 5 题应对应"中国卷入资本主义世界市场"，而不是"太平天国运动"；第 6 题应对应的是"洋务运动"，而不是"鸦片战争"；第 7 题应对应的是"八国联军侵华"，而不是"洋务运动"；第 26 题应对应的是"古代的边疆政策和现代中国的边疆形势"，而不是"中外监察制度的发展"等。

4．个别试题不严谨，答案有较大争议。如第 15 题，命题人所给的正确选项 D 和选项 B 有较大的争议。

四、对今后复习的建议

1．继续注重对基础知识和主干知识的复习，重点关注与人类和社会发展相关的主干知识，注意知识之间的联系和比较，尤其是对于人类历史发展过程中重要的发展阶段的阶段特征要重点关注，以此形成学生对历史的总体印象和直观感觉，为下学期的复习备考打下较好的知识基础。

2．关注时事热点，当年高考五月份的热点话题也要紧扣。建议在高三下学期的复习备考过程中，老师和学生共同就一些社会热点问题进行梳理和归纳，并寻求其与教材所学知识的契合点，并以此为思路进行大胆设计，提升时事热点的归纳和考点链接能力。

3．继续渗透核心素养，尤其是对于历史学科特色鲜明的时空观念、史料实证以及历史解释，要较多关注和涉及；唯物史观和家国情怀的渗透要做到润物无声、不死记硬背、不直接灌输；要借助于有直接冲突的一些史料，运用史学研究的方法和原则，进行分析和比较。

【项目训练 1】

试题命制：从社会治理、文化传承视角考查中国古代的政治文明

题型：选择题

要求：原创

难度系数：0.65

命题视角：中华文明是世界文明史上唯一未中断的文明，留下了大量治国理政的成功经验。近几年高考历史试题着力挖掘中国古代治国理政的优秀经验，引导考生树立正确的国家观、民族观和文化观，增强民族自信心和自豪感。

能力要求：获取和解读信息，调动和运用所学知识的能力

史料:自选

【项目训练2】解题训练:解答下列试题并写出解题思路和相关答案解析。

1.1976年,美、英、法等西方国家组成七国集团,协调经济政策以解决世界经济难题,俄罗斯加入后成为八国集团。1999年,八国集团国家和中国、巴西、印度等组成二十国集团,寻求合作以促进国际金融稳定和经济持续增长。从这一历程可看出(　　)

A.世界格局的变化冲击旧的世界经济秩序

B.经济全球化深入贸易金融领域

C.越来越多的亚非拉国家进入世界体系

D.区域经济集团从封闭走向开放

2.阅读材料,完成下列要求。(12分)

材料　1871—1914年,欧洲和欧洲世界引人注目的特点,是在物质和工业上空前的增长,是国际和平、国内稳定,是立宪的、代议制的和民主的政府的进步,以及继续对科学、理性和进步怀有的信心。可是,正是这些年里,在政治、经济、哲学及艺术诸领域也有了一些新动向,它们对欧洲文明自由主义的前提和宗旨起着破坏作用。与此同时,新一拨的欧洲帝国主义浪潮在非洲和亚洲扩散,造就了新的殖民帝国、新的世界经济联系,以及新的国际冲突和文化冲突。所有这些进展促成了并反映出1914年前欧洲的支配地位。

——摘编自[美]R.R.帕尔默《现代世界史》

围绕材料自拟一个能够反映1871—1914年世界历史发展特征的主题,并运用具体史实予以阐述。(要求:主题明确,论证充分,史实准确,表述清晰。)

【项目训练3】选取本年度两份不同的高三模拟考试历史试题进行书面试卷分析。(学生成绩和答题分析不做要求)

参 考 文 献

［1］魏授章.历史课堂教学艺术［M］.北京:人民教育出版社,1995.

［2］唐树芝.教师口语技能［M］.长沙:湖南师范大学出版社,1996.

［3］吕达,刘立德,邹海燕.杜威教育文集:第二卷［M］.北京:人民教育出版社,2008:154.

［4］苏霍姆林斯基.给教师的一百条建议［M］.周蕖,王义高,译.天津:天津人民出版社,1981:90.

［5］何成刚.历史课堂教学技能训练［M］.上海:华东师范大学出版社,2008:26 - 27,33 - 34,91,114 - 115,119 - 120,219.

［6］白月桥.历史教学问题探讨［M］.北京:教育科学出版社,2001:217.

［7］叶小兵,姬秉新,李稚勇.历史教育学［M］.北京:高等教育出版社,2004.

［8］赵亚夫.历史课堂的有效教学［M］.北京:北京师范大学出版社,2007.

［9］张保华.中学历史教学研究［M］.北京:高等教育出版社,2001.

［10］朱汉国,郑林.新编历史教学论［M］.上海:华东师范大学出版社,2008:212.

［11］何成刚,夏辉辉,张汉林,等.历史教学设计［M］.上海:华东师范大学出版社,2009.

［12］汪瀛.精彩·荒谬·效率:中学历史课堂教学探微［M］.北京:线装书局,2012.

［13］于友西.中学历史教师教学基本功讲座［M］.北京:北京师范学院出版社,1991.

［14］杜芳.新理念历史教学论［M］.北京:北京大学出版社,2009.

［15］孟宪恺.微格教学基础教程［M］.北京:北京师范大学出版社,1992.

［16］齐世荣.史料五讲(外一种)［M］.北京:人民出版社,2016.

［17］何成刚,彭禹,夏辉辉,等.智慧课堂:史料教学中的方法与策略［M］.

北京:北京师范大学出版社,2010:70,94-95,253.

[18]王春永.中学历史课程教学论[M].长春:吉林大学出版社,2011:7.

[19]赵克礼,徐赐成.中学历史教材研究与教学设计[M].西安:陕西师范大学出版社,2011.

[20]教育部课题组.深入学习习近平关于教育的重要论述[M].北京:人民出版社,2019:173.

[21]黄忠敬.基础教育发展的中国之路[M].上海:华东师范大学出版社,2016:186-189.

[22]周才方.中学历史课程与教学论[M].长春:东北师范大学出版社,2006:41,54.

[23]教育部基础教育司,历史课程标准研制组.全日制义务教育历史课程标准解读[M].北京:北京师范大学出版社,2002:39,180.

[24]郑林.中学历史教材分析[M].北京:光明日报出版社,2013:2-3,5-6,26,29,30-33,57-59.

[25]陈琦,刘儒德,张建伟.教育心理学[M].北京:高等教育出版社,2001:203.

[26]杜芳,刘汝明.中学历史教学设计与案例研究[M].北京:科学出版社,2013:19.

[27]米山国藏.数学的精神、思想和方法[M].毛正中,吴素华,译.上海:华东师范大学出版社,2019.

[28]JONES V F,JONES L S.全面课堂管理[M].方彤,罗曼丁,刘红,等译.北京:中国轻工业出版社,2002.

[29]朱汉国,王斯德.走进课堂:初中历史新课程案例与评析[M].北京:高等教育出版社,2003:66-71.

[30]河南省新乡市红旗区教育委员会.说课论[M].北京:北京科学技术出版社,1996:90.

[31]郑金洲.说课的变革[M].北京:教育科学出版社,2007:29.

[32]刘彦昆.教师如何提高说课艺术[M].修订版.长春:吉林大学出版社,2010.

[33]赵国忠.说课最需要什么:中外优秀教师给教师最有价值的建议[M].

南京:南京大学出版社,2009.

[34]彭保发.微格教学与教学技能[M].南京:南京大学出版社,2011.

[35]刘万辉.微课开发与制作技术[M].北京:高等教育出版社,2015:111.

[36]张一春.精品微课设计与开发[M].北京:高等教育出版社,2016.

[37]程红兵.听程红兵老师说课评课[M].武汉:长江文艺出版社,2017.

[38]教育部考试中心.中国高考评价体系[M].北京:人民教育出版社,2019.

[39]徐蓝.遵循历史学科时序性　凸显历史发展主线:历史课程标准修订解读[J].基础教育课程,2012(C1):95-100.

[40]张威.历史课程标准解读及实施建议[J].北京教育(普教版),2002(11):30-48.

[41]张继国.历史课标中的"内容标准"解读[J].现代教育科学(中学教师),2014(4):58.

[42]陈志刚,张德树.例谈基于课程标准的历史教材分析的操作[J].中学历史教学,2017(7):4-7.

[43]庞玉崑.常见的"学情分析"错误与解决方法[J].北京教育(普教版),2012(3).

[44]钱军先.学情分析:有效教学的核心和关键[J].教育研究与评论(中学教育教学版),2009(8):14-17.

[45]陈志刚,张春桐.历史备课学情分析的内容与操作[J].历史教学(上半月刊),2019(11):28-32.

[46]邹兆辰.心理史学:深化历史解释的重要方法(学科走向)[N].人民日报,2016-06-13(20).

[47]张鹏.创设历史情境,整合教材内容:"明至清中叶的经济与文化"教学设计[J].历史教学(上半月刊),2020(3):32-39.

[48]朱汉国.历史学科核心素养释义[J].历史教学(上半月刊),2018(3):3-9.

[49]陈志刚,覃玉兰.例谈历史备课的出发点[J].历史教学(上半月刊),2018(3):38-43.

[50]於以传.史料教学应充分关注证据价值及论证逻辑[J].历史教学问

题.2013(4):127-130.

　　[51]王德民,赵玉洁.论历史教育的家国情怀[J].历史教学(上半月刊),2008(3):21-25.

　　[52]魏授章.论历史教学语言艺术[J].课程·教材·教法,1994(2):36-41.

　　[53]昌庆钟.历史教学语言的基本特征[J].中学历史教学参考,1999(2):12-15.

　　[54]乐长华.教育无痕　润物无声:也谈初中历史教学中的德育教育渗透[J].湘潭师范学院学报(社会科学版),2007,29(4):212-213.

　　[55]罗春元.教学语言美感探究[J].卫生职业教育,2008,26(11):79-80.

　　[56]沈利剑.高中历史课堂导入的问题分析[J].华章,2012(2):268,271.

　　[57]司霖霞,汪强.论高师生语言教学技能的培养:以中学历史学科为例[J].贵州师范学院学报,2016,32(11):100-104.

　　[58]王玉兰.浅谈中学历史教师的教学语言[J].太原教育学院学报,1998(2):48-50.

　　[59]陈果.高中历史课堂教学实施的有效技能[J].科技文汇(中旬刊),2017(9):107-109.

　　[60]张铁牛.教学技能研究的理论探讨[J].教育科学,1997(2):29-31.

　　[61]黄淑华,马大金,张素文.浅谈历史课堂教学的外显技能[J].中小学教师培训,1995(X3):14-16.

　　[62]何成刚.树立正确的史料价值观:读2006年高考(上海)历史试卷第38题札记[J].历史教学(中学版),2007(1):56-58.

　　[63]张倩."家国情怀"的逻辑基础与价值内涵[J].人文杂志,2017(6):68-72.

　　[64]胡淑珍,胡清薇.教学技能观的辨析与思考[J].课程·教材·教法,2002,22(2):21-25.

　　[65]陈志刚,杜芳.课程变革与历史课堂教学方式的转型[J].历史教学(上半月刊),2021(4):3-9.

　　[66]李松媛.从《民族资本主义的曲折发展》的教学设计看历史复习课的有效性[J].文教资料,2015(33):165-166.

[67]文弘,周艳娇,邓玉婷,等.关于欧美政治制度的三个问题[J].中学历史教学,2016(4):57.

[68]蔡亚萍.编筐编篓　重在收口:中学历史结课艺术例谈[J].中小学教学研究,2012(2):39 - 40.

[69]郭富斌.岳麓版必修Ⅱ《经济成长历程》第14课《斯大林模式社会主义经济体制的建立》教学实录[J].中学历史教学参考,2010(10):19 - 26.

[70]侯新闻.甲午中日战争教学设计思考:以历史反思为视角[J].中学历史教学.2016(9):25 - 27.

[71]陈静."挑战教皇的权威"教学设计[J].中学历史教学参考,2014(4):48 - 50.

[72]陈小军.历史复习课"教学十环节"的构思与应用:例析"太平天国与辛亥革命"复习课[J].现代中小学教育,2013(11):40 - 45.

[73]康琼.中学历史教学反思的三个阶段[J].教育与教学研究,2011(4):122 - 124.

[74]王涛.历史课堂提升情感教育效度的实践性认识:从"抗日战争"一课的设计与实施说起[J].中学历史教学参考,2014(5):47 - 49.

[75]赖立新.积极乐观愉悦宁静利他幸福:积极心理学原理与《现代中国教育的发展》教学实践[J].中学历史教学,2016(8):12 - 14.

[76]林桂平.历史课堂教学应关注学生学科素养:以"从'师夷长技'到维新变法"一课的教学设计与实施为例[J].中学历史教学参考,2016(6):69 - 72.

[77]陈杰."阉割课堂",本不是"学案导学"的错[J].中学历史教学,2016(1):36 - 38.

[78]张友党.课堂重生成　互动促成长:从一个教学片段的呈现与反思说起[J].中学历史教学参考,2015(3):71 - 72.

[79]彭禹.基于课堂讨论意义探讨的教学设计实践与思考:以华东师大版第5册第11课《20世纪初的国际冲突》为例[J].中学历史教学参考,2010(5):39 - 41.

[80]刘红影."问题导学"模式下历史试卷讲评课操作研究[J].中学历史教学,2016(10):43 - 45.

[81]朱劲敏.高中历史翻转课堂后的"信息"重组:以"甲午中日战争"教学

为例[J].中学历史教学,2016(8):15-16.

[82]蔡文娟.践行促我成长　思考促我前行:从"洋务运动"的教学说开去[J].中学历史教学参考,2013(10):70-72.

[83]宋佩娟.小切口,大文章:听卓恺返老师的高三复习课《罗斯福新政》有感[J].中学历史教学,2015(6):47-49.

[84]王后雄.中学理科新课程说课的内容要素及功能的再认识[J].内蒙古师范大学学报(教科版),2008,21(2):31-34.

[85]李悦宁,孟庆男.高校教师教育专业青年教师教学能力培养研究[J].兰州教育学院学报,2015,31(3):96-98,101.

[86]胡铁生,黄明燕,李民.我国微课发展的三个阶段及其启示[J].远程教育杂志,2013,31(4):36-42.

[87]焦建利.微课及其应用与影响[J].中小学信息技术教育,2013(4):13-14.

[88]戴加平.好课三要素:故事、学法、灵魂:"一节好的历史课"标准之我见[J].历史教学(上半月刊),2014(11):46-48,65.

[89]余益芳.微课运用于高中历史教学的初步探索:以"从两面的林则徐看'师夷长技'"一课为例[J].中学历史教学参考,2019(2):4-6.

[90]李海军,韩爱丽.历史"微课"的制作与实施[J].教学与管理,2014(31):57-59.

[91]蔡欢欢,段作章.翻转课堂课前教师任务分析[J].教学与管理(理论版),2016(2):77-79.

[92]孙小蒙,葛元骎,叶大鹏.微课建设与学生发展的问题研究[J].教学与管理(理论版),2014(8):94-96.

[93]李鹏鸪,左玉,刘志荣,等.微课评价指标体系的构建与实施[J].教学与管理,2016(16):74-76.

[94]孙聘.基于用户体验的微课评价指标体系设计[J].现代教育技术,2015,25(3):63-68.

[95]闫建璋,毛荟.师范生教育实践环节及保障机制探析[J].教育理论与实践,2017,37(19):34-37.

[96]李茂菊.从小学教育见习谈师范教育[J].才智,2015(21):32-33.

［97］杨秀玉,常波.教育实习的认识论分析:基于建构主义理论［J］.外国教育研究,2010,37(11):46－51.

［98］张宏.高中历史教学目标设计研究:以人教版《鸦片战争》一课为例［D］.武汉:华中师范大学,2015.

［99］李荣荣.论中学历史教学中逻辑思维能力的培养［D］.大连:辽宁师范大学,2011.

［100］刘秋云.中学教师课堂教学管理能力的探索性研究［D］.重庆:西南大学,2006.

［101］丁恺.课堂教学的"学情分析"研究［D］.上海:华东师范大学,2009.

［102］孟秋婉.高中历史教学中的学情分析研究［D］.大连:辽宁师范大学,2019.

［103］付蓉青青.课程思政在高中历史教学中的探索与实践［D］.郑州:郑州大学,2020.

［104］刘璐.高中历史教师规范化教学语言的应用现状与提升策略研究［D］.曲阜:曲阜师范大学,2018.

［105］王巧云.高中历史教师课堂教学语言有效性探究［D］.武汉:华中师范大学,2016.

［106］吴梦.初中历史课堂教学语言存在问题及对策研究［D］.锦州:渤海大学,2015.

［107］周炘融.中学历史教师课堂教学语言艺术研究［D］.天水:天水师范学院,2019.

［108］武鹏.中学历史课堂教师教学语言细节研究［D］.烟台:鲁东大学,2012.

［109］侯亚亚.中学历史导入教学的优化研究［D］.扬州:扬州大学,2015.

［110］张峥.论新课改下的高中历史课导入设计［D］.上海:华东师范大学,2011.

［111］李嘉昕.初中历史教学中的导课研究［D］.牡丹江:牡丹江师范学院,2019.

［112］包永.基于有效教学的高中历史课堂教学板书设计研究［D］.兰州:西北师范大学,2014.

[113]魏晓慧.高中历史教学板书运用研究[D].武汉:华中师范大学,
2014.

[114]丛芝民.初中历史教学讲授法应用研究[D].锦州:渤海大学,2019.

[115]惠昕.初中历史教学中教学过渡的研究[D].锦州:渤海大学,2020.

[116]王康.高中历史教学中知识的过渡策略研究[D].呼和浩特:内蒙古
师范大学,2017.

[117]杨帆.高中历史教学提问策略研究[D].开封:河南大学,2014.

[118]包新泰.普通高中历史教师课堂提问的策略研究[D].兰州:西北师
范大学,2015.

[119]徐颖.中学历史说课研究[D].扬州:扬州大学,2015.

[120]陈柯夫.中学历史教师说课有效性的探究[D].武汉:华中师范大学,
2018.

[121]王尹伊.微课设计与制作在中学历史教学中的应用:以麓山国际实验
学校为例[D].重庆:西南大学,2020.

[122]龙泠含.微课在高中历史教学中的应用探析[D].重庆:西南大学,
2020.

[123]陈伟新.高中历史微课的设计与应用实践研究:基于无锡市辅仁高中
历史微课教学实践的研究[D].上海:上海师范大学,2016.

[124]叶叶."教育见习、研习、实习一体化"实践模式的问题与管理对策研
究:以上海市 H 大学为个案[D].上海:华东师范大学,2013.

后　记

　　基于多年的教学积累,也基于两年前的想法,我们酝酿编写一部比较切合教学实际、操作性比较强的中学历史教学技能训练教程。去年下半年院系教学工作会议上,与会领导和教师们一致决定由肖云岭牵头并负责组建教程编写委员会,立即着手编写本教程。

　　编委会成员多数有二三十年的教学经验,其中四位是来自中学历史教学一线的优秀教师,社会反响良好。我们先确定框架提纲、体例、特色、风格、规制、进度等,然后分工协作,最后由主编统稿、定稿。从某种程度上说,此教程是编著者二三十年教学经验、案例的总结。

　　本教程由肖云岭、黄志强、张永建任主编。具体分工的情况是,肖云岭构建教程框架结构,提出并最后确定编写提纲、写作体例、写作风格、写作思路,撰写绪论,汇总主要参考文献,负责统稿及最后定稿;张永建编写第二章,参与编写第四章、第八章,并协助统稿、定稿;毛若楠编写第三章;刘娟与张永建共同编写第四章,与张永建、唐庆红共同编写第八章,并提供部分案例;李传利编写第五章;黄志强编写第六章,并协助统稿、定稿,还提供了部分案例,对编写提纲、体例等提出了建设性意见;胡全俊编写第七章,并提供部分案例;谢磊编写第九章,并提供部分案例。

　　本教程的出版得到了学院领导班子和历史系同人的大力支持,得到了江西高校出版社的大力支持与帮助,我们深表谢意!

　　在本教程编写过程中,我们得到了校内外很多同行的支持和帮助,他们或提出了一些富有建设性的意见建议,或提出了一些颇具启发性的思路,或提供了一些宝贵的信息资料,在此表示衷心感谢!

　　同时,本教程在编写过程中参考借鉴了许多专家学者的研究探索成果,有些并未一一注明,在此一并说明并真挚地表达我们的谢意!

　　现在《中学历史教学技能训练教程》终于要付梓了,一方面,我们感到些许轻松,感慨多年来的夙愿得以实现。一年来,编写组成员们辛勤付出,特别是整个寒假春节期间,大家牺牲休假时间,几易其稿,如期拿出初稿,之后又进行了很多次线上、线下商榷,对教程进行了反复修改完善,任劳任怨;整个暑假大家几乎都泡在书稿里,一遍又一遍反复修改。如今成果得见,大家都自然生发出些许轻松感。另一方面,我们又感到忐忑不安,我们终是能力水平有限,加上情势紧迫,编写时间比较紧促,书中难免有疏漏和不妥之处,恳请广大读者批评指正。

编　者

2021 年 8 月 27 日

于井冈山大学